Elogios a
À PROCURA DA FELICIDADE

"Uma história inspiradora de como um homem incrivelmente determinado alcançou um sucesso imenso e permanente. É uma grande lição de perseverança. Ótimo livro."

— Donald Trump

"Uma incrível jornada de superação do impossível."

— Sampson Davis, Rameck Hunt e George Jenkinss, autores de *The Pact* e *We Beat the Street*, best-sellers do *New York Times*

"Gardner narra sua longa, sofrida e gratificante jornada da periferia de Milwaukee ao auge de Wall Street."

— *Publishers Weekly*

"É possível superar as adversidades e alcançar o sucesso. Mesmo desabrigado e desamparado, é possível tornar-se um líder visionário e um filantropo generoso. Chris Gardner é um exemplo. Este livro é uma inspiração para seguir os mesmos passos ou ir ainda mais além."

— Mark Victor Hansen e Robert G. Allen, coautores de *Milionário-Minuto* e *Cracking the Millionaire Code*

"Verdadeira, instigante e ousada, esta história é universal e pode nos fornecer uma nova compreensão da crescente desigualdade entre quem tem muito e quem tem pouco. *À Procura da Felicidade* é tão fascinante que você não vai conseguir largá-lo."

— Reverendo Cecil Williams, Glide United Methodist

"Sem rodeios, *À Procura da Felicidade* se concentra em assuntos universais, como violência doméstica, analfabetismo, transtorno mental, abuso infantil, alcoolismo, miséria e falta de moradia. Ao mesmo tempo, é um guia para 'pais solteiros' que enfrentam o aprendizado da paternidade."

"Esta história de sucesso é uma amostra da força e da a obstinada."

A história de vida que inspirou o filme

À PROCURA da FELICIDADE

"Um exemplo perfeito do sonho americano, uma autêntica história de superação."

— *San Francisco Chronicle Book Review*

CHRIS GARDNER

QUINCY TROUPE

ALTA BOOKS
GRUPO EDITORIAL
Rio de Janeiro, 2023

À Procura da Felicidade

Copyright © 2023 da Starlin Alta Editora e Consultoria Eireli.
ISBN: 978-65-5520-944-0

Translated from original The Pursuit of Happyness. Copyright © 2006 by Chris Gardner. ISBN 978-0-06-074486-1. This translation is published and sold by permission of Amistad, an imprint of HarperCollins Publishers the owner of all rights to publish and sell the same. PORTUGUESE language edition published by Starlin Alta Editora e Consultoria Eireli, Copyright © 2023 by Starlin Alta Editora e Consultoria Eireli.

Impresso no Brasil – 1ª Edição, 2023 – Edição revisada conforme o Acordo Ortográfico da Língua Portuguesa de 2009.

Todos os direitos estão reservados e protegidos por Lei. Nenhuma parte deste livro, sem autorização prévia por escrito da editora, poderá ser reproduzida ou transmitida. A violação dos Direitos Autorais é crime estabelecido na Lei nº 9.610/98 e com punição de acordo com o artigo 184 do Código Penal.

A editora não se responsabiliza pelo conteúdo da obra, formulada exclusivamente pelo(s) autor(es).

Marcas Registradas: Todos os termos mencionados e reconhecidos como Marca Registrada e/ou Comercial são de responsabilidade de seus proprietários. A editora informa não estar associada a nenhum produto e/ou fornecedor apresentado no livro.

Erratas e arquivos de apoio: No site da editora relatamos, com a devida correção, qualquer erro encontrado em nossos livros, bem como disponibilizamos arquivos de apoio se aplicáveis à obra em questão.

Acesse o site www.altabooks.com.br e procure pelo título do livro desejado para ter acesso às erratas, aos arquivos de apoio e/ou a outros conteúdos aplicáveis à obra.

Suporte Técnico: A obra é comercializada na forma em que está, sem direito a suporte técnico ou orientação pessoal/exclusiva ao leitor.

A editora não se responsabiliza pela manutenção, atualização e idioma dos sites referidos pelos autores nesta obra.

Dados Internacionais de Catalogação na Publicação (CIP) de acordo com ISBD

G226p Gardner, Chris
À Procura da Felicidade / Chris Gardner, Quincy Troupe, Mim Eichler Rivas ; traduzido por Ana Gabriela Dutra. - Rio de Janeiro : Alta Books, 2023.
328 p. ; 16cm x 23cm.

Tradução de: The Pursuit of Happyness
Inclui índice.
ISBN: 978-65-5520-944-0

1. Autoajuda. 2. Felicidade. I. Troupe, Quincy. II. Rivas, Mim Eichler. III. Dutra, Ana Gabriela. IV. Título.

CDD 158.1
CDU 159.947

2022-2370

Elaborado por Vagner Rodolfo da Silva - CRB-8/9410

Índice para catálogo sistemático:
1. Autoajuda 158.1
2. Autoajuda 159.947

Produção Editorial
Grupo Editorial Alta Books

Diretor Editorial
Anderson Vieira
anderson.vieira@altabooks.com.br

Editor
José Ruggeri
j.ruggeri@altabooks.com.br

Gerência Comercial
Claudio Lima
claudio@altabooks.com.br

Gerência Marketing
Andréa Guatiello
andrea@altabooks.com.br

Coordenação Comercial
Thiago Biaggi

Coordenação de Eventos
Viviane Paiva
comercial@altabooks.com.br

Coordenação ADM/Finc.
Solange Souza

Coordenação Logística
Waldir Rodrigues

Gestão de Pessoas
Jairo Araújo

Direitos Autorais
Raquel Porto
rights@altabooks.com.br

Produtor Editorial
Thiê Alves

Produtores Editoriais
Illysabelle Trajano
Maria de Lourdes Borges
Paulo Gomes
Thales Silva

Equipe Comercial
Adenir Gomes
Ana Carolina Marinho
Ana Claudia Lima
Daiana Costa
Everson Sete
Kaique Luiz
Luana Santos
Maira Conceição
Natasha Sales

Equipe Editorial
Ana Clara Tambasco
Andreza Moraes
Arthur Candreva
Beatriz de Assis
Beatriz Frohe

Betânia Santos
Brenda Rodrigues
Caroline David
Erick Brandão
Elton Manhães
Fernanda Teixeira
Gabriela Paiva
Henrique Waldez
Karolayne Alves
Kelry Oliveira
Lorrahn Candido
Luana Maura
Marcelli Ferreira
Mariana Portugal
Matheus Mello
Milena Soares
Patricia Silvestre
Viviane Corrêa
Yasmin Sayonara

Marketing Editorial
Amanda Mucci
Guilherme Nunes
Livia Carvalho
Pedro Guimarães
Thiago Brito

Atuaram na edição desta obra:

Tradução
Ana Gabriela Dutra

Copidesque
Wendy Campos

Revisão Gramatical
Kamila Wozniak
Hellen Suzuki

Diagramação
Joyce Matos

*Não recomendado para menores de 16 anos.
Violência, agressão verbal e linguagem depreciativa.*

Editora afiliada à:

ASSOCIADO

Rua Viúva Cláudio, 291 – Bairro Industrial do Jacaré
CEP: 20.970-031 – Rio de Janeiro (RJ)
Tels.: (21) 3278-8069 / 3278-8419
www.altabooks.com.br — altabooks@altabooks.com.br
Ouvidoria: ouvidoria@altabooks.com.br

Para minha mãe,
Bettye Jean

Bem, meu filho, preste atenção:
para mim, a vida não tem sido nenhuma escada de cristal.

Ainda assim,
continuo subindo...

— "Mother to Son", de Langston Hughes

Sumário

Agradecimentos		xi
Nota do Autor		xiii
PREFÁCIO	Siga em Frente	1

PARTE UM

CAPÍTULO 1	Caramelo	15
CAPÍTULO 2	O Blues de um Filho sem Pai	31
CAPÍTULO 3	Onde Está Mamãe?	61
CAPÍTULO 4	*Bitches Brew* (lado A)	77
CAPÍTULO 5	*Bitches Brew* (lado B)	101

PARTE DOIS

CAPÍTULO 6	O Mundo Lá Fora	129
CAPÍTULO 7	Retratos de uma Vida	147
CAPÍTULO 8	Queda Livre (introdução)	177
CAPÍTULO 9	Queda Livre (avançado)	197
CAPÍTULO 10	Sonho Californiano	217

PARTE TRÊS

CAPÍTULO 11	Rosas no Gueto	255
CAPÍTULO 12	Esfera de Influência	271
POSFÁCIO	Mais Abençoado do que os Sonhos de Mil Homens	293

Agradecimentos

Minha mãe sempre enfatizou que as palavras mais importantes são *por favor* e *obrigado*.

Com isso em mente, eu gostaria de agradecer às pessoas que sou abençoado de ter em minha vida e que me ajudaram no grande desafio de escrever este livro.

Primeiro, agradeço à equipe da Gardner Rich & Company (GRC) por me conceder o tempo, o espaço e a chance de expressar minhas emoções ao olhar para o passado, enquanto eles olhavam para o futuro. Gostaria de agradecer especialmente a Collene Carlson, presidente da GRC, por me apoiar incondicionalmente nos últimos anos.

Não posso deixar de agradecer à minha querida Lynn Redmond, do programa *20/20*, da ABC. Foi o seu interesse por uma parte da minha jornada que possibilitou tantas bênçãos e oportunidades. Também quero agradecer a Bob Brown, do *20/20*. Ele levou a expressão "fazer a cabeça" um pouco mais longe. Bob e eu vamos ao mesmo barbeiro!

Certa vez, Quincy Troupe me zoou ao dizer que eu era tão louco quanto a última pessoa sobre a qual ele tinha escrito, Miles Davis. Considerarei como um elogio sincero! Foi Quincy quem me ajudou a abrir todas as portas que eu mantinha fechadas em minha mente.

Mim Eichler Rivas me ajudou a revelar minha alma. Quincy registrou os fatos; Mim registrou os *sentimentos*. A emoção, a paixão e os sonhos só estão presentes neste livro por causa dela.

Outra pessoa essencial para este livro foi Dawn Davis, minha brilhante editora da Amistad, que não está nem aí para as minhas roupas. Assim que nos conhecemos, não tive dúvidas de que ela era a escolha perfeita. Na época, o último livro editado por Dawn estava prestes a ganhar o Prêmio Pulitzer. Como eu disse, não tive dúvidas! Também agradeço aos diligentes funcionários da Amistad: Rockelle Henderson, Gilda Squire, Morgan Welebir e às equipes de produção e design.

Sou eternamente grato a Will Smith. Ele é O CARA! Durante as filmagens de *À Procura da Felicidade*, foi para Will que revelei todas as minhas preocupações. Ainda estou fascinado por sua gentileza, sua humildade e seu talento.

Meus agradecimentos ao pessoal da Escape Artists: Todd Black, Jason Blumenthal e Steve Tisch. Desde o início, eu soube que eram os caras certos! Obrigado! Obrigado! Obrigado!

Mark Clayman, sua perspicácia ainda me surpreende. Nada disso teria acontecido sem a perspectiva de Mark.

Obrigado a Jennifer Gates, minha agente literária da Zachary Schuster Harmsworth, por acreditar em mim, me orientar e entender meus receios.

Nada jamais será tão importante para mim quanto meus dois filhos. Com toda a ajuda que recebi em sua criação, eles se tornaram jovens absolutamente incríveis: meu filho, Christopher, e minha filha, Jacintha. Minhas maiores bênçãos. Obrigado por serem quem são, mesmo quando eu não era quem deveria ser.

Agradeço a H., meu amor eterno. Seu apoio ao longo do processo tornou este livro possível. Obrigado a Madame Baba, minha musa.

Agradeço à minha família biológica e, tão importante quanto, à minha família adotiva: Bill Lucy, meu pai; Reggie Weaver, meu irmão mais velho; Charles Ensley, meu corajoso primo; Anne Davis, minha irmã mais velha; Rev. Cecil Williams, meu "vovô"; Willie L. Brown, o padrinho, o Big Will original; e Charlene Mitchell, minha madrinha.

E meu mais profundo agradecimento à minha mentora, Barbara Scott Preiskel.

Nota do Autor

Esta não é uma obra de ficção. Descrevi os eventos de maneira fiel e verídica, exatamente como me lembro deles. Alguns nomes e descrições de pessoas foram alterados em respeito à sua privacidade. Para aqueles cujo nome não lembrei ou omiti, peço sinceras desculpas. Embora as circunstâncias e os diálogos aqui apresentados derivem da minha aguçada memória, eles não seguem uma linha temporal precisa nem caracterizam reconstituições exatas da minha vida. Eles são narrados de um modo que evoca o real sentimento e significado do que foi dito, bem como a minha percepção do que aconteceu, em conformidade com a verdadeira essência do estado de espírito daqueles momentos que moldaram minha vida.

PREFÁCIO

Siga em Frente

Dois momentos me vêm à mente sempre que me perguntam o que me deu forças para atravessar meus dias mais sombrios, não apenas para sobreviver, mas para superar as circunstâncias e alcançar um nível de sucesso e realização aparentemente impossíveis.

Um deles aconteceu no início dos anos 1980, quando eu tinha 27 anos, em um dia excepcionalmente quente e ensolarado na Região da Baía. Assim que saí do San Francisco General Hospital e adentrei o estacionamento superlotado, o clarão do sol ofuscou minha vista. Ao recuperar a visão, o que vi mudou o mundo como eu o conhecia. Em qualquer outro momento, aquilo não teria me impressionado tanto, mas havia algo de especial naquele instante e na linda Ferrari 308 conversível vermelha, circulando em busca de uma vaga para estacionar, que me incitou a ter uma conversa transformadora com o motorista.

Alguns anos antes, recém-saído da Marinha, eu havia chegado pela primeira vez a São Francisco, atraído para a Costa Oeste por um prestigiado trabalho de pesquisa e pela oportunidade de colaborar com um dos melhores cirurgiões cardiovasculares do país. Para um garoto como eu, que, além dos três anos na Carolina do Norte fazendo treinamento médico na Marinha, conhecia apenas os seis quarteirões de seu bairro em Milwaukee, São Francisco era o seu maior sonho. A cidade era uma junção da Terra Prometida e da Cidade das Esmeraldas de Oz. Emergindo da baía em meio às reluzentes névoas prósperas de possibilidades, São Francisco me seduziu desde o início, revelando suas colinas pontilhadas e seus vales profundos enquanto se estendia de braços abertos. À noite, a cidade se tornava afrodisíaca, com luzes que cintilavam como joias raras em Nob Hill e Pacific Heights, passando pelos melhores bairros até chegar às ruas menos sofisticadas de Mission e Tenderloin (onde eu morava), e fulguravam das torres do distrito financeiro, refletindo nas águas do Fisherman's Wharf e da Marina.

No início, não importava quantas vezes eu partisse de Oakland pela Bay Bridge, ou de Daly City na direção da Golden Gate Bridge, que se estende até o horizonte antes de desembocar no condado de Marin: aquelas paisagens de São Francisco eram como se apaixonar repetidamente. Mesmo que, com o passar do tempo, eu tenha me habituado ao clima — períodos de céu nublado e nebuloso alternando com épocas de chuva congelante —, a beleza dos dias magníficos e perfeitos de São Francisco afastava qualquer lembrança melancólica. Até hoje, a cidade permanece em minha memória como a Paris do Pacífico.

É claro que, naquela época, não demorou muito para constatar que São Francisco também era uma cidade enganosa, nem sempre fácil, às vezes insensível e definitivamente cara. Entre os aluguéis exorbitantes e os reparos constantes do carro devido às colinas íngremes — sem mencionar as várias multas de estacionamento pendentes, algo bastante comum para a maioria dos sanfranciscanos —, ter dinheiro sobrando era um desafio. Mas nada disso arruinaria minha convicção de que eu conseguiria prosperar. Ademais, eu era especialista em desafios. Sabia como me esforçar e, de fato, nos anos seguintes, os desafios me ajudaram a reformular meus sonhos, a ir mais longe e a atingir objetivos com um senso de urgência cada vez maior.

Em 1981, tornei-me pai de primeira viagem e fiquei tão extasiado que esse senso de urgência se intensificou. À medida que os primeiros meses de vida do meu filho passaram, não só tentei avançar mais rápido, mas comecei a questionar o caminho escolhido, me perguntando se, de alguma forma, os meus esforços não estavam me levando na direção contrária. Ou pelo menos era esse o meu estado de espírito naquele dia no estacionamento do San Francisco General Hospital, quando abordei o motorista da Ferrari vermelha.

Esse encontro se eternizou em minha mente — quase como um momento mitológico cujo ensinamento posso revisitar sempre que quiser ou precisar. Consigo visualizar o conversível na minha frente como se fosse hoje, movendo-se devagar, com o barulho daquele motor incrivelmente potente em marcha lenta, rosnando baixinho como um leão prestes a atacar. Na minha mente, escutei o som incrível do trompete de Miles Davis, meu ídolo musical — a pessoa que, antigamente, eu tinha certeza de que seria quando crescesse. Era como se eu ouvisse a trilha sonora da minha vida e soubesse que deveria prestar atenção.

Com a capota do carro abaixada e o vermelho-bombeiro cintilando do capô, o motorista era tão bacana quanto os músicos de jazz que eu costumava idolatrar. Um homem branco, de cabelos escuros, barba feita, estatura mediana e corpo esguio, ele usava um terno elegante, provavelmente feito sob medida a partir de um belíssimo tecido. Não era apenas a roupa maravilhosa; era o visual completo — a gravata de bom gosto, a camisa de tom neutro, o lenço de bolso, as abotoaduras discretas e o relógio. Nada destoava, todos os itens se harmonizavam. Sem exageros, sem baboseiras. Apenas elegância.

"Ei, cara", declarei, aproximando-me da Ferrari, acenando para o motorista e apontando meu carro para mostrar que eu liberaria a vaga. Fiquei atraído pela própria Ferrari? Sim. Afinal, sou um típico homem norte-americano. Porém, era mais do que isso. Naquele momento, o conversível simbolizava tudo o que me faltou enquanto crescia — liberdade, refúgio, possibilidades. "Pode parar na minha vaga", ofereci, "mas quero lhe fazer algumas perguntas".

O motorista sacou que era uma troca — minha vaga por suas informações. Em meus 27 anos de vida, já havia aprendido o bastante sobre o poder da informação e o tipo de moeda que ela pode se tornar. Naquele momento, identifiquei a oportunidade de obter informações privilegiadas e, então, recorri à minha arma secreta — o impulso de fazer perguntas, um item que integra meu kit de sobrevivência desde a infância.

Ao perceber que não seria um mau negócio, ele disse: "Tudo bem."

Minhas perguntas eram bem simples: "O que você faz?" e "Como você faz isso?".

Aos risos, o motorista deu uma primeira resposta igualmente simples: "Sou corretor da bolsa." Para responder à segunda pergunta, marcamos uma reunião algumas semanas depois, seguida de uma introdução aos conceitos básicos de Wall Street, um local totalmente estranho, mas fascinante. Eu era louco o suficiente para pensar que, se ao menos tivesse a chance, poderia fazer o mesmo que o motorista e seus homólogos.

Apesar do fato de não ter absolutamente nenhuma experiência e nenhum contato, tentar obter minha grande chance no mercado de ações tornou-se meu principal objetivo nos meses seguintes. No entanto, certas preocupações urgentes passaram a exigir a mesma atenção, sobretudo quando, de repente, virei pai solo em meio a uma série de outros acontecimentos imprevistos e tumultuados.

Nesse período, as medidas conflitantes de São Francisco para lidar com a crescente população em situação de rua já eram polêmicas. O que as autoridades chamavam de nova epidemia de desabrigados, na verdade, vinha sendo agravada há mais de uma década por vários fatores — cortes drásticos no financiamento público de clínicas de saúde mental;

limitações no tratamento de TEPT e dependência química para o grande número de veteranos da Guerra do Vietnã; e os antigos males urbanos que assolavam todo o país. Durante o longo inverno de 1982, à medida que os programas de assistência governamental a pessoas de baixa renda eram extintos, a economia na Região da Baía, e no restante dos EUA, desacelerava. Numa época em que empregos e moradias populares eram cada vez mais raros, o acesso a drogas ilícitas baratas, como PCP (pó de anjo), ficava cada vez mais fácil.

Embora alguns empresários reclamassem que os desabrigados afastavam os turistas, as pessoas que visitavam São Francisco no início dos anos 1980 não percebiam o agravamento da crise. Talvez fossem alertadas sobre quais bairros evitar — áreas famosas pelo excesso de bêbados, drogados, mendigos, nômades e indivíduos que, como costumavam dizer na minha região de Milwaukee, "simplesmente enlouqueceram". Ou talvez alguns sinais fossem perceptíveis — as grandes filas do sopão comunitário; o número crescente de pedintes; as mães e crianças nas escadas de albergues lotados; adolescentes que fugiram de casa; ou formas humanas adormecidas que mais pareciam pilhas de roupas descartadas em becos, bancos de praça, estações de transporte e vãos e entradas de prédios. Talvez visitar São Francisco fosse um lembrete dos problemas semelhantes nas próprias cidades dos turistas, ou um alerta da porcentagem crescente de trabalhadores que acabavam se juntando à população em situação de rua — pessoas e famílias com empregos remunerados, mas sobrecarregadas pela necessidade de escolher entre pagar o aluguel ou comprar comida, remédios, roupas e outros itens essenciais. Talvez essa conjuntura incitasse a reflexão sobre a vida, os sonhos e as histórias experimentadas previamente por esses indivíduos, ou talvez acarretasse a percepção de que qualquer um está sujeito a atingir o fundo do poço ou a enfrentar uma crise inesperada e cair no buraco dos desabrigados.

Entretanto, por mais observadoras que as pessoas pudessem ser, era praticamente impossível notar minha presença. Caso me vissem, em geral andando rapidamente enquanto empurrava um frágil e leve carrinho de bebê azul, meu único veículo no qual carregava a carga mais preciosa do mundo — meu filho de um ano e sete meses, Chris Jr., um neném lindo, saudável, ativo, esperto, tagarela e *esfomeado* —, era improvável que suspeitassem que eu e ele éramos desabrigados. Vestido com um dos meus dois ternos de negócios, o outro guardado em uma capa de plástico pendurada no meu ombro, junto com uma mochila que continha todos os nossos pertences (roupas, produtos de higiene pessoal e alguns livros essenciais), eu tentava segurar um guarda-chuva em uma mão, uma maleta na outra e uma sacola grande de Pampers embaixo do braço ao mesmo tempo que manobrava o carrinho de bebê. Em tal situação, parecíamos mais um pai e um filho saindo de férias. Alguns dos lugares onde dormíamos corroboravam essa suposição — nos trens do Bay Area Rapid Transit (BART) ou nas salas de espera dos aeroportos de São Francisco e de Oakland. Por outro lado, alguns dos esconderijos poderiam denunciar nossa realidade — o escritório, onde eu trabalhava até tarde para dormirmos embaixo da minha mesa após o expediente, ou, em certas ocasiões, o banheiro público da estação do BART em Oakland.

Aquela pequena cabine azulejada e claustrofóbica — grande o suficiente para nós dois e nossos pertences, com uma privada e uma pia, na qual podíamos nos lavar — representava meus dois piores pesadelos: ficar confinado e ser excluído. Porém, ao mesmo tempo, era uma verdadeira dádiva de proteção, onde eu conseguia trancar a porta e nos manter a salvo. Era o que tínhamos — uma estação intermediária entre o ponto de partida e o destino final, uma parada na nossa própria Ferrovia Subterrânea estilo anos 1980.

Desde que mantivesse o foco em destinos que me levassem adiante, destinos que me possibilitassem a audácia de sonhar com minha própria

Ferrari vermelha, eu conseguia evitar o desespero. O futuro era absolutamente incerto e haveria muitos obstáculos, voltas e reviravoltas, mas, enquanto eu continuasse avançando, um pé na frente do outro, as vozes do medo e da vergonha — as mensagens daqueles que queriam me fazer acreditar que eu não era bom o suficiente — seriam silenciadas.

Siga em frente. Esse se tornou o meu mantra, inspirado pelo reverendo Cecil Williams, um dos homens mais sábios que já habitou este mundo, um amigo e mentor cuja bondade me abençoou de maneiras imensuráveis. Na Glide Memorial Methodist Church, em Tenderloin, onde o reverendo Williams alimentou, abrigou e restabeleceu almas (acomodando milhares de desabrigados no que se tornou o primeiro hotel do país para pessoas que não tinham onde morar), ele já era um ídolo. Era impossível viver na Região da Baía e não ouvir falar de Cecil Williams e sua mensagem. Faça acontecer, ele pregava. Aos domingos, o sermão abordava diferentes assuntos, mas esse tema estava sempre presente. Faça acontecer e siga em frente. Ações valem mais do que palavras, faça acontecer e siga em frente. Além disso, as passadas não precisavam ser largas; passos de bebê também contam. Siga em frente.

Essas frases se repetiam em minha mente até formarem três acordes. Eram como uma música enquanto andávamos no trem sobre os trilhos do BART, ou uma batida sincopada de *clac-clac-clac* das rodas do carrinho de bebê misturada aos arranjos de ocasionais *crécs*, *tuns* e *nhecs* ao virarmos as esquinas, subindo e descendo as famosas colinas íngremes de São Francisco.

Nos anos vindouros, os carrinhos de bebê ficariam mais modernos e aperfeiçoados, com estofado de couro, design aerodinâmico e rodas duplas e triplas em cada lado, além de compartimentos extras para guardar coisas e coberturas que os tornariam pequenos iglus habitáveis. Porém, enquanto nos aventurávamos pelo inverno de 1982, o nosso frágil carrinho de bebê azul não tinha nada disso. O que ele tinha — ao longo do que, tenho certeza, foi o inverno mais frio e chuvoso já registrado em São Francisco — era uma espécie de toldo, feito por mim com capas de plástico que peguei grátis em lavanderias, para proteger Chris Jr.

Por mais que eu seguisse em frente devido à crença de que um futuro melhor estava por vir e à certeza de que o encontro no estacionamento do San Francisco General Hospital me direcionaria a esse futuro, o verdadeiro impulso se originou de um outro evento crucial na minha vida, ocorrido em março de 1970, em Milwaukee, logo após meu aniversário de dezesseis anos.

Ao contrário de muitas experiências de infância, que geralmente permanecem borradas em minha memória, como várias imagens tremidas e granuladas que mais parecem cenas de filmes antigos, esse evento — que não deve ter durado nem um segundo — tornou-se uma realidade vívida, que posso relembrar em detalhes sempre que quiser.

Esse período foi um dos mais instáveis da minha juventude, ainda mais instável do que o contexto turbulento da época — a Guerra do Vietnã; o movimento pelos direitos civis; as repercussões de assassinatos e motins; e as influências culturais da música, dos hippies, do movimento Black Power e do ativismo político. Juntos, todos esses aspectos ajudaram a moldar minha visão de mim mesmo, de meu país e do mundo.

Durante minha infância e adolescência, em épocas intercaladas com separações intermitentes e estadias com vários parentes, minha família — eu, minhas três irmãs, nossa mãe, que quase não participou dos meus primeiros anos de vida, e nosso padrasto — morou em uma série de casas e prédios, todos em uma área de quatro quarteirões. Por fim, nos mudamos para uma pequena casa em um bairro considerado socialmente promissor. Talvez fosse promissor apenas em comparação à nossa antiga vizinhança, mas a casa realmente indicava que estávamos "em ascensão" — estilo a família Jefferson, que só teria o próprio programa na TV cinco anos mais tarde.

Nesse dia específico, a TV era, de fato, o foco da minha atenção e a razão do meu otimismo, não apenas porque eu assistiria ao último dos dois jogos da NCAA's Final Four, mas porque eu tinha a sala só para mim. Isso significava que eu poderia gritar à vontade, até falar sozinho se quisesse. (Minha mãe também tinha esse hábito. Quando outras pessoas perguntavam o que ela estava fazendo, sua resposta sempre era: "Conversando com alguém que tem bom senso.")

Outro motivo do meu bom humor naquele dia era o fato de que, além de mim, apenas minha mãe estava em casa. Mesmo que não estivesse sentada ao meu lado para assistir ao jogo, mas, como de costume, passando roupa na sala de jantar adjacente, era como se o ambiente desse um suspiro de alívio por estarmos só nós dois, algo que quase nunca acontecia, principalmente sem a presença ameaçadora do meu padrasto.

O March Madness, que acontecia todos os anos no final da temporada de basquete universitário, sempre foi emocionante para mim; além disso, era uma excelente distração dos pensamentos difíceis que eu estava tendo em relação à corda bamba que marcava a transição do final da adolescência à idade adulta. O campeonato sempre foi cheio de surpresas, vitórias inesperadas e drama humano, começando com 32 jogos entre os 64 melhores times do país, que logo se reduziam ao Sweet Sixteen, depois ao Elite Eight e, então, ao Final Four, cujos vencedores disputavam a final. Naquele ano, todos os olhos estavam voltados para como a UCLA se sairia em sua primeira temporada sem Lew Alcindor (o gigante de 2,18m que logo se tornaria Kareem Abdul-Jabbar), depois que ele levara o time a três títulos consecutivos. A equipe que parecia disposta a impedir a vitória da UCLA era a Jacksonville University, uma instituição universitária até então desconhecida que ostentava não um, mas dois astros, Artis Gilmore e Pembrook Burrows III, ambos com mais de 2,10m. Naquela época, não era comum ter jogadores com essa altura, muito menos dois deles no mesmo time.

Conhecidos como as Torres Gêmeas originais, ou às vezes como as Torres do Poder, Gilmore e Burrows ajudaram a Jacksonville a chegar ao Final Four para enfrentar a St. Bonaventure. À medida que o início do jogo se aproximava, a empolgação só aumentava com as previsões dos locutores sobre as carreiras e fortunas que aguardavam os dois gigantes na NBA ou na ABA.

No fim das contas, a Jacksonville venceria a semifinal, mas perderia o campeonato para a UCLA. E Artis Gilmore garantiria seu sucesso na NBA, enquanto Pembrook Burrows seria convocado pelo Seattle antes de seguir carreira como policial rodoviário da Florida Highway Patrol.

Nenhum desses fatos teria feito qualquer diferença para mim naquele momento. Sentado na sala, ansioso para assistir à semifinal, fiquei tão fascinado com o discurso dos locutores sobre a habilidade e a futura riqueza de Gilmore e Burrows que falei para mim mesmo: "Uau, um dia esses caras vão ganhar US$1 milhão!"

Mamãe, que estava passando roupa na sala de jantar logo atrás de mim, anunciou alto e bom som, como se estivesse sentada bem ao meu lado: "Filho, se quiser, um dia *você* poderá ganhar US$1 milhão."

Surpreso, apenas assimilei suas palavras, sem dizer nada. O silêncio era a única opção, pois Bettye Jean Triplett, nome de solteira Gardner, havia registrado uma declaração de fato que não permitia questionamentos ou respostas. A afirmação era tão factual quanto dizer em uma sexta-feira: "Amanhã é sábado."

Era bíblico, um dos dez mandamentos que Deus transmitiu à mamãe: "Se quiser, um dia você poderá ganhar US$1 milhão."

Em um instante, meu mundo virou do avesso. Em 1970, um garoto da periferia como eu só teria a chance de ganhar US$1 milhão cantando, dançando, correndo, saltando, jogando bola ou traficando drogas. Eu não sabia cantar. Ainda sou o único negro nos EUA que não sabe dançar ou jogar bola. E foi minha mãe quem me alertou sobre meu desejo de ser Miles Davis.

"Chris", disse ela após minhas inúmeras afirmações de que eu me tornaria Miles Davis, "você não pode ser ele, pois esse posto já está ocupado". Desde então, passei a compreender que minha função era ser Chris Gardner — independentemente do que isso implicaria.

Então, nos meus dezesseis anos, minha mãe havia comunicado que era possível ganhar US$1 milhão — *se* eu quisesse. E acreditei nela. A quantia de dinheiro não era o importante. O cerne da mensagem era que, se eu quisesse fazer algo, não importava o que fosse, eu poderia.

Não acreditei nela apenas aos dezesseis anos, mas pelo resto da minha vida, inclusive naquele dia decisivo em São Francisco, quando tive o primeiro vislumbre de um futuro em Wall Street; nos momentos em que, sob chuva intensa, eu empurrava o carrinho de bebê colina acima, com meu filho olhando para mim através do plástico molhado; e nas desoladoras horas em que o único refúgio era o banheiro da estação do BART.

Foi apenas mais tarde, já na idade adulta — após aqueles dias em que vaguei no deserto dos desabrigados, acreditando na Terra Prometida sobre a qual minha mãe me falara até encontrá-la e conseguir gerar muitos milhões de dólares —, que entendi a relevância desses dois acontecimentos para o meu sucesso. O encontro com o motorista da Ferrari vermelha me mostrou *o que* ele fazia, um emprego ao qual eu poderia me dedicar, e me ensinou *como* fazê-lo. Entretanto, foi a afirmação de mamãe que incutiu em mim a crença de que eu *poderia* atingir qualquer objetivo.

Só consegui compreender o motivo das palavras de minha mãe quando examinei o mais profundamente possível a sua vida. Ao reconhecer as decepções que a afligiram antes e após o meu nascimento, percebi que, embora muitos de seus sonhos tivessem sido destruídos, ela estava tendo uma segunda chance ao me desafiar a sonhar.

Para responder propriamente à pergunta do que guiou meu caminho e se tornou o segredo do sucesso decorrente, preciso retornar à minha infância e às raízes de mamãe. Essa é a única forma de descobrir como a chama da permissão para sonhar se acendeu em mim.

Afinal, minha mãe é a responsável por minha história.

Parte Um

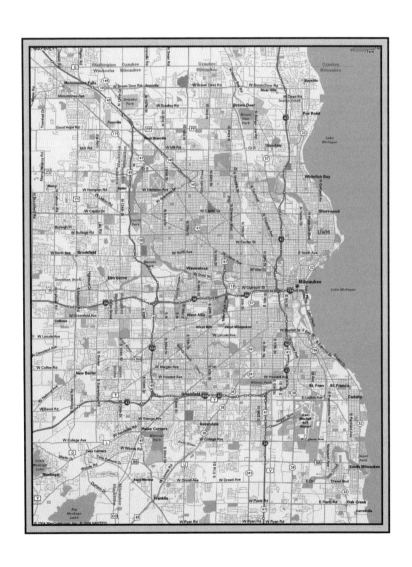

CAPÍTULO 1

Caramelo

No esboço reminiscente dos meus primeiros anos de vida, desenhado por um artista impressionista, há uma imagem que se destaca — quando evocada, é acompanhada do delicioso aroma de açúcar caramelizando na panela, crepitando e borbulhando até se transformar magicamente em um caramelo puxa-puxa. Então, *ela* entra em cena, a belíssima mulher de pé em frente ao fogão, fazendo essa mágica só para mim.

Pelo menos era essa a sensação de um menino de três anos. Há outro aroma maravilhoso que emerge de sua presença enquanto ela se vira, sorri para mim e vai até o meio da cozinha, onde estou esperando ansiosamente ao lado de Ophelia, minha irmã de sete anos, e de Rufus e Pookie, duas das crianças que moram na casa. Enquanto ela tira o açúcar caramelizado da panela, despejando-o com a colher de madeira, puxa de um lado para o outro e depois o quebra em pedacinhos e coloca na minha mão estendida, observando enquanto me deleito com o saboroso doce, sua divina fragrância preenche de novo o ambiente. Não é perfume ou qualquer outro cheiro floral ou amadeirado — é apenas um aroma puro, acolhedor, *agradável*, que me envolve como se fosse a capa do Super-Homem, fazendo com que eu me sinta forte, único e amado, mesmo que ainda não saiba como definir esses sentimentos.

Embora eu não faça ideia de quem ela seja, consigo distinguir certa familiaridade, não apenas porque já esteve ali e fez o mesmo caramelo, mas porque ela me olha de um jeito característico, como se falasse com os olhos: *Você se lembra de mim, não é?*

Nessa época da minha infância, e durante a maior parte dos primeiros cinco anos da minha vida, o mapa do meu mundo foi dividido em dois territórios: o do familiar e o do desconhecido. O primeiro era feliz e seguro, mas pequeno, um minúsculo ponto errante no mapa; enquanto o segundo era vasto, amedrontador e invariável.

Aos três ou quatro anos de idade, eu só sabia de duas coisas: Ophelia era minha irmã mais velha e melhor amiga, e o Sr. e a Sra. Robinson, os donos da casa em que morávamos, nos tratavam com carinho. Porém, eu desconhecia o fato de que era um lar adotivo e nem sequer sabia o que isso significava. Nossa situação — onde nossos pais biológicos estavam, por que não vivíamos com eles ou por que tínhamos que morar com tios, tias e primos — era tão misteriosa quanto as circunstâncias de qualquer outra criança no lar adotivo dos Robinson.

O mais importante era que eu tinha uma irmã que cuidava de mim e alguns amigos, como Rufus, Pookie e outros garotos, com quem eu saía para me divertir e fazer travessuras. O quintal e o restante do quarteirão eram territórios familiares e seguros, onde podíamos correr e brincar de pega-pega, pique-lata e esconde-esconde, mesmo após o anoitecer. A única exceção era a casa duas portas abaixo da dos Robinson.

Sempre que passávamos por ela, eu desviava o olhar, pois tinha medo de que a mulher branca que morava ali aparecesse de repente e me amaldiçoasse — de acordo com Ophelia e todas as outras crianças do bairro, a velha era uma bruxa.

Certa vez, Ophelia e eu passamos juntos pela casa; confessei que estava com medo da bruxa, mas minha irmã disse: "Ela não me assusta."

A fim de comprovar sua coragem, Ophelia foi até o jardim da frente e surrupiou alguns frutos da cerejeira da mulher.

Com um sorriso no rosto, minha irmã devorou as cerejas. Passada uma semana, Ophelia entrou ofegante na casa dos Robinson, disparando escada acima. Enquanto tentava recuperar o ar em seus pulmões de criança, ela contou que a bruxa a flagrou na cerejeira, segurou seu braço e esbravejou: "Te peguei!"

Embora estivesse extremamente assustada, Ophelia logo resolveu que, como já tinha escapado da morte repentina uma vez, voltaria a surrupiar as cerejas. Porém me fez prometer que eu ficaria longe da casa da bruxa. "Lembre-se", alertou, "se passar por lá e a velha estiver na varanda, desvie o olhar e não diga uma palavra, mesmo que ela o chame pelo nome".

Eu não precisaria nem sequer prometer, pois nada nem ninguém me faria conversar com a bruxa. Ainda assim, meus pesadelos eram tão reais que eu poderia jurar que havia entrado furtivamente na casa da velha e acabara em um quarto escuro e assustador, cercado por vários gatos que se empinavam nas patas traseiras, mostrando garras e dentes afiados. Os pesadelos eram tão intensos que, por muito tempo, tive um medo e uma antipatia irracionais por gatos. Ao mesmo tempo, não estava totalmente convencido de que aquela velha era de fato uma bruxa. Talvez fosse apenas diferente. Já que nunca tinha visto nenhuma outra pessoa branca além dela, inferi que todas eram daquele jeito.

Então, novamente, como Ophelia era meu único recurso para entender o desconhecido, acreditei nela e acatei suas explicações. Porém, ao assimilar algumas informações sobre nossa família ao longo dos anos, recebidas principalmente de minha irmã e de alguns de nossos tios e tias, descobri que as respostas eram muito mais complexas.

Nunca me disseram como a belíssima mulher que fazia caramelo puxa-puxa se encaixava no quebra-cabeça, mas eu tinha uma intuição aguçada de que ela era importante. Talvez fosse a atenção especial que me dava, embora também fosse gentil com Ophelia e as outras crianças, ou talvez fosse nosso jeito secreto de conversar sem palavras. Em nossas conversas tácitas, ela me dizia que a minha felicidade a deixava ainda mais feliz; portanto, em alguma parte do meu âmago, assumi a primeira função da minha vida — fazê-la se sentir tão bem quanto eu me sentia em sua presença. Eu pressentia quem ela era, apesar de nunca terem me falado. Em uma de suas visitas, tive um lapso de reconhecimento enquanto a observava no fogão, mas minha suspeita só seria confirmada anos depois.

Mais do que linda, ela era deslumbrante, uma mulher de parar o trânsito. Não chegava a 1,65m, mas sua postura graciosa a fazia parecer muito mais alta; era negra de pele clara, mas não tão clara — quase da cor do açúcar caramelizado que se transformava em caramelo puxa-puxa. Suas unhas eram sobrenaturalmente fortes, capazes de partir uma maçã ao meio, algo que poucas pessoas conseguem fazer e que me impressionou para sempre. Ela se vestia com estilo — os vestidos bordôs e estampados se sobressaíam, com um echarpe ou xale jogado sobre os ombros para acrescentar um toque delicado e espontâneo. O brilho das cores e as camadas esvoaçantes de tecido davam a ela uma aparência que mais tarde eu descreveria como afrocêntrica.

Entretanto, as peculiaridades que mais revelavam sua beleza eram o olhar expressivo e o sorriso encantador. Passei a comparar aquele sorriso com o ato de abrir a geladeira durante a noite. Você abre a porta — o sorriso — e a luz preenche o ambiente. Mesmo nas noites em que não havia nada na geladeira além de água, o sorriso dela e a lembrança desse sorriso me traziam todo o conforto necessário.

À Procura da Felicidade   19

Não sei exatamente quando ocorreu o lapso de reconhecimento, só sei que eu tinha uns quatro anos. Talvez tenha sido logo após ela me entregar um pedaço de caramelo, no momento em que finalmente pude retribuir aquele olhar, tranquilizando-a com meus próprios olhos: *Claro que lembro, você é a minha mãe!*

―――

Nossa família era cheia de segredos. Ao longo dos anos, ouvi apenas partes da saga de minha mãe, contadas por várias fontes, e acabei inferindo que era quase uma história de Cinderela — sem a fada-madrinha, sem o príncipe e sem o felizes para sempre. Bettye Jean, a mais velha e única menina dentre os quatro filhos sobreviventes de Archie e Ophelia Gardner, veio ao mundo em 1928, em Little Rock, Arkansas, mas foi criada na pobre e rural Louisiana, durante a era da Depressão — em algum lugar perto de Rayville, uma cidade com quinhentos habitantes. As provações da pobreza e do racismo dificultavam a vida para os Gardner. Bettye e seu irmão Archie — que, já adulto, chorava ao se lembrar de como era caminhar até a escola pelas longas estradas empoeiradas nos anos 1930 e 1940 em Rayville — precisavam manter a cabeça erguida enquanto crianças brancas, em carroças ou a cavalo, passavam olhando, apontando, chamando-os de "negrinhos" e cuspindo neles.

Apesar dos tempos difíceis e da ignorância abominável, a infância de Bettye foi relativamente estável e repleta de amor. Idolatrada pelos três irmãos mais novos — Archie Jr., Willie e Henry —, ela era, de fato, uma jovem promissora, uma aluna exemplar que se formou como a terceira melhor da classe em 1946, na Rayville Colored High School. No entanto, seus sonhos rapidamente se desfizeram quando chegou a hora de iniciar a faculdade para seguir sua vocação como professora, começando com a morte repentina e devastadora da mãe. Tal como Cinderela, enquanto

Bettye ainda estava de luto, quase da noite para o dia seu pai se casou de novo, obrigando a filha a conviver com uma madrasta dominadora — cujo apelido, ironicamente, era Mãezinha — e alguns meios-irmãos competitivos. Bem no momento em que Bettye Jean dependia do apoio financeiro do pai para cursar a faculdade, a Mãezinha garantiu que o dinheiro fosse para a própria filha, Eddie Lee, que se formou na mesma turma de Bettye, mas não estava entre as melhores alunas.

Mesmo com o coração partido pela recusa do pai em ajudá-la, Bettye não desistiu e acabou conseguindo um emprego como professora substituta enquanto fazia um curso de cabeleireira. Porém, mais uma vez, quando precisou da ajuda financeira do pai para pagar as taxas administrativas, ele negou.

Apesar do talento, da inteligência e da beleza naturalmente concedidos a Bettye Jean Gardner, ela aparentemente não tinha tanta sorte em relação a homens — muitos pareciam destinados a desapontá-la, começando pelo próprio pai. Salter, um professor casado que declarou seu amor e prometeu deixar a esposa, acabou mudando de ideia quando Bettye ficou grávida. Como esperado, seu pai e a Mãezinha não ajudaram em nada. Eles deixaram claro que já era uma vergonha ser solteira aos 22 anos, mas ser *mãe solteira* era demais. Por esse motivo, eles a expulsaram de casa.

Assim começou a jornada de quatro anos de minha mãe para Milwaukee, onde seus três irmãos haviam se estabelecido. Ao longo do caminho, ela deu à luz Ophelia, minha irmã, cujo nome é uma homenagem à nossa avó materna. Então, durante uma viagem de volta à Louisiana, Bettye Jean conheceu um sujeito negro, alto e bonito. Seu nome era Thomas Turner, um homem casado que a conquistou romanticamente ou por força do destino. O resultado fui eu, Christopher Paul Gardner, nascido em Milwaukee, Wisconsin, em 9 de fevereiro de 1954

— afortunadamente, no mesmo ano em que a Suprema Corte dos EUA decidiu que a segregação racial nas escolas violava a 14ª Emenda.

Consoante a outros mistérios familiares, meu pai era um fragmento do vasto desconhecido que marcou a minha infância. Seu nome foi mencionado apenas uma ou duas vezes. Isso teria me chateado muito mais se eu não estivesse ocupado tentando desvendar outras questões mais urgentes, sobretudo como, quando, onde e por que minha sábia, forte e linda mãe se envolveu com Freddie Triplett.

Negro e alto, mas não exatamente bonito — às vezes ele lembrava Sonny Liston —, Freddie parecia uma indesejável cria de um pitbull com o Godzilla. Com 1,90m e 127kg, seu porte musculoso era atraente para algumas mulheres. Não sei o que chamou a atenção de minha mãe, mas deve ter sido alguma virtude que mais tarde desapareceu. Ou talvez, como eu suspeitava em minha imaginação infantil, ela tenha sido vítima de um feitiço que a fez pensar que ele era um príncipe transformado em sapo. Afinal, como os outros homens que se mostravam bons não eram confiáveis, talvez minha mãe tenha concluído que Freddie era o oposto — aparentemente perigoso, mas gentil e carinhoso sob um disfarce. Se ela acreditou no conto de fadas de que seu beijo faria o sapo virar um príncipe, acabou percebendo que estava redondamente enganada. Na verdade, ele era muito mais perigoso do que parecia, sobretudo depois daquele primeiro beijo, quando decidiu que ela lhe pertencia.

Ninguém jamais explicou a sequência de eventos que levou minha mãe a ser acusada e presa por suposta fraude da previdência social. Tudo começou com uma denúncia anônima, afirmando que, de alguma forma, ela era um perigo para a sociedade, pois trabalhava — para sustentar seus dois filhos (Ophelia e eu) e um terceiro a caminho (minha irmã Sharon) — e recebia auxílio governamental ao mesmo tempo. O autor da denúncia anônima foi Freddie, um inútil disposto a fazer ou dizer qualquer coisa para mantê-la presa por três anos apenas porque ela havia cometido o crime de tentar largá-lo.

Foi por causa das ações de Freddie que Ophelia e eu passamos esses três anos morando em lares adotivos ou com parentes, sem saber por que ou quando nossa situação de vida mudaria.

Assim como ninguém me disse que era minha mãe quem fazia o caramelo puxa-puxa ao nos visitar no lar adotivo em suas saídas temporárias da prisão, ninguém explicou quando Ophelia e eu fomos morar com meu tio Archie e sua esposa Clara, ou TT, como a chamávamos. Na Louisiana, toda a família Gardner parecia ter feito um juramento de sigilo, pois questões sérias sobre o passado quase sempre eram ignoradas, uma regra que minha mãe deve ter instituído por não gostar de discutir coisas desagradáveis.

Durante a minha adolescência, houve uma ocasião em que insisti para saber quem era meu pai e por que ele era ausente. Mamãe me deu um de seus olhares tortos, do tipo que me calava rápido.

"Mas...", tentei protestar.

Ela balançou a cabeça, recusando-se a colaborar.

"Por quê?"

"Bem, porque passado é passado", respondeu categoricamente. Ao perceber minha frustração, suspirou, acrescentando: "Não há nada que você possa fazer." E deu um basta nas minhas perguntas com uma observação melancólica: "As coisas são como são." Ponto-final.

Mesmo que ainda tivesse dúvidas e esperasse que uma explicação caísse do céu, retomei minha tentativa de ser o mais feliz possível — uma tarefa que, no início, foi bem fácil.

———

O território do familiar onde cresci, em uma das áreas mais pobres do lado norte de Milwaukee, era um mundo que passei a considerar uma *Happy Days* estrelada por negros. Assim como na sitcom ambientada na década de 1950 — mesmo período em que meu bairro parecia ter sido paralisado no tempo, permanecendo assim mesmo décadas depois —, havia pontos de encontro; lugares onde grupos de diferentes idades se reuniam para socializar; comerciantes excêntricos; e uma profusão de personagens interessantes. Enquanto a única cor preta na sitcom era a jaqueta de couro de Fonzie, na minha vizinhança, durante os primeiros doze anos da minha vida, eu só via pessoas brancas na televisão e em carros de polícia.

Alguns dos melhores personagens da nossa versão de *Happy Days* eram meus parentes, começando com meus três obstinados tios. Depois que Willie e Henry serviram no Exército, viajando para terras distantes, ambos voltaram para Louisiana a tempo de encontrar Archie. Juntos, os irmãos entraram em um consenso de se distanciar o máximo possível do preconceito sulista. O plano era ir para o Canadá, mas, diz a lenda, quando o carro quebrou em Milwaukee, eles ficaram ali mesmo.

Os esforçados irmãos Gardner não tiveram muitos problemas para transformar Milwaukee em um lar. Para eles, a cidade promissora e versátil, localizada na confluência do rio Milwaukee com o Lago Michigan — o que propiciava solo rico para a agricultura e hidrovias amplas para o comércio e a indústria — era sua terra prometida, repleta de oportunidades. Para aguentar os extremos das estações, os invernos rigorosos e os verões escaldantes, era preciso ter uma força inata e o tipo de habilidade prática e dinâmica que meus parentes, e muitas das outras minorias e imigrantes, levaram para Wisconsin. Essas qualidades deviam estar presentes também nos descendentes dos legítimos habitantes de Milwaukee — membros de povos nativos como Winnebago e Potawatomi. Havia uma outra característica local que não era exclusiva dos recém-chegados negros, judeus, italianos e europeus orientais, ou das famílias da primeira onda de colonos da Alemanha, Irlanda e Escandinávia, ou dos nativos norte-americanos da região: um otimismo quase insano.

Todos aqueles sonhos ambiciosos e pragmáticos às vezes resultavam em exagero. Não bastava ter uma marca de cerveja; Milwaukee tinha que ter várias. A região não podia ser famosa apenas pelos laticínios; tinha que ter o melhor queijo do mundo. Não havia apenas uma grande indústria, mas várias — desde olarias, curtumes, cervejarias, estaleiros, frigoríficos até as dominantes siderúrgicas como Inland Steel e A. O. Smith e a gigante automobilística American Motors (extinta no final dos anos 1980).

Foram principalmente as siderúrgicas, as fundições e as automobilísticas que atraíram para o norte — Milwaukee, Detroit, Chicago e Cleveland — tantos negros de estados como Louisiana, Alabama, Mississípi e Geórgia e de locais ao sul da Mason-Dixon. Esses empregos como operários eram considerados bem melhores do que uma vida de meeiro no calor sufocante do sul de Dixie, em lugares onde, menos de um século antes, vários negros haviam sido escravizados. Parecia que quase todo mundo tinha parentes que preservavam os costumes rurais e a união. Sam Salter — o pai de Ophelia — foi parar com a família em Milwaukee, assim como outros amigos da Louisiana. Os Triplett, algumas das pessoas mais legais e gentis — com exceção de Freddie, a maçã podre — tinham vindo do Mississípi.

Durante a semana, o trabalho era árduo, mas nos dias de descanso, pelo menos no meu bairro, a diversão e a oração eram ainda mais intensas. Beber socialmente era algo inexistente em nossa parte de Milwaukee. A festa começava na sexta-feira, após o expediente na Inland Steel — onde Archie e Willie trabalharam até se aposentarem e Henry até morrer, mais cedo do que deveria —, e só terminava domingo de manhã, quando era hora de ir à igreja pedir perdão.

Entre os quatro e cinco anos de idade, quando morei com o tio Archie e a tia TT, comecei a apreciar o ritmo habitual da semana de trabalho. Meu tio e sua esposa mantinham um ambiente tranquilo e pacífico, sem muitas regras. Uma cristã devota, TT se certificou de que adotássemos essa antiga religião. Aos domingos, passávamos o dia na Tabernacle Baptist Church e, nos verões, frequentávamos o ensino bíblico diariamente, além de acompanhá-la a todas as reuniões especiais do meio da semana e comparecer aos funerais dos membros da igreja, quer os conhecêssemos ou não. A maior parte dessas atividades não me incomodava, considerando todo o entretenimento de observar os vários personagens da vizinhança pecando durante a semana e, depois, vestindo a máscara de bom samaritano. Eu adorava os hinos de louvor, a sensação de ardor e paixão e, principalmente, a conexão com a comunidade que experimentei em uma época em que não sabia exatamente quem era minha mãe ou onde ela estava.

Apesar de nunca tentar substituir mamãe, TT nos proporcionava amor e conforto. Ninguém sabia cozinhar como Bettye Jean, mas minha tia fazia uma inesquecível broa de milho que uma criança em fase de crescimento como eu não conseguia devorar rápido o suficiente. Tampouco conseguia devorar rápido o suficiente os livros que TT comprava incessantemente para mim. Mais tarde, minha mãe reforçou a importância da leitura, ensinando-me seu próprio credo de passar o maior tempo possível em nossa biblioteca pública. Para me explicar o quão poderoso um prédio cheio de livros pode ser, ela disse: "O lugar mais perigoso do mundo é uma biblioteca pública." Isso, é claro, se você souber ler; segundo mamãe, se souber ler, pode entrar lá e descobrir qualquer coisa. Do contrário...

No entanto, foi TT quem incutiu em mim o amor pela leitura e pela narração de histórias. Embora ainda não soubesse ler, depois que TT lia os livros para mim, eu olhava as ilustrações e conseguia me lembrar parcialmente das palavras e das histórias, o que me dava a sensação de que já sabia ler. Havia livros de mitologia grega e romana, contos de fadas clássicos para crianças, histórias de aventura e meu primeiro gênero favorito — as lendas do Rei Arthur e dos Cavaleiros da Távola Redonda. A história da Espada na Pedra me marcou profundamente, me fazendo acreditar que um dia, de alguma forma, eu encontraria o destino que me esperava.

Os livros me permitiam não apenas viajar na minha imaginação, mas olhar para o mundo do desconhecido através de janelas e não sentir medo. Isso até que TT me trouxe um livro que eu queria muito, *The Boys' Book of Snakes*. Era um grande livro verde-claro, da cor de uma cobra de jardim, que me cativou por dias a fio enquanto eu estudava cada detalhe do mundo das serpentes — desde cobras-corais e falsas-corais, que pareciam amigáveis, até as mortais cascavéis, najas e pítons. Durante o dia, eu ficava fascinado, mas, à noite, principalmente durante pesadelos em que minha cama ficava infestada de cobras venenosas se contorcendo e sibilando, arrependia-me de ter visto aquelas fotos.

Pelo visto, TT e tio Archie também, pois acordavam no meio da noite e me encontravam espremido entre eles. "Que diabos...", começava tio Archie, mas nenhuma tentativa de me acalmar ou repreender faria com que eu fosse para a minha cama. No fim das contas, eles voltavam a dormir, eu me sentia seguro e não sofria grandes constrangimentos — até que me tornei um garoto grande e forte, passando a ser alvo de sua chacota impiedosa.

A outra janela para o mundo do desconhecido era a TV em preto e branco, e a melhor imagem que já vi nela foi de Sugar Ray Robinson parado ao lado de um Cadillac.

"Pronto, agora já vi de tudo", exclamou tio Archie, com a mão no meu ombro, apontando para a tela da TV. "Sugar Ray Robinson comprou um Cadillac *rosa*!"

Como a imagem da TV era em preto e branco, só descobrimos a cor do carro porque o locutor falou, mas era incrível de qualquer jeito.

Às sextas-feiras, nas noites de luta patrocinadas pela Gillette Blue Blades, era meu momento com tio Archie. Sentávamos juntos — sem TT e Ophelia — e aproveitávamos cada minuto, desde as conversas antes da luta, nas quais ele me contava tudo o que sabia sobre a história do boxe, até o momento em que ouvíamos aquela música introdutória, repleta de suspense, que desembocava na estrondosa frase "um oferecimento da Gillette!", dita pelo locutor para frisar o início do combate.

Tio Archie tinha uma calma contagiante, fosse durante a exaltação das lutas, fosse durante as crises que surgiam. Com quase trinta anos na época, ele não tinha filhos, e eu não tinha um pai, o que acabou nos aproximando. Além da diligência no trabalho, meu tio usava sua serenidade e inteligência aguçada para subir na hierarquia de seu sindicato na Inland Steel, sendo um exemplo de perseverança e foco para mim. Um cara muito bonito, cuja aparência era a versão masculina de mamãe — negro de pele clara, mas não tão clara, esguio e baixo, mas com uma postura que o fazia parecer mais alto —, Archie se vestia com muita elegância, algo que influenciou meu senso de estilo e o tipo de roupas que apreciava muito antes de poder pagar. Pautado na moderação, seu visual era asseado — cabelos curtos, bigode bem aparado e roupas discretas, mas sempre impecáveis. Sempre.

Na tradição pugilista do tio Archie, Joe Louis, o Brown Bomber, era invencível. Ele cresceu acompanhando o boxeador pelo rádio, captando cada golpe com todos os sentidos de seu corpo — jab, gancho, direto, cruzado —, tudo por um meio de comunicação não visual. Como resultado, tio Archie conseguia narrar essas lutas para mim tão bem quanto qualquer locutor da época. Agora, assistíamos juntos ao desenrolar da história, com Sugar Ray Robinson mantendo-se firme e forte, especialmente em sua luta com Jake LaMotta, que jamais esquecerei. Sugar Ray e os outros boxeadores eram extraordinários, super-heróis que podiam fazer e ter o que quisessem, incluindo um Cadillac rosa. Para um pobre garoto do gueto como eu, aquilo significava absolutamente tudo, era um prenúncio da Ferrari vermelha. Mas Sugar Ray Robinson e seu carro estavam na televisão, em uma realidade distante. Eu tinha algo mais próximo, que me revelava o belo mundo além do gueto: o catálogo da Spiegel.

Por meio daquelas páginas repletas de certa permissão para sonhar, Ophelia e eu experimentávamos vidas alternativas à medida que brincávamos de um jogo que inventamos, chamado Esta Página/Aquela Página, que consistia em virar uma página aleatória do catálogo e, então, reivindicar todos os itens mostrados nela. "Tudo isto é meu", eu dizia após virar uma página, "os móveis, as roupas". Ophelia entrava no ritmo: "Esta página é minha, este lindo fogão e estas joias!" O catálogo da Spiegel devia ter mais de trezentas páginas, então nunca nos cansávamos do jogo.

Certo ano, em pleno inverno, mudamos o jogo em homenagem ao Natal. Quando chegava a vez de Ophelia, ela virava uma página e exibia seu sorriso de irmã mais velha, anunciando que todos os itens ali eram meus. Ao apontar para os presentes fictícios de Natal, ela reforçava: "Estou lhe dando tudo isto. Esta página é sua."

Na minha vez, eu virava a página e exclamava: "Estes são os meus presentes para você. Tudo isto é seu!" Eu não sabia o que me deixava mais feliz, ganhar uma página ou oferecer uma.

Naquelas horas em que jogávamos Esta Página/Aquela Página, não havia discussão sobre quem era mamãe, onde ela estava ou quando voltaria. Mas uma sensação de expectativa pairava no ar. Estávamos sempre à espera, ansiando pela pessoa que viria nos buscar. Por esse motivo, não foi um choque nem mesmo um momento memorável quando, finalmente, ouvi que mamãe estava saindo de onde quer que estivesse —

prisão, agora sei — para nos encontrar (eu, Ophelia e nossa irmãzinha Sharon, que de repente entrou em cena).

Embora a história de Cinderela da minha mãe não tivesse se desdobrado como no livro, eu pressentia que o nosso reencontro seria um conto de fadas. Todas as lembranças felizes da belíssima mulher que fazia caramelo puxa-puxa me preenchiam com uma expectativa maravilhosa e, por um vívido instante, a realidade de estarmos juntos me deixava mais feliz do que qualquer outra coisa que eu poderia ter sonhado. Mas esses sentimentos foram rapidamente ofuscados quando Freddie Triplett invadiu a minha vida. Era de se esperar que eu passasse por um período de cordialidade com o homem que se tornou marido de mamãe e meu padrasto, mas o considerei um inimigo assim que bati os olhos nele.

Embora eu não tivesse noção da violência que Freddie causaria em nossas vidas, devo ter percebido sua maldade e seu suposto prazer em me magoar. Meu palpite foi confirmado quando ele disparou a frase que usava para me ferir sempre que podia, como um golpe em meu coração, que incitava toda a raiva e o ressentimento que mais tarde irromperiam. Na primeira vez que me lembro de tê-lo visto, sem qualquer provocação, Freddie se virou para mim e, com o olhar fulgurante e a voz colérica, proclamou sem rodeios: "Eu não sou seu maldito papai!"

CAPÍTULO 2

O Blues de um Filho sem Pai

Chris! Chris, acorde!", ceceou Sharon, minha irmã de três anos, enquanto cutucava meu ombro com a mãozinha.

Sem abrir os olhos, tentei me situar. Era madrugada de Halloween e eu estava na minha cama, que ocupava a maior parte do pequeno cômodo da casa de fundos onde morávamos — atrás da "Casa Grande", propriedade de Bessie, irmã de Freddie, na esquina da Eighth com a Wright. Assim que me localizei, voltei a dormir, pois queria descansar mais um pouco. A ironia era que, embora o sono às vezes acarretasse pesadelos, a realidade dos momentos em que estava acordado me causava um medo maior.

Desde o momento em que mamãe foi nos buscar — eu, Ophelia e Sharon, que tinha nascido na penitenciária feminina — para morar com ela e Freddie, a vida mudou drasticamente e principalmente para pior. O mundo do desconhecido que me afligia quando ficamos com tio Archie e TT era maravilhoso em comparação com os acontecimentos no território do familiar controlado por Freddie Triplett. Mamãe nos dava todo o amor, a proteção e a aprovação que podia, mas muitas vezes isso parecia tornar Freddie ainda mais brutal do que já era.

Meus instintos me diziam que o mais lógico era encontrar algum jeito de fazê-lo gostar de mim. Porém, não importava o que eu fizesse, sua reação era me atacar, muitas vezes literalmente. Quando morávamos com tio Archie e TT, Ophelia e eu às vezes tomávamos umas palmadas, mas, com Freddie, levávamos surras o tempo todo, geralmente pelo simples motivo de ele ser um bêbado ignorante, violento e abusivo.

No início, eu achava que Freddie pudesse se orgulhar das minhas notas boas. Aos cinco, seis e sete anos de idade, a escola era um paraíso para mim, um lugar onde eu prosperava no aprendizado e nas interações sociais. Minha exposição precoce aos livros valeu a pena e, com o incentivo contínuo de mamãe, rapidamente aprendi a ler. Uma de minhas professoras favoritas, a Sra. Broderick, costumava reforçar meu amor pelos livros ao pedir que eu lesse em voz alta — por mais tempo do que qualquer um de meus colegas. Como não tínhamos televisão naquela época, a leitura tornou-se ainda mais significativa em casa, especialmente porque, após seu longo dia de tarefas domésticas, mamãe adorava saber o que eu havia lido ou aprendido na escola.

Minha mãe ainda tinha esperanças de que um dia obteria a formação e a licença necessárias para lecionar no estado de Wisconsin. Até então, ela se dedicava a cuidar dos quatro filhos — Ophelia, eu, Sharon e Kim, minha irmãzinha mais nova, que nasceu nessa época. Mamãe não reclamava de faxinar a casa de pessoas ricas (brancas), mas também não falava sobre o trabalho. Em vez disso, experimentava uma vida alternativa ao ouvir os relatos do que meus professores haviam ensinado ou ao folhear alguns dos livros ilustrados que eu levava para casa. *The Red Balloon* era um livro que li repetidas vezes, sentado ao lado de mamãe e mostrando a ela as ilustrações de uma cidade mágica onde um menino e seu balão vermelho saíam voando, explorando os telhados. Seus olhos cintilavam com uma bela serenidade, como se ela estivesse nas nuvens, talvez sonhando em ser aquele balão e voar cada vez mais alto, para bem longe. Eu não sabia que a cidade mágica da história era um lugar chamado Paris, em um país chamado França. E certamente não fazia ideia de que visitaria Paris em várias ocasiões.

É claro que minhas realizações como estudante do ensino fundamental deixavam mamãe orgulhosa. Porém, se alguma vez pensei que isso me faria ganhar credibilidade com meu padrasto, eu estava redondamente enganado. Na verdade, Freddie Triplett — que não sabia ler nem escrever — passava cada minuto menosprezando a alfabetização. Naquela época, ele tinha trinta e poucos anos e havia estudado só até a terceira série, quando ainda morava no Mississípi. O pequeno Freddie não conseguia nem discar um número de telefone, uma dificuldade que o acompanhou até a vida adulta. Isso, sem dúvidas, acarretava uma profunda insegurança, que ele disfarçava com a afirmação de que qualquer um que pudesse ler ou escrever era um "espertinho de merda".

Claro, em sua lógica, isso incluía mamãe, eu, minhas irmãs ou qualquer pessoa que soubesse algo que Freddie não sabia, o que significava que poderiam se aproveitar dele. No fulgor ensandecido de seus olhos, era perceptível que ele habitava um mundo cheio de espertinhos de merda determinados a humilhá-lo. Esse tipo de pensamento misturado com álcool resultava em uma grande paranoia.

Embora algumas dessas percepções tenham me ocorrido logo no início, por um tempo me dispus a enxergar além delas e a me comportar da melhor forma possível, na esperança de que Freddie descobrisse seu lado paternal. Certa tarde, essa esperança foi destruída durante uma visita de Sam Salter, o pai de Ophelia.

Inusitadamente, Salter e Freddie simpatizaram um com o outro, tornando-se grandes amigos e parceiros de bebida. Isso não fazia sentido, não apenas porque ambos tinham filhos com mamãe, mas também porque eram muito diferentes. Todas as vezes que nos visitava, Salter adentrava o ambiente com cordialidade e o típico charme de um cavalheiro sulista. Um professor de ensino médio bem vestido e articulado — que sabia ler, escrever e argumentar tão bem que todos pensavam que era advogado, embora o amigo nunca o tenha xingado de espertinho de merda —, Samuel Salter não tinha nada em comum com Freddie Triplett, que conquistava seu espaço pela intimidação. Às vezes, quando queria ficar sozinho, Freddie pegava sua espingarda carregada e a agitava, gritando: "Dê o fora da minha casa!" Outras vezes, ele recorria a um discurso inflamado, gesticulando furiosamente com um Pall Mall aceso em uma das mãos e seu sempre presente meio litro de uísque na outra.

Old Taylor era a sua marca preferida, mas Freddie também gostava de Old Grand-Dad, Old Crow ou basicamente qualquer outro uísque que estivesse na sua frente. Ele não usava um cantil de bolso para carregar a bebida, como alguns dos negros mais sofisticados faziam. Vestido com seu uniforme, que consistia em calça jeans ou caqui, camisa de lã sobreposta, sempre, a uma camiseta e botinas, Freddie simplesmente saía levando sua garrafa de meio litro. Para todos os lugares. Era como um apêndice. Como ele conseguia manter seu emprego na A. O. Smith — onde trabalhou até se aposentar, com todos os benefícios — era um grande mistério para mim. Admito, como trabalhador, Freddie era esforçado; porém, como beberrão, era mais esforçado ainda.

Naquela tarde em que Salter nos visitou, Ophelia e eu corremos para cumprimentá-lo, e Freddie chegou logo em seguida. Salter sempre levava um agrado para nós — geralmente dois dólares para Ophelia, sua filha biológica, e um dólar para mim, seu filho de coração. Nesse dia, seguimos o costume: antes da minha vez, Ophelia recebeu um abraço, um beijo e seu dinheiro; depois disse "Tchau, Papai!" e foi embora.

Salter sorriu ao ver minha mão aberta e, sem hesitar, me elogiou pelo sucesso na escola, entregando-me uma nota de um dólar novinha em folha. Sentimentos felizes se agitaram dentro de mim e não pude evitar a pergunta: "Você não pode ser meu papai?"

"Posso", assentiu Salter, pensativamente. "Também sou seu papai, toma aqui." Ele pegou outra nota de um dólar e me entregou, dizendo: "Agora guarde esse dinheiro na sua poupança, filho."

Embora eu não tivesse poupança, fiquei todo sorridente, me exibindo por estar um dólar mais rico e pelo pai de Ophelia ter concordado em também ser meu pai. Nesse momento, deparei-me com a carranca de Freddie, que do nada berrou: "Eu não sou seu maldito papai e não vou te dar merda nenhuma!"

Foi um balde de água fria. Olhei de relance para Salter, que estava fitando Freddie de um jeito estranho. Talvez seu olhar contundente pretendesse insinuar algo semelhante ao que eu estava sentindo — que Freddie não tinha direito de dizer nada, primeiro porque eu estava conversando com Salter, segundo porque sua afirmação era um castigo cruel e desnecessário. Freddie só estava reiterando algo que sempre dizia, geralmente acompanhado de comentários constantes sobre o tamanho das minhas orelhas.

Mesmo quando eu estava por perto, sempre que alguém perguntava por mim, ele urrava: "Não sei onde está aquele maldito orelhudo!"

Então, fazendo pouco caso, Freddie se virava e olhava para mim com um sorriso maldoso — como se me humilhar e ferir minha autoestima o tornasse um homem melhor —, enquanto eu apenas observava, sentindo meu rosto queimar de vergonha e mágoa.

Certa vez, eu estava no banheiro quando ouvi alguém me procurando e escutei Freddie resmungar pelas minhas costas: "Não sei onde está aquele maldito orelhudo!" Já era ruim o bastante quando dizia isso na minha frente, especialmente porque gostava de me ver tentando disfarçar minha dor aos sete anos, mas era ainda pior ouvi-lo quando ele realmente não sabia onde eu estava. Além disso, ao olhar para minhas orelhas no espelho do banheiro, percebi que eram meio grandes, o que fez os insultos machucarem ainda mais. Não importava que, um dia, elas ficariam em um tamanho proporcional.

Além dos comentários de Freddie e de algumas das crianças do bairro e da escola que me chamavam de "Dumbo" — o elefante voador do desenho animado da Disney —, o golpe na minha autoestima era agravado pelo vazio de não ter um pai. Todo mundo sabia quem era seu próprio pai. O pai de Ophelia era Salter, o pai de Sharon e Kim era Freddie, e todos os meus amigos tinham um pai. Aquele comentário desnecessário de Freddie, quando Salter me deu dois dólares, finalmente deixou claro para minhas pueris sensibilidades que ele nunca seria afetuoso comigo. Então, a dúvida se tornou: o que posso fazer a respeito?

Meu plano de longo prazo já estava traçado, começando com a promessa solene de que, quando tivesse meu próprio filho, ele saberia muito bem quem eu era, pois eu seria presente em sua vida. Mas o plano de curto prazo era muito mais difícil de formular. Além da fragilidade de não ter um pai e ser rotulado de "maldito orelhudo", como eu poderia me esquivar da impotência provocada pelo medo crescente, algo ainda mais prejudicial para a minha psique?

Eu tinha medo do que Freddie poderia fazer e do que já tinha feito. Muito medo. Medo de voltar para casa e encontrar minha mãe assassinada. Medo de que minhas irmãs e eu fôssemos assassinados. Medo de que, ao chegar bêbado e sacar sua espingarda, apontando-a para nós e nos acordando aos berros — "Desapareçam da minha maldita casa!" —, ele cumprisse a promessa de matar todo mundo. A essa altura, a situação era tão grave que mamãe dormia no sofá da sala sem tirar os sapatos — caso precisasse fugir rapidamente, carregando o bebê e nos arrastando para fora. Medo de que, quando espancasse minha mãe, deixando-a à beira da morte, ele fosse além desse limite. Medo de presenciar essa surra, ver Freddie batendo em Ophelia ou eu mesmo apanhar, sem conseguir impedi-lo. O que eu poderia fazer por conta própria, já que a polícia não agia ou apenas detinha Freddie até ele ficar sóbrio?

As perguntas sobre o que eu poderia fazer e como o faria me atormentavam o tempo todo. Elas me consternavam na escola, invadiam meus pensamentos durante o dia e, à noite, provocavam muitos dos pesadelos que me perturbaram pela maior parte da minha jovem vida, fazendo-me voltar ao lar temporário onde havia uma suposta bruxa na casa vizinha. Alguns eram tão assustadores que me deixavam paralisado demais para acordar; preso em meu sono, eu acreditava que, se derrubasse alguma coisa — um abajur, por exemplo —, alguém ouviria e me resgataria do terror vivenciado naqueles pesadelos.

"Chris!", mais uma vez a voz de Sharon invadiu meu estado semiconsciente.

Abri os olhos, sentei-me na cama e tentei me situar. Antes de dormir, nada de incomum havia acontecido, exceto algumas crianças pedindo doces de Halloween, antes de Ophelia sair para uma festa com as amigas — onde, aparentemente, ainda estava. De resto, a noite fora bastante tranquila na casa de fundos que alugamos de minha empreendedora tia Bessie, a primeira de nossa família extensa a ter um imóvel, cujo porão abrigava seu salão de beleza, o Bessie's Hair Factory.

Aos prantos, Sharon puxou a manga da minha camiseta, revelando: "Mamãe caiu."

Sem saber o que encontraria, joguei as cobertas, saí da cama, vesti meu roupão e corri pelo corredor até a sala da frente. Deitada de bruços no chão, estava mamãe, inconsciente, com um pedaço de madeira fincado na parte de trás da cabeça e uma poça de sangue se espalhando ao redor. Quando minha irmãzinha encarou nossa mãe, seu choro disparou e ela começou a gritar: "Acorda, acorda, acorda!"

Lutando contra o torpor do choque, senti algum outro mecanismo assumir o controle, e minha reação imediata foi avaliar o que havia acontecido, como se eu fosse um perito criminal.

Primeiro, constatei que mamãe estava tentando sair da casa quando Freddie a atacou com um pedaço de madeira, acertando-a com tanta força na cabeça que ele se partiu, cravando um pedaço na parte de trás e fazendo escorrer sangue por todos os lados.

Em seguida, sentindo a intensidade do medo de mamãe estar morta ou prestes a morrer, vi Baby ao telefone chamando uma ambulância. A irmã caçula de Freddie, carinhosamente apelidada de Baby, me garantiu que a ajuda estava a caminho e se aproximou de Sharon para acalmá-la.

Em meio ao turbilhão de emoções, tentando assimilar todo aquele sangue, o medo, o choro de minha irmã e a insistência de Baby de que mamãe iria para o hospital e ficaria bem, a dúvida vulcânica — *O que posso fazer?* — entrou em erupção. A resposta: limpe o fogão! Eu tinha que fazer alguma coisa, qualquer coisa. Precisava de uma ocupação, de um dever a cumprir. Então, corri para a cozinha e comecei a esfregar nosso velho fogão, que parecia ser usado desde a época dos Peregrinos e estava coberto por uma sujeira de origem desconhecida. Usando um pano, um produto de limpeza, sabão e água, comecei a limpar com todas as minhas forças, ao mesmo tempo que fazia uma oração. Minha prece era extremamente elaborada — além de *Oh, Deus, por favor, não deixe mamãe morrer,* acrescentei *Deus, por favor, não deixe ninguém entrar aqui e ver toda essa sujeira.*

Pensar que os paramédicos e os policiais brancos veriam o sangue espalhado e, depois, o fogão sujo era muito vergonhoso. Então, decidi limpá-lo para provar que ali viviam pessoas decentes, e não selvagens — com exceção de Freddie, que, mais uma vez, havia espancado uma mulher.

Quando a ambulância chegou, os paramédicos entraram às pressas, falaram com Baby e Bessie, não comigo, é claro, retiraram o pedaço de madeira da cabeça de mamãe, colocaram-na em uma maca e a levaram.

Ainda assim, continuei a limpar, a única tarefa que encontrei para pôr ordem no caos. Naquela noite, o mundo se tornou muito pequeno. Uma parte de mim morreu, deixando-me emocionalmente entorpecido, algo necessário para a minha sobrevivência.

Meus esforços não salvaram mamãe. Pelo visto, o que a salvou foi sua cabeça dura. Literalmente. Graças à força e à resistência de seu crânio, Freddie falhou na tentativa de matá-la. Ela retornou no dia seguinte, enfaixada, abatida, mas consciente o bastante para prometer que o deixaria de vez. Com uma determinação inédita, mamãe olhou em nossos olhos e jurou: "Ele nunca mais voltará aqui."

Passamos uma semana inteira sem Freddie, mas, antes que eu pudesse relaxar, ele voltou. Eu conhecia essa montanha-russa. Estávamos nela desde sempre. Cada vez que retornava, se desculpando, arrependido, Freddie começava a agir com muita simpatia. Mas ele era tão previsível quanto a chuva. Ninguém sabia quando ele perderia a paciência, mas todo mundo sabia que, em algum momento, aconteceria. De novo e de novo e de novo.

Sem dúvida, era difícil entender por que mamãe caía nessa lábia. Porém, ao mesmo tempo, eu entendia que tentar fugir dele nos colocava em uma situação muito perigosa.

Embora não tivesse controle sobre o meu plano de curto prazo, acrescentei um detalhe ao de longo prazo. Além de garantir que meus filhos tivessem um pai presente, eu nunca seria como Freddie Triplett. Jamais iria aterrorizar, ameaçar, machucar ou abusar de uma mulher ou criança, e jamais beberia a ponto de perder o juízo. Esse plano evoluiria com o tempo, à medida que a escola da vida me ensinava como crescer sem me tornar Freddie. Naquele momento, porém, só me restava odiá-lo. Era um ódio real, que habitava cada centímetro do meu corpo.

Pequenas fagulhas de revolta começaram a queimar internamente. Como um antídoto para a minha sensação de impotência, recorri a certas tentativas de provocar Freddie. Por exemplo, o fato de não saber ler e se sentir ameaçado por quem sabia era um prato cheio para mim.

Às vezes, eu começava a ler em voz alta, sem nenhum motivo além de passar um recado — *Posso ter orelhas grandes, mas sei ler. Muito bem, por sinal. Você pode até nos espancar, mas é analfabeto.* Em outras ocasiões, eu era ainda mais ardiloso, apontando para uma palavra em meu livro e perguntando à mamãe, alto o suficiente para Freddie ouvir: "Qual o significado dessa palavra?" ou "Como se pronuncia essa palavra?". No auge da minha maldade, eu pedia para ela soletrar uma palavra específica.

Mamãe apenas me fitava com ternura, dizendo com os olhos: *Filho, você sabe muito bem qual é a resposta.* Era nossa conspiração tácita, nosso acordo particular de que Freddie não nos destruiria. Então, ela dizia em voz alta: "Eu não sei", e sorríamos um para o outro com o olhar.

Finalmente, naquele mesmo inverno após o incidente com o pedaço de madeira, mamãe nos convocou para uma fuga na calada da noite. Depois que Freddie a agrediu pela enésima vez e saiu para beber em algum dos vários botecos do bairro, ela se levantou do chão, colocou gelo no rosto inchado e começou a fazer as malas, pedindo nossa ajuda.

"Precisamos ir embora", disparou mamãe enquanto eu e Ophelia jogávamos nossas coisas dentro das malas, pegando tudo o que podíamos, pois sabíamos que o tempo era escasso. Em vez de ficar com parentes, nós nos mudaríamos para um lugar que minha mãe tinha alugado na rua Sixth, a apenas dois quarteirões da casa de fundos. Depois de empilhar tudo em um carrinho de compras, agarrados a ele, nós o empurramos até o novo endereço. Assim que chegamos, vi mamãe esmorecer enquanto vasculhava desesperadamente sua bolsa e os bolsos da calça. Fitando o apartamento de dois andares, balançou a cabeça com tristeza e anunciou: "A chave... Esqueci a chave." Em estado de choque, ela parecia completamente derrotada.

Analisei o prédio e, apontando para a árvore que ficava em frente, informei mamãe: "Posso subir na árvore, me esgueirar pelo galho, pular na varanda lá de cima, entrar pela janela e descer para abrir a porta." Naquela época, como eu era uma criança magricela e obstinada, acostumada a subir em árvores altas por diversão, concluí não apenas que conseguiria, mas que era imprescindível abrir aquela porta para nossa nova vida, livre de Freddie. Era um dever a cumprir, um objetivo concreto, e também uma batalha entre mim e ele. Eu precisava vencer. Conforme pretendido, executei meu plano — escalei o galho até o telhado, pulei do telhado para a varanda, felizmente consegui levantar a janela, me esgueirei para dentro, desci as escadas e abri a porta do apartamento. O olhar aliviado de minha mãe era tudo de que eu precisava. Naquela noite, depois que todos nós nos acomodamos, eu não poderia ter sentido mais orgulho de mim mesmo.

Nos dias seguintes, mamãe percebeu minha preocupação e logo soube que eu estava com medo de Freddie aparecer e tentar invadir nosso novo território.

"Ele não vai voltar", garantiu. "Não mais. Ele nunca mais vai voltar."

Certa noite, fui atraído à sala de estar do novo apartamento por uma voz masculina que parecia ameaçadora. A conversa era sobre dinheiro ou aluguel. Não era Freddie, mas um homem branco que eu nunca tinha visto antes. Um sujeito comum, usando roupas de inverno apropriadas para a estação, ele falava de uma maneira desrespeitosa que fazia mamãe estremecer.

Quase por instinto, corri para a cozinha e voltei com um cutelo, apontando-o para o homem branco. "Você não pode falar assim com minha mãe", interrompi.

Mamãe me repreendeu com o olhar, exigindo que eu fosse educado, que corrigisse meu tom e minhas palavras.

Retribuí o olhar, confirmando que a obedeceria. Virei-me para o homem, ainda segurando o cutelo, e retifiquei: "Não fale assim com minha mãe, *senhor*."

Ele cedeu e logo foi embora. Infelizmente, não foi a última vez que ouvi aquele tom superior e desdenhoso sendo usado comigo, com minha mãe e minhas irmãs. Ao longo da vida, eu teria que controlar esse mesmo instinto de querer revidar quando certas pessoas de cor de pele ou classe diferentes se dirigissem a mim dessa forma.

A consequência mais imediata foi o retorno de Freddie. A montanha-russa atingiu o topo e despencou novamente. Meu ódio por ele só aumentava. Em menos de duas semanas, fizemos as malas e voltamos para a casa de fundos, com Freddie nos dando uma trégua de apenas alguns dias sem violência. A decepção e a incompreensão me consumiam. Como eu não sabia que mamãe havia passado um tempo na prisão, era difícil entender que o motivo era seu medo de que Freddie a mandasse de volta. Só mais tarde eu compreenderia que ela tinha pouca independência financeira, certamente não o bastante para criar quatro filhos, e nenhuma escapatória, mas já era possível perceber que mamãe estava entre a cruz e a espada.

Essa percepção fez com que a minha necessidade de remediar nossa situação ficasse muito mais urgente. A solução veio à tona em uma tarde de domingo, enquanto observava Freddie comer um prato feito por mamãe — nesse caso, seu incomparável guisado de cachaço. Via de regra, ver Freddie comer era o mais próximo que um garoto da cidade como eu chegava de uma pocilga. Mas, nessa ocasião, bastava vê-lo chupar, quebrar e bater os ossos da carne na mesa da cozinha para sentir uma repulsa permanente. Sem qualquer sentimento de vergonha, ele não apenas incorporou a essência suína de si mesmo enquanto comia, mas a uniu à aparente capacidade de peidar, arrotar e espirrar ao mesmo tempo. Quem era aquele homem porco, sósia de Sonny Liston, fumante de Pall Mall e fanático por uísque e armas? Onde estava a humanidade em um homem que parecia não se importar com o que os outros pensavam dele e que nunca perdia a oportunidade de agredir, insultar, envergonhar ou humilhar qualquer um de nós, especialmente eu? Será que agia assim porque eu era o único menino na casa, porque sabia ler, porque era o único filho do sexo masculino da minha mãe? Ou será que era uma combinação de todas essas coisas com algumas outras que só ele entendia?

As respostas a essas perguntas ainda demorariam, se é que algum dia surgiriam. Porém, finalmente, eu havia encontrado a solução para o meu plano de curto prazo. Eu não tinha nem oito anos quando a ideia me atingiu como um raio naquela tarde de domingo, enquanto observava Freddie chupar aqueles ossos: *Eu vou matar esse filho da puta.*

———

Em contraste com o perigo que espreitava nossa casa, nas ruas do lado norte de Milwaukee — com toda a diversão e o drama do nosso cenário de *Happy Days* estrelado por negros —, pude experimentar aspectos de uma infância relativamente segura e normal. Em parte, a segurança era decorrente da familiaridade com a região e da noção de seus limites. Na fronteira norte, sentido leste-oeste, ficava a W. Capitol Drive, o início do território dos negros burgueses em ascensão — onde os pais das crianças tinham uma carreira, alguns deles médicos e advogados, outros professores, agentes de seguros ou funcionários do governo.

No centro do lado norte, ficava nossa esforçada comunidade de baixa renda — principalmente operários dos setores metalúrgico e automotivo —, situada entre a terra da ascensão (onde todos nós secretamente aspirávamos viver um dia, embora fingíssemos desdenhar o pessoal de nariz empinado) e a ponte para o mundo branco no lado sul, que nunca deveria ser cruzada, segundo a lei tácita da divisão racial. Uma das principais vias, sentido norte-sul, era a rua Third, repleta de algumas das lojas mais legais, como a Gimbels, a Boston Store e a Brill's, assim como a Discount Center, bem na Third com a North, meu local favorito para comprar roupas baratas.

A alguns quarteirões de onde morávamos, na Eighth com a Wright, ficava o movimentado cruzamento da Ninth com a Meineke, perto da Lee Street Elementary School, escola que frequentei — coincidentemente, a mesma que Pat, irmã de Oprah Winfrey, quando a família delas morou em Wisconsin —, em frente à qual ficava a loja do Sy. Um judeu grande e careca, Sy era um dos poucos brancos em nossa comunidade — só mais tarde descobri que ser judeu era diferente de ser branco, protestante e anglo-saxão — e ele era muito benquisto por oferecer crediário a clientes regulares como nós. Também nos sentíamos confortáveis com os dois homens negros que ajudavam a administrar a loja e, posteriormente, a compraram. Henry e o filho — apropriadamente apelidado de Bulldog devido à sua aparência — eram grandes personagens e contribuíam para a atmosfera convidativa.

Sy preparava e vendia uma variedade de comidas deliciosas, incluindo a melhor linguiça que já comi na vida, e também oferecia uma seleção eclética de itens domésticos e pessoais. Sempre que mamãe gritava "Chrissy Paul...", era seu sinal de que me pediria para ir à loja comprar algo, qualquer coisa — uma lata de Sweet Garrett, o rapé que ela tanto adorava; um pacote de Day's Work, uma famosa marca de fumo de mascar; ou algum item pessoal misterioso de que eu nunca tinha ouvido falar (não fazia ideia do que era um Kotex). Por mais que quisesse agradar minha mãe e voltar com o que ela precisava, eu quase sempre comprava o item errado, especialmente quando a solicitação era algo do tipo: "Chrissy Paul, vá até a loja do Sy e compre uma meia-calça marrom-acinzentado." Eu voltava com qualquer cor, menos marrom-a-cinzentado. Então, ela começou a escrever bilhetes para Sy em vez de me deixar decidir por conta própria.

Dois quarteirões para cima, no sentido norte, na rua Ninth com a Clarke, havia outro ponto de referência do bairro que costumávamos chamar de "loja dos negros" — não em sentido pejorativo, mas porque os proprietários, ao contrário da maioria dos comerciantes, eram negros. Sempre que tinha uns trocados no bolso, eu ia até lá para comprar doces e um ou dois sacos de pipoca sabor queijo Okey Doke.

Por volta dos meus sete anos de idade, o desafio para mim era descobrir como ter esses trocados no bolso. A maioria das crianças mais velhas e os adultos pareciam ter uma preocupação semelhante. De certo modo, todo mundo estava em busca de seu ganha-pão, da própria estratégia de ganhar dinheiro. Meu primo Terry, o filho de treze anos de Bessie, era o líder de um grupo de garotos descolados que eu às vezes seguia — eles me ensinaram os fundamentos do empreendedorismo, no estilo gueto dos anos 1960.

Uma oportunidade surgiu quando a cidade de Milwaukee começou a construir um trecho da rodovia Interstate 43 bem no meio do nosso bairro, entre a Seventh e a Eighth. Como todas as propriedades residenciais e comerciais na Seventh estavam sendo evacuadas e preparadas para demolição, Terry e seus companheiros decidiram que tentariam a sorte com os descartes.

Ansioso por participar, embora não tivesse ideia do que eram descartes, acompanhei e ajudei os meninos mais velhos a depenar os lugares que haviam sido condenados, em busca de materiais, como acessórios de instalação, peças de chumbo, fios de cobre, pesos de janela, roupas velhas, trapos e até mesmo papel. Não era roubo — ou pelo menos foi o que Terry argumentou — porque, na verdade, estávamos apenas ajudando a cidade a demolir imóveis condenados. Em vez de os responsáveis pela demolição terem que retirar o material, nós estávamos facilitando o trabalho ao encher carrinhos de compras e empurrá-los até o lado leste de Milwaukee, quase cruzando o rio, antes de chegar ao lago. Era ali que o Sr. Katz, um empresário judeu que comprava essas tralhas por quilo, administrava sua loja de cacarecos.

Com o intuito de aumentar nossa margem de lucro, tentamos bancar os espertalhões algumas vezes, mas não éramos páreo para o Sr. Katz — ele era o dono do pedaço. Nosso esquema ridículo consistia em tentar elevar o peso da carga antes que ele a colocasse na balança — nós molhávamos os trapos e os enfiávamos em caixas de leite escondidas embaixo das pilhas de descarte.

O Sr. Katz conhecia os truques de cabo a rabo. Ele percebia, quase instintivamente, que o peso dos itens na balança passava do esperado, gritando em iídiche enquanto procurava os trapos molhados. Nosso esquema nunca funcionou. Entretanto, com o Sr. Kartz sendo nosso comprador regular, até que nos saíamos bem na venda de descartes. Quer dizer, Terry e seus amigos se saíam bem. Meu lucro de cinco ou dez dólares era muito menor do que o deles. Ainda assim, eu ficava mais do que contente em ter dinheiro para comprar doces ou ir ao cinema, por exemplo, sem ter que pedir a mamãe. A venda de descartes também me ensinou o princípio operacional de qualquer mercado: oferta e demanda. A demanda, obviamente, vinha de alguém que comprava nossas tralhas do Sr. Katz. Um negócio relativamente proveitoso.

Algumas das outras atividades do primo Terry não eram assim tão íntegras, como a vez em que ele apareceu no nosso quintal com vários maços de cigarro e, de repente, todas as crianças da vizinhança, inclusive eu, estavam lá fumando. A história, vagamente suspeita, era que esses maços tinham caído de um caminhão ou algo parecido. Na verdade, Terry os furtara de um bar local. Não importava para mim. Éramos tão legais, eu pensava. E, melhor ainda, nunca éramos pegos.

Bem, pelo menos era o que achávamos. Na verdade, parte do motivo de toda liberdade para ir e vir quando quiséssemos era que os pais de nossos amigos estavam de olho em todos nós. Isso ficou bem claro para mim em uma de minhas visitas a Arthur e Willie, os irmãos Ball. Com esse grupo, o futebol americano acabou se tornando nosso divertimento; quando comecei a ficar maior e mais alto, assumi a posição de quarterback. Nossos jogos se resumiam em lançar, correr e marcar, o que resultava em tantos touchdowns que o placar final acabava sendo algo como 114 a 98, parecido com as pontuações no basquete. Os irmãos Ball eram os melhores bloqueadores que qualquer time pós-escola poderia desejar, e logo se tornaram os maiores garotos que já vi na vida. Dois dos caras mais legais e gentis que eu conhecia, na época da adolescência, eles já eram do tamanho de jogadores profissionais de futebol americano. Em uma das primeiras vezes que fui à casa dos Ball, era um dia quente de verão e, assim que cheguei, notei que a tela da porta mosquiteira tinha sido arrancada, restando apenas a moldura. Então, é claro que apenas atravessei a moldura e entrei.

De repente, a Sra. Ball, mãe de Arthur e Willie, apareceu e me deu uma bronca: "Rapazinho, dê meia-volta e abra a porta! Você não tem modos?!"

Fiquei ali parado por um momento, sem entender. A tela havia sido retirada, então a porta já estava aberta, não estava?

Não era o que a Sra. Ball pensava. Quando me virei para obedecê-la, ela acrescentou: "Você não foi criado assim! Conheço sua mãe. Agora, seja educado e abra a porta. Volte lá e abra a porta, está me ouvindo?"

Uma mulher corpulenta, um pouco mais velha que mamãe, a Sra. Ball deixou claro que aquela era sua casa e que ela estava no comando.

Mantendo o silêncio, eu não sabia como voltar por uma porta que já estava aberta. Será que deveria sair da mesma forma que entrei ou deveria puxar a moldura? Sob o olhar incisivo da Sra. Ball, parada com as mãos na cintura, eu abri a moldura, saí e a fechei.

Então, ela disse: "Pode entrar."

Assim que pisei de volta na casa, a Sra. Ball sorriu e perguntou: "Como você está, Chrissy?"

Nem toda família reforçava a importância dos bons modos como a Sra. Ball, mas havia regras tácitas na comunidade para manter as crianças longe de problemas. Naquela época, em muitas casas, violência era diferente de punição por um comportamento inadequado. Definitivamente, não faltavam chineladas. Como todas as mães e todos os pais se conheciam, era perfeitamente aceitável que o pai de outra criança lhe desse uns tapas caso você saísse da linha. Depois, eles ligavam para sua mãe, que o esperava com umas boas palmadas. Então, quando seu pai chegava em casa, lhe daria uma surra ainda pior do que as outras.

Na nossa casa, a situação era um pouco diferente. Já que Freddie nos batia regularmente, quer estivéssemos sendo punidos ou não, mamãe escolheu outro caminho. Como uma verdadeira professora, ela nos ensinava as lições que precisávamos aprender sem fazer uso da força; as palavras bem escolhidas, o tom de voz incisivo e o olhar firme diziam tudo o que precisávamos ouvir.

Houve algumas exceções, como a única vez que apanhei por surrupiar um saco de pipoca de queijo Okey Doke da "loja dos negros". A afro-americana dona da loja não só conhecia minha mãe — como informou ao me flagrar tentando bancar o inocente menininho de sete anos e me agarrar pelo colarinho —, mas também sabia onde ela trabalhava.

Tanto a polícia quanto mamãe foram avisados da minha tentativa de furto. Depois que minha mãe me buscou na loja, antes de chegarmos em casa, suas palmadas refletiram toda a fúria de uma mulher determinada a garantir que o filho nunca mais pegaria o que não era seu.

Já em casa, mamãe usou a criatividade, decidindo me bater com o fio grosso do nosso velho telefone, o que fazia o aparelho tocar a cada golpe. *Trim! Trim! Trim!* Além da dor física — forte o suficiente para me fazer questionar se ela me mataria —, a consequência psicológica foi que, após semanas, toda vez que o telefone tocava, eu tinha flashbacks. Essa foi a última surra que mamãe precisou me dar, já que, por um longo tempo, nem sequer cogitei a possibilidade de furtar — pelo menos não até a adolescência.

Talvez um dos motivos de sua fúria era que, embora eu gostasse de andar com meu primo Terry, ela não queria que eu seguisse os passos dele. Todo mundo percebia que ele trilhava um caminho tortuoso, agindo como um jovem propenso ao crime.

"Ei, Chrissy", sempre gritava Terry em nosso quintal, chamando-me para ir à Casa Grande. Certa manhã, após seu convite, algumas crianças, incluindo as minhas irmãs e as dele, se reuniram na escadaria da casa, transformando-a em uma Disneylândia. Era um ambiente novo para nossa competição de reivindicar o personagem mais interessante de diferentes filmes. Minha escolha foi Chris, de *Sete Homens e um Destino*, interpretado por Yul Brynner, um personagem muito bacana. Mesmo que fôssemos homônimos, fui desbancado pelos meninos mais velhos que escolheram primeiro. Assim como os livros, os filmes exerciam uma influência poderosa sobre mim, permitindo-me visualizar outros mundos através de janelas. Sem dúvidas, minha visão de vida foi moldada por *O Mágico de Oz*, meu filme favorito da infância. Eu tinha vontade de morar no Kansas, onde nada de ruim acontecia, exceto um raro tornado.

Nesse ínterim, graças a Terry, eu brincava bastante à moda antiga. Enquanto os adultos estavam no trabalho, passávamos a maior parte do dia deslizando escada abaixo em caixas de papelão que colidiam com as barreiras de almofadas que erguíamos. Quando cansávamos, Terry sugeria: "Ei, Chrissy, vamos fazer uma luta de travesseiros. Meninos contra meninas!"

"Sim!", concordava eu, entusiasmado. Éramos eu e Terry contra duas das minhas irmãs e três das minhas primas.

Não demorou para que a luta de travesseiros saísse do controle, principalmente porque Terry decidiu colocar uma grande peça de chumbo em sua fronha. Assim que ele bateu na cabeça de sua irmã Elaine com o travesseiro, seguiram-se gritos, choro e muito sangue.

Todo mundo se dispersou quando uma das garotas mais velhas foi chamar Paul Crawford, o pai de Terry, um homem que sempre era mencionado pelos dois nomes. Embora não fosse casado com a Srta. Bessie, Paul Crawford — carpinteiro, faz-tudo e vigarista — era muito presente na Casa Grande. Além de sempre colocar ordem nas coisas, ele costumava abastecer nossa despensa com sacos de batatas de quase 50kg. Poderíamos ter pouco dinheiro, mas jamais passaríamos fome.

Paul Crawford era um pai que eu teria orgulho de chamar de meu, se fosse o caso. Ele tinha estilo, lábia, uma força e uma vitalidade de trabalhador, sempre com seu cinto de ferramentas completo, sua boina levemente inclinada, o que lhe dava um ar autoritário, e um charuto apagado pendurado na boca. A única vez que vi Paul Crawford acender o charuto foi no dia em que confrontou o filho sobre o grave ferimento infligido a Elaine.

Assim que ela foi enfaixada e levada para o pronto-socorro, ele reuniu todos nós na sala de estar da Casa Grande, onde os móveis haviam sido empurrados para os cantos. Em uma reconstituição quase perfeita

À Procura da Felicidade   51

de *O Estranho sem Nome*, um filme que vi muitos anos depois, Paul Crawford lentamente tirou o cinto de ferramentas e andou de um lado para o outro, nos encarando, esperando que alguém dedurasse seu filho. Todos nós afirmamos não saber quem era o responsável, incluindo Terry.

"Bem", declarou Paul Crawford, nos amedrontando até o último fio de cabelo, "um de vocês terá que abrir o bico". Então, tirou o cinto da calça e fez uma pausa dramática para acender o charuto.

A única diferença daquela cena com a versão de Clint Eastwood era que, no filme, o personagem usava um chapéu de cowboy; na versão de Paul Crawford, ele usava boina. Em vez de disparar uma pistola, ele disparava seu cinto, que parecia ganhar vida em suas mãos, como se fosse uma cobra dando o bote. Embora o foco principal fosse Terry, todos nós tomamos umas cintadas enquanto Paul Crawford ensinava a cada um o significado de "levar uma coça".

Esse foi o fim da nossa Disneylândia, dos cigarros e da guerra de travesseiros.

Algum tempo depois, quando os dias ficaram ensolarados, Terry e eu saímos em busca de atividades menos polêmicas. Acabamos concluindo que ninguém se importaria se construíssemos um clubinho no quintal dos fundos com algumas das tábuas de madeira que estavam espalhadas.

Pelo visto, Freddie se importava, pois, supostamente, começou a berrar: "Parem com esse maldito barulho!" Ele estava tentando dormir, mas, com as marteladas de Terry do lado de fora e as minhas dentro do clubinho, não ouvíamos nada. Então, percebi que Terry havia parado de martelar. De repente, o clubinho começou a desmoronar ao meu redor, acompanhado de um som ensurdecedor — *Pof! Pof! Pof!* — e do reflexo ofuscante do sol na lâmina do machado de Freddie.

Tudo o que eu sabia era que o clubinho estava sendo derrubado comigo lá dentro e que Terry tinha fugido. Freddie não dava a mínima para a minha presença nem para o fato de que a madeira lascada havia cortado minha perna, que começou a sangrar por toda a estrutura demolida enquanto eu gritava de dor. Como se fosse uma motosserra humana, Freddie se mantinha irredutível, possuído pela intenção diabólica de estilhaçar a mim e nosso barulhento projeto.

Em meio ao caos das machadadas, dos meus gritos, do sangue e das lascas de madeira voando para todos os lados, ouvi a voz de mamãe irromper: "Pare! Pare com isso!"

Resmungando, ele interrompeu a destruição e se justificou: "Eu pedi que parassem com o maldito barulho."

Freddie sempre foi um típico estraga-prazeres. Mamãe me confortou, certificando-se de limpar o corte na minha perna e colocar um curativo. Quando a ferida começou a cicatrizar, a coceira foi tão forte que cutuquei até arrancar a casquinha. Mamãe colocou outro curativo que acabou caindo enquanto ela estava no trabalho.

Após lavar a ferida, procurei um curativo grande e encontrei um macio, fofinho e limpo naquele pacote da loja do Sy. Coloquei-o com cuidado sobre a ferida e o prendi em volta da perna. Então, muito orgulhoso de minhas habilidades médicas precoces, resolvi dar uma volta pela vizinhança e exibir meu curativo superbacana.

É claro que a primeira pessoa que encontrei na rua foi meu primo Terry. Aproximei-me e notei sua expressão de choque ao me analisar de cima a baixo.

"O que é isso na sua perna, Chrissy?", interpelou. Antes que eu pudesse responder, ele continuou: "Por que raios você está usando um Kotex? Ficou maluco?"

Juro que eu não sabia por que Terry estava tão irritado e constrangido.

À Procura da Felicidade   53

Ele apontou o dedo para mim. "Nunca mais quero te ver usando um absorvente! Tire isso agora! E jamais apareça na minha frente de novo com essas coisas de mulher!"

Embora a cicatriz causada pelo incidente com o machado nunca tenha desaparecido, acabei superando a humilhação que me atingiu quando descobri por que um Kotex não deveria ser usado como curativo.

Era mais um lembrete do quanto eu odiava Freddie, do quanto queria que ele desaparecesse de nossas vidas. Mas descobrir como me livrar dele parecia aquela famigerada missão impossível atribuída a jovens cavaleiros inexperientes — matar dragões invencíveis que cospem fogo.

Como eu poderia fazê-lo sumir? Com uma arma? Essa hipótese era aterrorizante. Para Freddie, que teve uma criação rural de caça e pesca, o uso de armas de fogo era algo natural e predominante, algo que ele fizera durante toda a vida. De certo modo, tal como o álcool, também era um vício, a única maneira conhecida de se expressar quando as coisas davam errado, de aplacar aquela raiva interior, de resolver as diferenças quando a agressão não funcionava.

Aos oito anos de idade, meu histórico com uma arma carregada era deplorável. Alguns anos antes, um de meus amigos e eu estávamos brincando em um beco perto do Thunderbird Inn e encontramos uma arma calibre .22 dentro de um fogão abandonado. Sem saber se era verdadeira, decidimos testá-la mirando em alguém — um autêntico cenário de pesadelo. Por milagre, erramos, mas a garota que usamos de alvo poderia ter morrido. Quando Freddie recebeu um telefonema, que, até onde sei, deve ter sido de mamãe, ele desembestou na minha direção. Eu sabia que o que tinha feito era terrível, estúpido e errado, mas não queria apanhar, então corri para o meu quarto, entrei embaixo da cama e prendi a respiração. Antes que pudesse expirar, Freddie levantou a cama inteira e me encontrou, tremendo como uma presa. As cintadas eram ruins, mas não se comparavam à sensação de que ele era onipotente.

Além do mais, mesmo se eu tivesse uma arma e pudesse usá-la, não havia garantia de que daria certo. Certa noite, recebemos a notícia de que Freddie havia entrado em uma briga de bar, levando um tiro de seu melhor amigo, Simon Grant. *Glória, aleluia, louvado seja o Senhor!* Mas sua enorme barriga era como um colete à prova de balas. Ele sangrou muito, mas, depois que removeram a bala e o mantiveram no hospital em observação, retornou ao trabalho já no dia seguinte.

Sem saber qual estratégia seria mais adequada à missão a que me resignara, cada episódio de violência era mais uma prova de que eu não tinha escolha a não ser acabar com ele. Esse pensamento se consolidou certa noite, quando Freddie estava prestes a agredir mamãe e corri para chamar a polícia.

Bem perto da loja do Sy, no cruzamento da Ninth com a Meineke, havia um bar chamado Casbah. Certo de que alguém me emprestaria algumas moedas para usar o orelhão na frente do bar, abordei o primeiro cara que vi — um figurão que parecia um pôster de algum jogador da parte norte de Milwaukee em 1962, com chapéu fedora, terno acetinado e gravata com alfinete.

"Senhor", declarei, quase sem fôlego, "você pode me emprestar uma moeda, por favor? Preciso ligar para a polícia, pois meu padrasto vai bater na minha mãe".

Sem nem hesitar, ele respondeu: "Você não me engana, negrinho."

Pronto, além de Freddie, também quis matar aquele filho da puta.

Depois que encontrei alguém disposto a acreditar que minha mãe realmente corria perigo, fiz a ligação, e dois policiais, ambos brancos, foram enviados até nossa casa.

Ao chegarem, Freddie estava sentado no sofá e era evidente que eles ficaram surpresos por ver um homem daquele tamanho. Após trocarem olhares receosos, um deles pigarreou, perguntando: "Sr. Triplett, podemos usar seu telefone? Precisamos chamar a viatura."

Foi uma das poucas vezes que Freddie expressou algo próximo a um senso de humor, inclinando-se e respondendo: "Diabos! É claro que vocês não podem usar meu maldito telefone para chamar a viatura e me levarem para a prisão. Vão se foder!"

Uma situação absurda. Finalmente, os policiais o convenceram a acompanhá-los até a delegacia. Depois que saíram, perguntei a mamãe por que queriam usar o telefone para chamar a viatura, sendo que eles já *eram* a polícia e já *estavam* em nossa casa. Ela disse: "Bem, talvez perceberam que precisariam de policiais *grandes* para tirar Freddie daqui."

Esse acontecimento foi tão exasperante quanto o dia em que minha mãe correu para se esconder na loja do Odom, na esquina da Tenth com a Wright. O proprietário, o Sr. Odom, era pai de um dos meus colegas de escola e deixou mamãe ficar abaixada atrás do balcão.

Com a espingarda em punho, Freddie a perseguiu até a loja, exigindo que o Sr. Odom respondesse à sua pergunta: "Onde está aquela vadia?"

O proprietário deu de ombros: "Bem, ela não está aqui, Freddie. Saía agora da minha loja com essa espingarda, está me ouvindo?"

O Sr. Odom não tolerava idiotas. Freddie sabia disso e, assim como qualquer outro valentão, transpareceu sua covardia ao ser confrontado por alguém que não cederia à intimidação. Sem nem retrucar, ele virou as costas e saiu; com a espingarda em plena luz do dia, subiu o quarteirão, ainda procurando por mamãe.

Ela conseguiu se esconder até mais tarde naquela noite, quando Freddie aparentemente se acalmou. Pelos próximos dois dias ou mais, era como se sua pressão atmosférica não mais indicasse tempestades iminentes; como se alguma válvula interna tivesse liberado um pouco do vapor. Porém, como os sinais às vezes eram enganosos, continuamos pisando em ovos, o tempo todo, todos nós — eu; mamãe; Ophelia, na época com doze anos; Sharon, com quatro; e Kim, com dois.

Embora eu soubesse que todos nós temíamos e detestávamos Freddie, a pergunta sobre como mamãe realmente se sentia quanto à nossa situação cada vez mais intolerável permanecia sem resposta, assim como as perguntas sobre quem era e onde estava meu pai biológico. Até que, sem querer, me deparei com uma das únicas pistas do mundo interior de minha mãe.

Nessa época, mamãe fez uma das únicas menções ao homem que me gerou. Mais uma vez, Freddie havia dito que não era meu maldito papai. Na tentativa de me consolar, ela comentou que eu tinha um pai na Louisiana, que certa vez me enviou uma carta junto com cerca de cinco dólares. Eu nunca tinha visto a carta, o dinheiro e nem ouvido o nome dele. Mamãe salientou que ela me dava dinheiro sempre que podia, o que era verdade. Mas isso não explicava o motivo de sua conclusão de que ler a carta do meu pai verdadeiro me causaria mais sofrimento do que não saber nada sobre ele.

Esse pensamento martelava na minha mente quando, certo entardecer, me vi sozinho na casa dos fundos. Decidi vasculhar as gavetas, procurando aquela carta e, talvez, até outras. Em vez disso, acabei encontrando uma carta escrita por mamãe, com sua caligrafia caprichada e inteligível, que não tinha destinatário, mas se dirigia a um amigo de confiança. O papel pareceu cair direto em minhas mãos quando abri a gaveta da cabeceira e peguei a pequena Bíblia desgastada de mamãe.

Concluí que, embora Freddie não soubesse ler, mamãe sabia que, se ele visse a carta, a consideraria um ato de traição. Por esse motivo, ela a escreveu furtivamente e, depois, a escondeu em sua Bíblia, onde ele provavelmente não mexeria.

Na carta, mamãe relatava coisas sobre ela e o marido que eu não sabia ou não entendia, incluindo uma proposta de negócios em Detroit que nunca se concretizou. O conteúdo era chocante, especialmente o pânico absoluto das palavras no início: *Socorro, temo por minha vida.*

Claro, eu sabia que bisbilhotar era errado. Ainda assim, foi preciso ler aquela carta para confirmar o que mamãe sentia e descobrir que ela tentava obter ajuda. Nos dias que se seguiram, eu a observei, assegurando que ela não suspeitasse da minha descoberta. Sem perceber, eu já havia desenvolvido um talento típico da nossa família: guardar segredos.

Como consequência, quando finalmente descobri um método viável de matar Freddie e comecei a elaborar a poção letal que ele confundiria com álcool, ninguém nem sequer reparou. A primeira proeza foi surrupiar seu copo de inox, o único que ele usava e tratava como se fosse uma taça de prata incrustada com joias. Depois, às escondidas, peguei alvejante líquido, álcool isopropílico, doses consideráveis de produtos de limpeza e remédios com alertas sobre o risco de intoxicação e misturei com água quente. A poção borbulhante e espumosa era melhor do que qualquer invenção de um Dr. Frankenstein em algum filme, mas o cheiro horrível era um problema. Como eu faria Freddie beber aquilo?

A primeira opção foi deixar o copo no banheiro e esperar que ele desse um gole para experimentar. Boa estratégia. Exceto que, quando entrei lá e ouvi vozes se aproximando, fiquei com medo de que Freddie me obrigasse a beber antes dele. Então, parti para a ideia seguinte: tentar enganá-lo, dizendo que era um daqueles sofisticados drinques flamejantes. Por mais ridículo que fosse, acendi um fósforo e joguei dentro da mistura. *Puf!* Uma enorme chama azul-alaranjado emergiu do copo! Além da minha poção letal ser um fiasco, quase me queimei. A única saída foi jogar toda aquela nojeira abrasada e borbulhante no vaso sanitário. Ao fechar a tampa da privada, achei que o problema estava resolvido, mas a fumaça e as chamas começaram a se alastrar.

"Que porcaria de cheiro é esse?", interpelou Freddie.

Após dar descarga — o que, milagrosamente, dissipou o cheiro e impediu uma explosão que poderia me machucar ou incendiar a casa —, saí do banheiro, coloquei o copo onde o havia encontrado e me fiz de desentendido: "Que cheiro?"

Triste por ter falhado, me consolei, afirmando para mim mesmo que havia sido apenas um teste e que a tentativa seguinte daria certo. O plano consistia em matar Freddie enquanto ele dormia. Mal sabia eu que mamãe, com seu talento para guardar segredos, cogitava a mesma solução drástica. Certa noite, após levar outra surra brutal, ela deixou escapulir: "Ele nunca mais vai voltar." E acrescentou friamente que, caso voltasse, Freddie nem sequer teria a chance de nos machucar: "Vou matá-lo enquanto dorme."

Apesar de mamãe guardar os segredos de suas próprias fantasias de vingança, havia uma coisa que Bettye Jean Gardner Triplett não conseguia esconder de mim. Próximo ao final daqueles três anos e meio que se seguiram, desde que ela nos buscou na casa do tio Archie, e logo antes de desaparecer novamente — sem aviso ou explicação de outras pessoas —, descobri que mamãe tinha a surpreendente capacidade de se manter sobrenaturalmente impassível. Certa noite, pouco depois de encontrar sua carta, eu estava na sala vendo TV, e ela estava na mesa de jantar lendo o jornal quando Freddie começou seu típico chilique, berrando, xingando e tentando provocá-la de um modo ainda pior do que das outras vezes, com um linguajar absurdamente obsceno e ultrajante.

Até certo ponto, era o cenário mais surreal de negação — Freddie desempenhando o papel do assassino do filme de terror, enquanto mamãe e eu fingíamos assumir os papéis de criança assistindo à TV e mãe lendo o jornal, uma rotina familiar comum. Quanto mais intensos os insultos de Freddie, mais impassível minha mãe se mantinha.

Foi a primeira e última vez que testemunhei algo assim. Todo o ódio emanado de Freddie se transmutava em impassibilidade na minha mãe, com um efeito mil vezes maior. Nunca vi algo tão impressionante. Uma mesa demonstraria mais emoção. Mamãe permanecia inerte, os olhos vidrados no jornal, sem nem mesmo mudar de página, como se ela tivesse desaparecido dentro de si mesma para se impossibilitar de reagir, pois sabia que, se dissesse alguma coisa, virasse uma página, piscasse, respirasse, ele bateria nela. Sua impassibilidade aplacou a fúria de Freddie. Para minha surpresa, ele desistiu. Tendo esgotado toda a sua raiva, virou-se para ela como se nada tivesse acontecido e sugeriu: "Vamos transar!"

A minha própria impassibilidade surgiu naquela noite, enquanto eu observava mamãe. Manter-se impassível é uma reação instintiva, quando a escolha se restringe a lutar ou fugir. Era a única defesa de minha mãe contra um predador, da mesma forma que uma presa pode evitar o ataque de uma cobra ou de um tubarão ao permanecer imóvel. Talvez, naquele momento, ela tenha decidido que a presa devia encontrar outra maneira de se livrar do predador, de executar o próprio plano para garantir que ele não voltaria. Talvez essa decisão tenha feito mamãe tomar as precauções necessárias para tirar os filhos de casa, eu inclusive, na noite em que Freddie voltou bêbado e desmaiou.

Com todos os filhos a salvo, ela seguiu o plano de incendiar a casa enquanto ele dormia. Pelo menos era essa a história que eu ouviria mais tarde. Não sei como Freddie acordou e apagou o fogo. Mas sei que ele usou essa tentativa de matá-lo para comprovar que mamãe tinha violado a liberdade condicional da pena anterior (também suscitada por Freddie). E, mais uma vez, suas ações fizeram com que ela fosse presa.

Os detalhes nunca foram revelados para mim ou minhas irmãs. Tudo o que aprendi na época foi me manter impassível ao ser acometido por certos medos. Medo de perder minha vida, de perder um ente querido ou de perder tudo — medos que me perseguem há anos. A impassibilidade se tornou meu refúgio e minha defesa. Mesmo na vida adulta, continuo a reagir assim. Fico completamente inerte. Não é algo com o qual me sinto bem, mas, quando o caos ao meu redor se intensifica, quando o mundo parece desmoronar, quando de repente sinto medo de que tudo ou todos que valorizo sejam tirados de mim em um piscar de olhos, recorro ao meu instinto.

Mantenho-me impassível.

CAPÍTULO 3

Onde Está Mamãe?

Em um piscar de olhos, um dos meus maiores medos se tornou realidade. Após um retorno que durou apenas alguns anos, minha mãe desapareceu quase tão inesperadamente quanto havia reaparecido. De repente, tudo em meu mundo se tornou nebuloso — um labirinto de incertezas contínuas. Em outro piscar de olhos, me vi doze quarteirões a oeste, na casa de meu tio Willie, na esquina da Nineteenth com a Meineke, onde moraria pelos três anos seguintes. Era como se o roteiro da minha vida tivesse mudado, trazendo um novo enredo e outros personagens, sem qualquer margem para perguntas.

Ao contrário das reações evasivas na casa do tio Archie quando eu era mais jovem, ou das breves respostas vagas de mamãe, sempre que tio Willie e sua esposa, Ella Mae, eram alvo de minhas perguntas, eles simplesmente me ignoravam, como se eu falasse grego.

Passaram-se quase dez meses (uma eternidade para uma criança de oito anos) até que eu descobrisse onde mamãe estava. Em um funeral, uma das ocasiões mais tristes da minha infância, eu a avistei de longe, com uma agente penitenciária ao seu lado. Antes daquela nítida evidência — uma grande peça do quebra-cabeça que só foi explicada décadas depois —, eu não sabia nem se ela estava viva.

Para piorar a situação, na época, Ophelia foi enviada para outro lugar. Ou seja, fiquei sem a segunda pessoa mais importante da minha vida. Como sempre, as explicações foram vagas. Muitos anos depois, soube que tio Willie e tia Ella Mae decidiram que seria melhor para minha irmã de doze anos morar em uma espécie de internato para meninas desobedientes.

Com uma casa cheia de crianças, contando comigo e seus três filhos, era compreensível que meu tio e, em particular, minha tia achassem adequado estabelecer um rigoroso código de conduta. Porém, em comparação ao ambiente descontraído que tio Archie e TT mantinham, e em contraste ao caos do reinado de embriaguez de Freddie — onde podíamos fazer o que quiséssemos se ficássemos fora de seu caminho —, as novas regras eram um choque cultural. De início, Ophelia fez o possível para se adaptar, mas eu me rebelei, detestando o fato de que, de repente, tinha uma hora de dormir e afazeres que deveria cumprir à risca.

Lavar louça? Eu tinha que obedecer caso tia Ella Mae mandasse. Negra, alta e robusta, forte como uma das últimas amazonas, por trás de seus óculos com armação gatinho, ela nos vigiava rigorosamente. Mas, sério, lavar louça? Era demais para mim. De fato, quando mamãe deixou Ophelia no comando, esse foi o motivo de uma das poucas discussões que tive com minha irmã, pois ela tentou me obrigar a limpar a cozinha, incluindo a louça. Recusei-me e, pela primeira e última vez, recorri a uma das filosofias de Freddie Triplett: "Freddie diz que lavar louça é coisa de menina." Ophelia estava pronta para me dar uma coça, mas eu fugi, aos risos.

Entretanto, não havia como fugir da tia Ella Mae. Certa ocasião, ela me obrigou a lavar a louça por um mês, pois identificou um copo engordurado. Jurei que tinha lavado corretamente, mas ela rebateu, sorrindo: "Vejo a gordura e nem sequer estou de óculos." E isso foi apenas o começo.

Uma mulher no mínimo quinze centímetros mais alta que o tio Willie, ela tinha preocupações muito mais urgentes do que tarefes domésticas. Na minha opinião, tia Ella Mae simplesmente nos dava mais trabalho para que tivesse menos afazeres. Além disso, ela levava bem a sério o ditado "quem guarda tem". Por exemplo, para economizar leite, ela fazia com que todos nós comêssemos cereal na mesma tigela, um de cada vez, com um garfo. Ao sacar sua estratégia, comecei a me oferecer para ser o último, pois sabia que, assim, poderia virar a tigela e beber a maior parte do leite.

Talvez Ophelia já tivesse atingido seu limite devido à indignação crescente com nossa realidade ou devido ao acúmulo da mágoa e do medo que todos nós vivenciamos. Ou talvez, em virtude da sua personalidade forte, ela tenha expressado sua rebeldia por meio da desobediência. Uma pessoa boa, inteligente e sempre amorosa, minha irmã não fez nada específico — que eu saiba — para ser mandada embora, mas deve ter retrucado, desobedecido a alguma regra ou desrespeitado o horário de voltar para casa. De qualquer forma, descobrir em outro piscar de olhos que eu não estava apenas sem minha mãe, mas também sem Ophelia, era um sofrimento quase intolerável. Para piorar, Sharon e Kim estavam morando com alguns parentes de Freddie, então eu me sentia totalmente deslocado, mesmo que tio Willie e tia Ella Mae fossem da família.

Só percebi o quanto eu valorizava a companhia de Ophelia e a nossa parceria quando ela foi embora. Quase nunca brigávamos, exceto uma vez, quando fiz uma cirurgia em sua boneca Barbie e meio que a decapitei. Talvez tenha sido ciúmes por ela ganhar mais presentes de Natal do que eu — em alguns anos, ganhei apenas meias. Ou talvez eu tenha apenas descontado a raiva que sentia da provocação de Freddie: "Você é o único que não tem pai." Ou pode ter sido uma manifestação precoce de minhas latentes habilidades cirúrgicas. Claro que Ophelia ficou brava comigo por destruir seu brinquedo, mas ela logo me perdoou. Houve uma vez em que espiei uma reunião do seu clubinho de meninas. Quando fui flagrado, uma de suas amigas pegou uma esponja encharcada de água com sabão e espirrou bem no meu olho! Ardeu muito, mas o que realmente machucou foi tentar limpá-lo com um pano sujo de cosméticos. Fiquei chateado por Ophelia não ter dado tanta importância — de fato, o incidente deixou sequelas no meu olho.

De resto, éramos quase inseparáveis, melhores amigos. O último dia 4 de julho ficou marcado em minha memória. Os filhos de Bessie e alguns de nossos parentes e amigos mais velhos tinham condições de ir à praia em Muskogee, o lugar ideal para curtir o feriado. Como não tínhamos dinheiro, nossa opção era ir ao lago Michigan para ver os fogos de artifício. Mas dependíamos de Freddie, que precisava nos levar, nos deixar lá e, depois, voltar para nos buscar.

Chegamos a tempo e, em meio à grande multidão local, assistimos aos fogos de artifício. Aproveitamos o momento até que, como se fosse coreografado, o último rojão explodiu no céu, jorrando mil fagulhas resplandecentes, sucedido de uma trovoada repentina e uma pancada de chuva. Não havia abrigo e logo percebemos que também não havia a carona de Freddie.

Quando ficou muito tarde, só nos restou voltar a pé — assim como João e Maria, tentamos refazer nossos passos na direção oposta. Enfrentando a umidade, o frio, a fome e o medo de nos perder, seguimos caminhando e conversando. Ophelia, na época minha principal fonte de informação sobre tudo o que eu não sabia, decidiu me explicar por que a correspondência nunca chegava a tempo em nosso bairro.

"Por quê?", indaguei. A chuva era tão forte que precisávamos gritar.

"Porque", respondeu ela, "nosso carteiro fica no bar do Luke bebendo com Freddie". O Luke's House of Joy, um dos botecos favoritos de Freddie, ficava em frente à Casa Grande, na Eighth com a Wright. Tínhamos certeza de que era onde ele estava naquela noite, bêbado demais para se importar ou se lembrar de nos buscar. Ophelia contou que os adultos da vizinhança diziam que, se quisesse receber uma correspondência, você precisava ir até o bar do Luke, encontrar o carteiro em seu banquinho regular e vasculhar a bolsa dele. Se quisesse receber o pagamento da previdência social, relatou minha irmã, teria de ir até lá e exigir do carteiro: "Negão, entregue meu cheque!"

A chuva não deu trégua durante nosso trajeto de uma hora e meia, mas as histórias e os comentários de Ophelia deixaram o suplício muito mais suportável. Ao chegarmos em casa, não havia ninguém lá, então precisei me espremer pela portinha por onde entregavam o leite.

Em suma, era assim que sobrevivíamos, como um time, encorajando um ao outro, reclamando um para o outro, nos distraindo dos problemas que eram dolorosos demais para mencionar. Com mamãe longe e sem Ophelia por perto como minha aliada, eu não conseguia imaginar mais ninguém para preencher o vazio.

Mas, aparentemente, como se diz, a natureza tem horror ao vácuo; em outro piscar de olhos, os três irmãos de minha mãe surgiram para preencher o vazio e garantir que eu não me sentisse totalmente abandonado. Eles eram figuras paternas, professores, comediantes e pregadores, cada um à sua maneira. O antídoto perfeito para o blues de um filho sem pai, sem mãe e sem irmã, juntos, eles me ajudaram a perceber, logo que comecei a sentir pena de mim mesmo, como eu tinha sorte de ser um Gardner.

Sempre que visitava o tio Archie, eu aprendia lições duradouras sobre o valor do trabalho árduo, da definição de metas, do foco e do autodidatismo. Um sindicalista nato, que subiu na hierarquia e se tornou presidente do sindicato, ele estava o tempo todo lendo, estudando e se familiarizando com questões de interesse da comunidade.

Havia também o tio Willie, um personagem cativante que conseguia transformar uma tarde monótona em uma aventura repleta de espionagem e intrigas internacionais. Desde que retornara da Guerra da Coreia, pelo que ouvi, ele não estava muito bem da cabeça. Era um dos eufemismos para transtornos mentais, algo presente em diferentes partes da família, bem como no restante do bairro — onde a maioria das pessoas, além de não ter dinheiro para arcar com esse tipo de assistência, procuraria um encantador de serpentes antes de um psicólogo.

Chamar alguém de louco — um eufemismo semelhante que poderia se aplicar a uma pessoa como Freddie, que provavelmente tinha bipolaridade ou esquizofrenia, transtornos agravados pelo álcool — era outro modo de negar a gravidade da situação, o que tornava o problema, se não aceitável, pelo menos comum. Por pior que a pessoa estivesse, você ouvia coisas como: "Bem, aquele negão é louco. Simplesmente maluco." E ninguém cogitava terapia, pois essa solução era considerada uma loucura por si só. "Ah, não", diziam sobre Freddie, "ele vai ficar bem. Só estava bêbado. Ele não deveria beber de estômago vazio".

Na verdade, apesar de inofensivo, tio Willie foi diagnosticado com algum tipo de estresse ou trauma de guerra que ficava cada vez pior. Embora ninguém tenha me contado sobre sua condição durante o tempo em que morei em sua casa, ele parecia estar seguro de que trabalhava para o FBI — uma certeza que tem até hoje, e ninguém do hospital psiquiátrico onde ele vive tentou convencê-lo do contrário. Eu também não tentei ao participar pela primeira vez de uma de suas "missões", ainda naquela época. Na ocasião, dirigíamos pela rua em seu modesto Rambler verde — um dos modelos clássicos dos anos 1960 fabricado ali mesmo, em Milwaukee —, e não pude deixar de reparar em seu traje descolado: paletó, camisa branca, gravata com alfinete, um chapéu panamá e óculos escuros. Aquele se tornou seu disfarce, pois, segundo tio Willie, o ajudava a passar despercebido. Sem qualquer referência ao seu "trabalho", ele parou o carro de supetão, olhou para a frente e, a fim de acobertar nossa conversa, se pronunciou com os dentes cerrados, como se fosse um ventríloquo.

"É, lá estão eles me seguindo. Eles estão realmente me seguindo."

"Estão?", indaguei entusiasmado, pensando na série *Os Destemidos*, com Bill Cosby, ou nas últimas histórias de James Bond que eu havia lido ou assistido. Uau, aquilo era demais!

Assim que virei a cabeça para conferir quem estava nos seguindo, tio Willie se debruçou no volante, sussurrando: "Não olhe! Não olhe! Eles descobrirão que estamos investigando!"

Infelizmente, eu já tinha olhado — ninguém estava nos seguindo. De uma só vez, percebi que muitas das afirmações grandiosas que tio Willie havia feito ao longo dos anos, tanto para mim quanto para outras pessoas, não eram verdadeiras. Por exemplo, uma delas era que ele tinha alguns quadros originais de Picasso escondidos em um local secreto e que os havia legado a Ophelia. Eram visões glamourosas e ousadas, certos devaneios que eu adorava ter, agora frustrados pela descoberta de que só existiam em seu mundo de fantasia.

Ainda assim, ele era muito convincente. Pouco depois de nossa "missão", um de nossos parentes recebeu um telefonema do hotel Palmer House — um dos mais luxuosos e ilustres de Chicago, nos moldes do Waldorf Astoria, em Nova York. Pelo visto, o tio Willie, que frequentava corridas de cavalo, havia feito o check-in na recepção, apresentando seus bilhetes premiados. Com a explicação de que os descontaria no dia seguinte para pagar a diária, ele se hospedou na suíte presidencial da cobertura. Quando a gerência do hotel descobriu que os bilhetes não valiam nada — haviam sido apenas descartados, não eram nem mesmo os bilhetes premiados de outra pessoa —, eles telefonaram para a família e pediram que alguém buscasse o tio Willie, pois queriam evitar a publicidade negativa de envolver a polícia.

Como um dos parentes que foi até o hotel tentar persuadir o tio Willie a sair da cobertura, tive a sorte de ter um vislumbre do material com o qual os sonhos eram feitos. O luxuoso saguão do Palmer House fazia as páginas do catálogo da Spiegel parecerem quase banais. E aquela suíte da cobertura — com vários quartos, um banheiro que poderia abrigar duas famílias, uma sala de estar ali, outra acolá, e móveis adornados com ouro, seda, cetim, veludo — não se comparava a nada com o que eu já tinha sonhado, muito menos visto. Pensar que algum dia eu me hospedaria em um lugar como aquele era um sonho grande demais, quase descabido. Mesmo assim, enquanto convencia tio Willie a voltar para casa conosco, incuti essa fantasia em meu ser.

Muito tempo depois, após me hospedar nas suítes de alguns hotéis extraordinários, fui convidado ao Palmer House para participar de um evento organizado pelo presidente da National Education Association, um dos meus maiores clientes de investimento institucional. Só me dei conta do motivo de meu déjà-vu quando cheguei ao evento, que por acaso era na mesma suíte presidencial da cobertura. A princípio, achei melhor não revelar por que eu sabia onde ficava o banheiro, o bar ou a saída para o terraço, mas acabei contando para algumas mulheres mais velhas, que gargalharam junto comigo.

Uma delas disse: "Toda família tem um tio Willie." E outra acrescentou: "E algumas também têm uma tia Willamena."

Obviamente, aos oito anos de idade, eu não tinha muita noção sobre as causas dos transtornos mentais. Então, ao perceber que alguns parentes não estavam muito bem da cabeça, adquiri um novo medo. Se a tal loucura acometia a minha família, de que forma ela me afetava? Será que eu já era ou ficaria louco? O medo também pode ter sido o motivo pelo qual sempre evitei beber muito. Não queria perder o escasso domínio do meu próprio mundo, aquela ligeira sensação de conseguir reagir à rápida mudança de ambientes, situações e circunstâncias — um controle que cessaria caso eu ficasse alterado.

Ao mesmo tempo, as histórias do tio Willie, delirantes ou não, me proporcionavam uma nova visão de mundo, substituindo o antigo medo do desconhecido pelo desejo de ver alguns dos lugares sobre os quais ele falava. Além de descrever os portos de escala do seu tempo no exército — Coreia, Filipinas, Itália e outras paradas ao longo do caminho —, ele também contava sobre como as estrangeiras eram lindas e acolhedoras, um assunto que se tornaria cada vez mais fascinante para mim.

Porém, foi tio Henry quem mais me abriu as portas para o mundo além de nossa vizinhança, fazendo-me compreender que eu precisava conhecê--lo um dia. Naquela época, sua presença radiante era como algo predestinado em minha vida. Tínhamos visto o irmão caçula de mamãe apenas algumas vezes, pois o exército o enviara para o exterior. Depois que se aposentou do serviço militar e começou a trabalhar como metalúrgico junto com meus outros tios, ele entrou em cena — tão repentinamente quanto minha mãe desapareceu.

Sempre que tio Henry nos visitava na casa do tio Willie — ou, melhor ainda, me levava para algum passeio, só nós dois —, era como se fosse Natal, meu aniversário e todos os feriados em um mesmo dia. Ele fazia com que eu me sentisse único, uma sensação semelhante à que mamãe me proporcionava quando fazia caramelo puxa-puxa no lar adotivo. Além desse sentimento, tio Henry também me possibilitou amar um homem pela primeira vez — o verdadeiro amor e a admiração que um garoto sente pelo pai. As mulheres importantes da minha vida já haviam me ensinado o que era amor — mamãe, com seu sorriso contagiante, que me lembrava do ato de abrir a geladeira e preencher o ambiente com a luz da esperança e do conforto; e minha irmã, com sua afeição incondicional e infinita. Mas até os oito anos de idade, quando tio Henry me acolheu com sua proteção, seu carinho e seu bom humor, quase tudo o que eu havia recebido de um homem eram gritos por trás do cano de uma espingarda: "Desapareça da minha maldita casa!" e "Eu não sou seu maldito papai!".

Tio Henry e eu tínhamos um acordo tácito: sempre que ele nos visitava e tio Willie e tia Ella Mae viajavam no fim de semana ou saíam à noite, eu ia para a cama com as crianças mais novas e, depois, escapulia. Ao descer as escadas na ponta dos pés, sempre encontrava uma festa rolando, organizada por Henry Gardner. Com um porte atlético e elegante, medindo quase 1,80m — embora parecesse muito mais alto, assim como mamãe —, ele era um solteirão bonito, esguio e adorado pelas mulheres. Com seu cavanhaque estiloso, tio Henry costumava perscrutar o ambiente, reparando em todos os detalhes, ciente de que as mulheres não tiravam os olhos dele. Suas roupas eram absolutamente impecáveis, cada vinco, cada punho, tudo engomado com perfeição.

Em uma dessas festas, logo depois que desci as escadas e comecei a examinar os diferentes amigos de Henry e a observar os vários convidados — alguns jogando cartas, outros conversando, alguns dançando —, algo memorável aconteceu. Havia um tipo distinto de música tocando na vitrola — soul, blues e sucessos de Sam Cooke, Jackie Wilson e Sarah Vaughn embalavam o clima festivo. Entre o som, os risos, as conversas e a fumaça, a festa estava a todo vapor. Então, de repente, alguém colocou um disco que eu não conhecia e o clima mudou. Tudo parou: as risadas, as conversas, até a fumaça. Era Miles Davis tocando "Round Midnight". Mais tarde, eu acabaria admirando sua maestria no trompete, o tom marcante que arrepiava minha pele e as incríveis complexidades de ritmo e melodia. Porém, naquela noite, o que me chamou a atenção foi o poder que Miles Davis tinha de mudar o clima do ambiente. Ainda era uma festa, mas muito mais intimista, mais descolada, mais fluida. Parecia até que o som saindo da vitrola impactava a forma como eu me movia. Minha decisão de estudar trompete não aconteceu naquela ocasião, mas, pela primeira vez, refleti sobre o quão poderoso seria ter a capacidade de mudar o clima, de fazer estranhos sentirem algo tão transformador. Fui totalmente arrebatado por sua música.

A partir de então, tio Henry e eu começamos a compartilhar o interesse por Miles Davis. A música e os momentos que passávamos ouvindo juntos eram um refúgio da tempestade, uma trégua em toda minha angústia, mesmo que apenas por um tempo. Nas muitas ocasiões em que me permitia ficar acordado até tarde para escutar todos os discos possíveis de Miles Davis, ele me contava sobre suas aventuras nas Filipinas, na Coreia e no Japão. "Venha aqui", disse no meio de uma conversa, fazendo sinal para que eu o acompanhasse até a estante de livros, de onde pegou a enciclopédia que tio Willie e tia Ella Mae guardavam em casa.

Tio Henry salientou os fatos e os aspectos culturais desses diferentes lugares, recomendando que eu sempre aproveitasse fontes como a enciclopédia. Ele fez questão de enfatizar que o mundo tinha variadas pessoas com atitudes, costumes, crenças e tons de pele diferentes dos nossos. Então, abriu um sorriso ao descrever as mulheres estrangeiras. Como se estivesse girando o globo terrestre e me mandando escolher um local e partir, afirmou: "Chris, o mundo é sua ostra. Depende de você encontrar sua pérola."

Nenhuma palavra ou atitude do tio Henry indicava que nosso tempo juntos seria limitado; mais tarde, em retrospecto, eu acabaria me perguntando se, de certo modo, ele sabia que nem sempre estaria por perto, tentando me transmitir suas lições o mais rápido que podia. De qualquer forma, ainda que a mensagem não fosse explícita, a ideia sempre foi clara: aproveite a vida.

Não era uma mensagem nociva ou egoísta. Para mim, compreendia a permissão para sonhar, a coragem de me comprometer a viver em meus próprios termos e a ousadia de perseguir minha visão — uma visão que ninguém precisava ter, apenas eu.

Um de nossos primeiros passeios juntos foi ao rio Mississípi, onde tio Henry me ensinou a nadar e aonde me levava para andar de barco sempre que o tempo estava bom. Lembro-me de uma dessas ocasiões como a essência da felicidade, um daqueles dias perfeitos de verão que se consolidam na memória. Sem nenhuma nuvem no céu, havia apenas o som e o cheiro do motor a gasolina, e nós dois: tio Henry na parte de trás do barco, manobrando o motor Evinrude enquanto nos guiava através do rio, e eu na frente, com as pernas suspensas, chutando a água, que espirrava de volta no meu rosto. Sensações de bem-estar percorriam todo o meu ser: as oscilações do barco nas marolas; o impacto e o barulho das ondas no casco; a névoa de água respingando ao meu redor, tocando carinhosamente meu rosto e minha pele.

Provavelmente, era a posição mais perigosa possível dentro de um barco em movimento, mas fazia parte da diversão ousada, formidável, sem precedentes. Décadas depois, eu me lembraria daquele dia glorioso ao assistir a *Titanic* e ver Leonardo DiCaprio gritar: "Eu sou o rei do mundo!" Era exatamente essa a sensação que me dominava no rio Mississípi com o tio Henry, uma sensação de estar completamente vivo. Tio Henry demonstrava satisfação ao me ver feliz, como se tivesse cumprido sua missão de me ensinar o caminho, já que nem sempre estaria presente para me guiar. Ou pelo menos foi assim que acabei interpretando o tempo mais memorável que passamos juntos.

Certa noite, no final daquele primeiro verão que passei com tio Willie e tia Ella Mae, eu já tinha ido para a cama, mas ainda estava acordado quando ouvi o grito da minha tia: "Ah, não!", seguido de choros abafados. Sentei-me na cama em pânico, não apenas porque nunca tinha ouvido adultos chorarem, mas também porque eu sabia. Tio Henry. Sem dúvidas. A dor era tão intensa que reverberou até o sótão onde eu costumava dormir. Rezei com mais fé do que nunca: *Querido Deus, por favor, que não seja meu tio Henry*. Sem pregar o olho, rezei repetidas vezes, sentindo-me impotente por não conseguir mudar a temida realidade.

Na manhã seguinte, durante o café, tia Ella Mae, com os olhos inchados sob os óculos estilo gatinho, revelou com uma voz soturna e embargada: "Henry sofreu um acidente. Ontem. Ele se afogou."

Eu mal conseguia assimilar as informações, abalado pelo choque e pela tristeza da morte de tio Henry, sem conseguir acreditar que ele havia sofrido um acidente, pois era cuidadoso, experiente, não poderia ter partido, simplesmente não poderia. Tia Ella Mae estava falando diretamente comigo, já que as crianças mais novas não entenderiam, mas eu estava estarrecido, arrasado. Adentrei a impassibilidade à qual recorria para me proteger da dor, repelindo os pensamentos confusos e tentando entender a cronologia dos acontecimentos. Pelo visto, tio Henry foi pescar em uma pequena ilha, e o barco, atracado incorretamente, se afastou da costa. Quando ele tentou nadar para resgatá-lo, a correnteza estava muito forte e o venceu.

Tio Henry me alertou sobre a imprevisibilidade da correnteza inúmeras vezes, sobre como era impossível definir sua força apenas olhando para a superfície. Não fazia sentido. Nada fazia sentido. Meu coração queria explodir em um milhão de pedaços, mas algo dentro de mim o impedia. Era a sensação de não me permitir chorar por saber que, se começasse, nunca mais pararia. Então reuni toda aquela emoção, todo aquele peso que me esmagava sob a forma de um enorme questionamento e a arrastei para o fundo, afogando-a na perigosa correnteza do meu interior.

Após comparecer a tantos velórios com TT, achei que saberia o que esperar do funeral do tio Henry, mas eu era muito mais jovem e não conhecia nenhum daqueles falecidos da igreja. Eu não estava preparado para aceitar sua perda definitiva; era como se, a qualquer momento, alguém fosse me dizer que era um engano ou mesmo um truque para que ele pudesse se aventurar no exterior sem a necessidade de se despedir. Além disso, eu estava completamente despreparado para encontrar mamãe pela primeira vez em quase um ano.

Sempre que tentava me aproximar dela, havia parentes impedindo o caminho. Não podíamos nos abraçar. Ela não podia me dizer onde estava, o que tinha acontecido, quando e se voltaria. A atmosfera já era surreal o suficiente com todo aquele choro e lamento, mas ver mamãe, de verdade, bem diante de meus olhos e longe do meu alcance, era quase como ser enterrado ao lado do tio Henry. Talvez por saber que doeria muito, ela não fez contato visual nem tentou falar comigo. Meu único conforto era pensar que ela me observava quando eu não estava olhando. Queria que mamãe percebesse o quanto eu tinha crescido, como havia me tornado um garoto calmo, forte, comportado. Cada vez que a fitava, esperando por um sinal de que tinha me visto, tudo que eu enxergava era a dor de perder o irmão caçula e não poder falar com os filhos. Cabisbaixa, ela contemplava a cova onde colocaram o caixão do tio Henry.

Ao constatar que a mulher ao lado de mamãe era uma agente penitenciária — a única pessoa branca no funeral, vestida com um uniforme azul-marinho —, quase como um baque, soube para onde ela tinha ido. Porém a resposta de uma importante pergunta acarretava vários outros questionamentos. Por que estava presa? Quando sairia? Algum dia voltaria?

Só muito mais tarde eu descobriria que era sua segunda prisão. Entretanto, mesmo naquele dia, meu instinto me dizia que Freddie era o responsável. Embora fosse ele quem deveria estar preso por seus abusos, Freddie disse às autoridades que mamãe havia incendiado a casa enquanto ele dormia, violando a liberdade condicional. Como era de se esperar, fez a denúncia sem um pingo de preocupação com as consequências para nós, os filhos.

Ophelia, Sharon e Kim também estavam no funeral. Vê-las ali foi estranho devido à nossa tradição familiar de "não pergunte, não conte". A minha onda de emoções conflitantes era tão insuportável que acabei me atendo à necessidade de algo para fazer, algum plano de ação no qual me concentrar. Em primeiro lugar, apesar de Freddie ter praticamente sumido desde que mamãe foi presa, resolvi retomar o esforço de eliminá-lo da nossa vida de infortúnios, uma determinação que eu havia arquivado quando minha poção letal explodiu. Em segundo lugar, decidi que, independentemente do tempo que mamãe ficasse longe, eu desfrutaria minha infância ao máximo. Sairia com meus amigos, "minha turma", arranjaria confusões — provocaria algumas delas também —, andaria nos carrinhos de rolimã que nós mesmos fazíamos com madeira e rodas de skate velho e talvez até descobriria como ganhar dinheiro para comprar uma bicicleta. Então eu e minha turma passearíamos pela cidade, até no lago se quiséssemos, ou pedalaríamos colina acima até o ponto mais alto da nossa região de Milwaukee, perto do reservatório de água, e contemplaríamos o horizonte, sentindo-nos como os reis do mundo. Para aproveitar ainda mais a vida, desceríamos a Snake Hill em alta velocidade, experimentando uma grande descarga de adrenalina, liberando os pedais para ir ainda mais rápido, desafiando os limites do perigo e da emoção, até quase fazer a bicicleta voar.

No funeral do tio Henry, também decidi que nunca mais choraria. Eu queria mostrar à mamãe que estava sendo forte e que ela não precisava se preocupar comigo.

Nos dois anos seguintes, fiz o possível para não desmoronar. Foi difícil manter minha decisão certa tarde, quando passei na casa de Baby, onde minhas irmãs mais novas estavam morando. Um dos únicos aspectos positivos do tormento de Freddie em nossas vidas era a bondade de suas irmãs, Baby e Bessie. Baby via o quanto o irmão me maltratava e tentava compensar, fazendo elogios sempre que podia e até me dando alguns dólares em uma ocasião ou outra.

"Está com fome, Chris?", perguntou Baby naquele dia, já sabendo a resposta antes mesmo de eu assentir, sorrindo, e começou a preparar um sanduíche. Antes de terminar, ela se lembrou das roupas na máquina de lavar e pediu que eu as colocasse na secadora.

Sem hesitar, desci até o porão e, quando comecei a tirar as roupas molhadas da máquina, fui envolvido por um aroma familiar. Era o mesmo aroma maravilhoso que senti pela primeira vez no lar adotivo. Não era um perfume específico, nada preponderante ou muito intenso, apenas um aroma puro, acolhedor, *agradável*, que me envolveu como se fosse a capa do Super-Homem, fazendo com que eu me sentisse forte, único e amado, fazendo com que eu sentisse a presença *dela*.

Parado ali, colocando as roupas na secadora, sem entender por que a presença de minha mãe era tão vívida, eu ainda não sabia que Baby guardava alguns de seus pertences no porão. Ainda não sabia que, em algumas semanas, em outro piscar de olhos, a situação mudaria e mamãe voltaria para casa, reunindo todos nós para vivermos como antes.

Assim como em um filme rebobinado, recomeçaríamos exatamente de onde paramos, quase no meio da história. Sem qualquer explicação e com a participação de Freddie.

No vazio do porão de Baby, tudo o que eu sabia era que estava prestes a chorar até não poder mais, como se rompesse a barragem que segurava dez anos de questionamentos reprimidos e um rio Mississípi de lágrimas acumuladas.

Antes, porém, à medida que seu maravilhoso aroma me envolvia ainda mais, virei-me e perguntei só para ter certeza: "Mamãe?"

CAPÍTULO 4

Bitches Brew
(lado A)

"Chrissy Paul!" tornou-se um refrão frequente na Casa Grande, na Eighth com a Wright, onde fomos morar temporariamente com Bessie. Era entoado não apenas por mamãe, agora livre, para me avisar que precisava de algo, mas também por minhas irmãs e primas.

Entre os dez e quatorze anos, sem nem sequer pedir, recebi um treinamento intensivo para uma carreira de faz-tudo. Não era o que eu imaginava ao me preparar para meu futuro ilustre como Miles Davis, um objetivo pelo qual fiquei obcecado desde que ouvi sua música pela primeira vez naquela noite com o tio Henry.

Porém, eu estava tão grato por mamãe me ouvir tagarelar sobre a urgência de aprender a tocar, por ter me comprado um trompete de segunda mão e me arranjado aulas particulares que não conseguia negar o que quer que me pedisse. Algumas das tarefas não me incomodavam, incluindo as diferentes paradas que fazia na mercearia quando chegava o dia de acertar nossas contas. Um típico serviço começava com a solicitação: "Chrissy Paul, vá até a casa de Baby para pegar um envelope."

Eu sabia que o envelope era um pequeno empréstimo para pagar outro empréstimo, embora os detalhes nunca fossem discutidos. Era tudo muito discreto, como se comentar nossa falta de dinheiro fosse inadequado. Quando chegava à casa de Baby, ela também não revelava o conteúdo do pequeno envelope dobrado, mas é claro que eu sabia que havia duas ou três cédulas de dólar dentro dele. Como o intermediário dessas transações, eu podia até não saber os valores exatos, mas o processo só aumentava meu apreço pela capacidade que mamãe tinha de equilibrar o orçamento — às vezes até para termos o que jantar.

Toda essa questão financeira se tornaria um assunto de grande interesse, já que eu não tinha um pai para bancar meus desejos e necessidades — como um determinado estilo de roupas, que aprendi a manter economizando e tirando uma renda extra com alguns bicos; e, mais tarde, meu próprio carro. Nesse ínterim, essas tarefas envolvendo dinheiro me ensinavam vários princípios financeiros, como ativos versus deficit, empréstimos e juros, e a obtenção de um valor maior por um preço menor.

Além de fazer compras no Sy e em outras mercearias locais, de vez em quando eu passava na Uncle Ben's, na Ninth com a Meineke. De propriedade de negros, a loja tinha um balcão de frios onde minha mãe me mandava comprar US$0,50 de salame e US$0,50 de queijo — um jantar para uma família de sete pessoas, considerando mamãe, Freddie, eu, Sharon, Kim, Ophelia e sua filhinha DeShanna, nascida enquanto minha irmã estava no internato.

A menos que estivesse literalmente morrendo de fome, eu me recusava a comer qualquer coisa que saísse do balcão de frios da Uncle Ben's. Nada contra o proprietário, mas ele tinha um gato que mordiscava os produtos. A visão daquele gato farejando e pisoteando os frios me horrorizava de um ponto de vista médico e científico. Apesar de ter apenas doze anos e não ser nenhum especialista, a lógica me dizia que um gato que acabou de usar a caixinha de areia não deveria andar sobre o salame que comeríamos. Mas eu não verbalizava minha apreensão.

Durante a época em que estávamos nos readequando à vida juntos, eu precisava realizar uma das tarefas de que menos gostava. DeShanna tinha que ficar em um lar adotivo até que Ophelia conseguisse um emprego e a trouxesse para morar conosco. Minha função era buscar DeShanna, a dez quarteirões de distância, levá-la para visitar Ophelia em nossa casa e, então, devolvê-la ao lar adotivo.

Como a coitadinha da criança não estava acostumada comigo, nem com Ophelia, sempre que eu chegava para buscá-la, a situação era angustiante. A mulher que cuidava do lar adotivo não facilitava. Assim que DeShanna começava a fazer birra, se jogando no chão, berrando e esperneando, a mulher também chorava e me olhava torto, como se a culpa fosse minha. Até eu ficava com vontade de chorar, pois não sabia o que fazer. Ela não era minha filha, eu estava apenas cumprindo ordens. Essa experiência era um exemplo perfeito da expressão "bode expiatório".

Quando finalmente saíamos pela porta, DeShanna chorava por todo o trajeto até nossa casa, fazendo com que eu a pegasse no colo. A cada viagem, ela parecia gritar mais alto e ficar mais pesada. A certa altura, eu a colocava no chão e tentava convencê-la a andar. Ela expressava seu desagrado berrando ainda mais e se recusando a segurar minha mão, contrariando o costume da maioria das criancinhas. Isso significava que eu tinha que segurar sua mão à força, o que lhe dava outro motivo para gritar e tentar fugir. As pessoas paravam e olhavam, sem dizer nada, mas obviamente pensando: *O que ele está fazendo com aquela criança? O que há de errado com aquele bebê?*

Depois que DeShanna passava um tempo com Ophelia, o trajeto de volta não era tão ruim, sobretudo porque elas começaram a criar laços, o que parecia acalmar minha sobrinha. Porém, o suplício se repetia sempre que chegava o momento de buscá-la de novo. Ficamos muito felizes quando o serviço social permitiu que DeShanna fosse morar conosco.

Não foi surpresa que as circunstâncias de como minha irmã engravidou não foram discutidas — todos respeitavam o "não pergunte, não conte". Mas, ao refletir sobre o fato de minha sobrinha não ter um pai, eu repetia para mim mesmo que jamais traria uma criança a este mundo se não pudesse estar presente em sua vida.

———

Certo dia, "Chrissy Paul...!" ecoou pela casa, emitido por três vozes diferentes, quase como o ensaio de um coral. Mamãe apareceu primeiro, pedindo: "Vá até a loja dos negros e compre um Kotex."

Ophelia e minha prima Linda intervieram, dizendo que queriam a mesma coisa. Era a tarefa que eu mais detestava. Por que não podiam compartilhar um pacote? Porque mamãe queria o vermelho-claro; Ophelia, o azul-celeste; e Linda, o lavanda. Como uma mesma marca de absorventes podia ter tantas variações? Meu primo Terry também sofria com suas três irmãs e passava por mim dando um sorrisinho. Sempre que o pedido surgia, ele respondia alegremente: "O Chris vai!"

Após um tempo, Ophelia sentiu pena de mim e começou a me entregar um bilhete e uma sacola de papel para realizar a tarefa, mas já era tarde demais. A caminho de casa naquele dia específico, abarrotado de três pacotes diferentes de Kotex — que não caberiam em uma sacola —, ouvi uma voz zombeteira atrás de mim: "Ei, maricona!"

O que eu deveria fazer? Largar os absorventes e sair na porrada? Ou ignorar e sofrer com o deboche na escola e na vizinhança? Eu já conseguia imaginar o carteiro e Freddie — o Montanha, como o chamavam, um apelido que demonstrava medo e certa admiração —, sentados no bar do Luke, contando para todo mundo sobre a maricona que não tinha um maldito papai. Como eu poderia suportar isso?

Ainda assim, optei por não morder a isca e continuei caminhando até em casa — onde as mulheres me esperavam com seus ciclos menstruais sincronizados —, sem perceber que minha sensibilidade ao mundo feminino poderia se tornar uma vantagem um dia. Mesmo que a provocação tivesse me chateado, eu havia mudado o comportamento em relação a meus colegas, seguindo o caminho menos conflituoso sempre que possível. Os frequentes confrontos em casa já eram ruins o bastante, então, na escola e no bairro, eu preferia agir com diplomacia.

Infelizmente, como eu era um garoto grande, mais alto do que qualquer um dos meus amigos, sempre que havia um desentendimento, eu entrava na briga. Era a lógica das ruas. As outras crianças me atacavam primeiro para intimidar meus amigos — afinal, se conseguissem me bater, nenhum deles teria chance. Cansado de apanhar, pensei várias vezes: *Cara, preciso arranjar amigos maiores.* Mas logo aprendi a evitar conflitos aplicando minha robustez em um olhar ou comentário. A provocação tinha que ser séria para me fazer bater em alguém.

Certa tarde, enquanto caminhávamos para a loja na Tenth com a Wright, brincando de proferir insultos em um jogo chamado "dozens", Norman, um dos meus amigos, descobriu o que eu considerava provocação séria.

Ele ficou sabendo que, na semana anterior, mamãe havia entrado na loja para se esconder de Freddie, que a perseguia sob a mira de sua espingarda. Eu não tinha presenciado o incidente, mas ainda estava furioso; primeiro porque Freddie aterrorizou as pessoas, apontando a espingarda e inquirindo: "Onde ela está?"; e segundo porque, ao conseguir fugir, mamãe entrou em um táxi que se recusou a sair enquanto ela implorava: "Acelere, acelere!"

Fiquei ensandecido quando soube que Freddie arrastou minha mãe para fora do táxi e a espancou bem ali na rua, com as pessoas saindo das lojas e parando para assistir à cena — sem fazer nada, sem dizer nada. Imagine a humilhação. Ninguém sabia me explicar por que a polícia e os moradores do bairro não podiam ou não queriam intervir. Até meus tios falhavam nesse quesito. Não era medo, pois qualquer um deles se garantia em uma briga de rua; era mais uma questão de não se intrometer na vida de mamãe. Para mim, não fazia sentido. Naquela época, muitas comunidades começaram a quebrar o silêncio sobre a violência doméstica, mas eu desconhecia esse fato e não fazia ideia de quais eram os recursos disponíveis. O comum era a maioria das pessoas fazerem vista grossa, o que eu achava — e ainda acho — inadmissível.

Eu já tinha motivos suficientes para querer matar Freddie Triplett, mas, quando Norman decidiu imitar a fuga de mamãe, meu senso de urgência disparou.

"Ei, Chris!", disse Norman, fingindo se encolher de medo como minha mãe. "Lembra?" Então, ele imitou Freddie com a espingarda: "'Onde ela está? Onde ela está?' Lembra?"

Até eu me surpreendi quando entrei em erupção, como se fosse um vulcão, investindo contra Norman. Entre murros e chutes, dei-lhe a surra que gostaria de ter dado em Freddie.

Após esse episódio, ninguém mais teve coragem de insultar minha mãe, nem de brincadeira. Exceto um parente de Freddie, que já estava na casa dos vinte anos e passou a nos visitar com muita frequência para o meu gosto, agindo como se tivesse o direito de mandar em mamãe e desrespeitá-la como bem entendesse. Certa vez, quando eu já era adolescente, minha mãe pediu para que esse cara a deixasse em paz e ele vociferou: "Você sabe com quem está falando? Vou estourar seus malditos miolos!"

Por mais que eu quisesse matar aquele canalha tanto quanto desejava matar Freddie, não podia fazer nada além de me conter. Mas jamais esquei aquele momento. Embora ele fosse insignificante, guardei rancor por anos e, quase quatro décadas depois, quando um parente o convidou para a Ação de Graças em Chicago — na minha casa, para jantar à minha custa —, eu não conseguia nem comer. Não conseguia nem sentar em sua presença, pois tinha receio de perder o controle e acabar espancando-o até quase extinguir sua existência deplorável. Ele tinha apenas um rim, o que significava que eu poderia matá-lo com um soco certeiro. Não havia como esquecer e perdoar o modo como ele tratava mamãe. Para mim, isso era uma provocação séria.

No entanto, em outras situações, quando meus amigos me zoavam, eu era bastante tolerante. Meu objetivo era ser benquisto, eu sabia que não exatamente por todos — meus professores e diretores, por exemplo —, mas desejava ser especial, ter minha própria identidade, ser bacana.

Para alcançar essa meta, quando estava no quinto ano, enfiei na cabeça que seria genial levar o olho de vidro de uma das irmãs de Freddie para uma apresentação da escola. Cada vez mais, parecia que, quando eu encasquetava uma ideia, tinha a capacidade de me *concentrar* apenas nela. Era a maior faca de dois gumes que precisava aprender a manusear. Eu não sabia o que me levou a importunar Sis, como chamávamos essa irmã de Freddie, mas me empenhei na missão de conseguir o olho de vidro.

Com cinquenta e poucos anos, Sis vivia de roupão, com uma garrafa de uísque em um dos bolsos e um maço de Lucky Strike no outro. Mesmo quando saía de casa, raramente trocava de roupa, e nunca a vi com trajes elegantes. Em 1965, no nordeste de Milwaukee, as mulheres tinham a mania de usar um roupão sobre qualquer outra peça, como se fosse um casaco de pele. Outra pessoa de nossa família extensa, a Srta. Alberta, uma mulher grande e rechonchuda, tinha o hábito de vestir cinco camadas de roupas por baixo do roupão, apenas mais uma figura peculiar em nosso *Happy Days* estrelado por negros. Sis estava quase no mesmo patamar que o dela.

Sempre que eu implorava: "Sis, posso pegar seu olho de vidro para mostrar na escola?", ela tomava um gole de uísque e respondia: "Claro que não, seu filho da puta. Pegar meu maldito olho? Nem pensar!"

Acabei elaborando um plano de ação alternativo. Como eu sabia onde Sis guardava o olho de vidro — em uma jarra com líquido para mantê-lo hidratado —, minha ideia era passar lá de manhã, pegá-lo emprestado enquanto ela dormia e devolvê-lo no almoço, um pouco antes da sua hora habitual de levantar.

Naquela manhã, tudo correu como esperado e, quando cheguei à escola, mal podia esperar para mostrar o olho de vidro. Ninguém tinha levado algo tão inusitado. Um pouco antes de chegar a minha vez, sentado na carteira, eu não conseguia disfarçar o sorriso de empolgação — seria o meu dia de glória.

De repente, um grito monstruoso ecoou pelo corredor — a princípio, ininteligível; depois, próximo o suficiente para ouvirmos: "Chris! Chris! Devolva meu olho! Vou te arrebentar! Devolva meu maldito olho!"

Todos os meus colegas, sem exceção, se viraram e me fitaram, boquiabertos. Mais gritos ameaçadores ecoaram: "Rapazinho, devolva meu olho! Agora! Vou te arrebentar, seu ladrãozinho de merda!"

Então, Sis abriu a porta da sala e ficou lá parada, sem fôlego, o cabelo desgrenhado, de chinelos e roupão esfarrapado, tremendo de raiva, encarando todo mundo com seu olho bom, a órbita vazia à mostra, até que berrou: "Devolva meu maldito olho!" Perplexos, o professor e meus colegas me olharam, sem saber quem era aquela mulher ou do que ela estava falando. Um completo fiasco.

A vergonha me acometeu brutalmente quando levantei, caminhei até Sis e, na frente de todos, enfiei a mão no bolso para pegar o olho de vidro. Ela semicerrou o olho bom, observou o que parecia ser uma bola de gude na minha mão, arrancou-a de mim, encaixou-a na órbita, deu meia-volta e foi embora, me xingando pelo corredor.

Achei que meu professor fosse desmaiar. Uma garota, de fato, vomitou. Aparentemente, nenhum deles tinha visto alguém como Sis ou a inserção de um olho de vidro.

As consequências em casa não foram terríveis. Freddie agiu como esperado, urrando: "Chris, nunca mais pegue o olho da minha irmã, está me ouvindo? Se fizer isso de novo, vou te dar uma surra tão forte que você vai ficar sem andar por uma semana!" Nem dei muita importância, afinal, ele usaria qualquer desculpa para me bater.

Na escola, porém, senti a dor da punição. Durante muito tempo, fui motivo de chacota na Lee Elementary, e as crianças fofocaram sobre Sis e seu olho de vidro por semanas. Mas é claro que sobrevivi. Tirando esse fracasso, eu costumava ir bem na escola — contanto que estivesse interessado e motivado. Além de meu apetite cada vez mais voraz por livros, que me levava à biblioteca para encontrar clássicos como Charles Dickens e Mark Twain, e meu interesse crescente por história, desenvolvi um gosto por matemática, pois achava a matéria divertida e agradável, com perguntas cujas respostas se limitavam a certo ou errado, sim ou não.

Bem diferentes das perguntas predominantes em nossa casa.

———

Durante os poucos anos após o retorno de mamãe, tentei entender o que ela tinha sofrido, como havia mudado e o que se passava em seu coração. Freddie, o velhote, era como uma prisão para todos nós, um perfeito grilhão. Para minha mãe, suponho que era como um vício, motivo pelo qual não importava quantas vezes ela escapasse ou o expulsasse, prometendo: "Ele nunca mais vai voltar", Freddie sempre voltava. Depois de um tempo, comecei a me perguntar se mamãe ainda sentia *medo*. Comecei a me questionar se ela permanecia como um lembrete de que, não importava quais sonhos ele desmanchou, nunca conseguiria destruí-la; mesmo que a tenha mandado para a prisão duas vezes, Freddie nunca derrotaria Bettye Jean. Na verdade, caso se sentisse triste, caso se sentisse abatida, minha mãe jamais revelaria.

Ela raramente expressava impaciência ou frustração, mesmo quando eu merecia. Nas poucas ocasiões em que o fez, seu inigualável estilo de poucas palavras era ainda mais cruel e eficaz do que qualquer surra.

Certa vez, mamãe chegou em casa e me presenteou com uma calça que havia comprado em uma loja tipo a Gimbels. Assim que identifiquei a etiqueta de oito dólares, em vez de ficar honrado e grato por ela ter gastado aquele dinheiro comigo, refleti em voz alta: "Cara, na Discount Center, eu teria comprado sapatos, calças e uma camisa *e* ainda sobraria dinheiro para ir ao cinema."

Mamãe me lançou um olhar severo de doer na alma, arrancou o presente das minhas mãos e afirmou: "Rapazinho, você não merece usar uma calça de oito dólares!"

Já era tarde demais para pedir desculpas; eu me senti tão mal quanto devia, sabendo que nunca mais veria aquela calça. Esse episódio fez com que eu prestasse mais atenção às minhas palavras. Não estou me justificando, mas a tendência de me expressar espontânea, maldosa e ofensivamente era um defeito que aprendi com Freddie. Na verdade, eu e minhas três irmãs éramos verbalmente agressivos em situações extremas. Até hoje, preciso me esforçar para manter a boca fechada, o que nem sempre dá certo.

Ao seu modo, mamãe me mostrou como as palavras e o silêncio podem ser poderosos. Na minha tentativa seguinte ao furto do saco de pipoca, quando, mais uma vez, quis bancar o espertinho e pegar algo que não era meu, bastou um olhar desapontado para invocar a dor que senti ao apanhar com o fio do telefone.

Aos treze anos, sendo um garoto já grande para minha idade, com os hormônios a todo vapor, a vontade de ser descolado e estiloso me fez achar que eu era esperto o bastante para surrupiar uma calça na Discount Center. A idiotice consistia em ignorar a possibilidade de ser pego, visto que eu me concentrava apenas na chance de vestir aquela calça por baixo da minha, iludindo-me de que ninguém suspeitaria de um estudante com uma pilha de livros.

Enquanto eu saía da loja, a realidade se instaurou com um toque no meu ombro — era o gerente. Tornei-me um criminoso com uma pilha de livros. Preparando-me para um sermão e uma advertência, fui surpreendido por algo muito pior: a chegada de dois policiais brancos que me empurraram para dentro da viatura e me levaram até a delegacia. Mais uma vez, esperei o terrível telefonema e a subsequente chegada de minha mãe, enfurecida, e de meu padrasto, louco e bêbado. Porém, enquanto aguardava o encarregado finalizar a ligação, ouvi a conversa entre ele e o velhote — uma guinada nos planos. Após informar que eu ficaria detido até que alguém me buscasse, o policial deu uma gargalhada debochada, desligou o telefone e me arrastou para uma cela.

Ele explicou que Freddie não me buscaria e revelou o motivo alegado: "Ir até aí? Nada disso. Pode prendê-lo. Ele que se foda!"

Resmungando baixinho, peguei um dos livros que carregava e comecei a ler para me distrair, na esperança de que *Moby Dick*, de Melville, me acalmasse.

Isso também fez com que os policiais brancos caíssem na gargalhada. Um deles perguntou: "Você não está lendo essa merda, está? Porque, se você fosse tão inteligente, o que diabos estaria fazendo na prisão?"

O outro policial reproduziu as palavras de Freddie: "O pai dele disse: 'Pode prendê-lo. Ele que se foda!'"

Quando mamãe e Freddie finalmente me buscaram, nenhuma palavra foi necessária, pois meu constrangimento evidenciou o quão rápido aprendi as consequências de arranjar problemas com a polícia — ser detido e colocado em uma cela, uma experiência inédita na minha vida. Por um segundo, o olhar exultante de Freddie me deixou furioso o suficiente para esquecer que, naquela situação, o malfeitor era eu. Mas a expressão desapontada de mamãe logo me fez lembrar.

Claro, tudo o que eu mais queria era deixar minha mãe orgulhosa. Então, naturalmente, as poucas ocasiões em que a decepcionei me causaram mágoas eternas.

Eu esperava que tocar trompete fosse motivo de orgulho. Praticava com afinco, tanto para as apresentações que estava começando a fazer quanto para a banda da Roosevelt Junior High School. Certa noite, antes do jantar, em vez de me pedir para comprar alguns itens básicos — minha tarefa, afinal —, mamãe me ouviu praticando e decidiu que ela mesma iria, desde que eu ficasse de olho no feijão que estava no fogo.

"Ótimo!", respondi, satisfeito por poder ficar no meu quarto memorizando "Song for My Father", de Horace Silver — meu solo em uma apresentação iminente. Com meu talento para a concentração extrema, fiquei tão absorto que só me lembrei da panela no fogo ao sentir um cheiro estranho. Quando corri para a cozinha, o feijão tinha queimado.

De alguma forma, pensei que minha mãe ficaria menos brava se eu continuasse praticando, mas demonstrasse a percepção de que havia um problema, como se tivesse verificado a panela o tempo todo. "Mãe", gritei do meu quarto assim que a ouvi chegando, "dê uma olhada no feijão, acho que queimou".

O som da tampa da panela sendo removida e depois recolocada ecoou pelo corredor. Meu estômago revirou. Dia após dia, mamãe fazia sua mágica para economizar e alimentar nossa família, e eu havia estragado o feijão. Ainda que, possivelmente, quisesse me matar, ela se controlou, caminhou lentamente até a porta do meu quarto e sussurrou: "Chris, você é o motivo da maioria das brigas que tenho com Freddie. Não poderia ao menos ter tido esse cuidado?"

A simples declaração valeu mais do que mil palavras; as entrelinhas me atingiram como facadas no peito. A mais difícil verdade era que eu tinha sido egoísta, pensado apenas em mim e na prática do trompete. A outra verdade era que mamãe faria qualquer coisa para me defender, até mesmo incitar a ira do velhote. Eu era o principal motivo das brigas? Isso seria uma loucura, algo tão louco quanto Freddie. Cogitar essa possibilidade incendiou ainda mais meu ódio por ele, queimando todo o meu interior, como se fosse o feijão no fogo.

Sem dizer mais nada, mamãe deu meia-volta e foi até a cozinha, onde abriu uma lata de molho de tomate e acrescentou alguns temperos, recuperando o feijão queimado e transformando-o na generosa e deliciosa refeição que comemos naquela noite.

Não importava o quanto eu descobrisse sobre mamãe, ela permanecia um mistério. Eu tinha apenas alguns vislumbres do que acontecia em seu mundo interior. Uma dessas oportunidades ocorreu certa noite — Freddie tinha saído e eu havia terminado meu dever de casa — quando vimos que passaria um filme de Bette Davis na televisão. Mamãe adorava Bette Davis. Sempre achei que fosse pela semelhança de seus nomes, mas ela me explicou, com um tom melancólico e reflexivo, que o motivo pelo qual gostava dos filmes era porque Bette Davis era muito forte e convincente. "E ela interpreta esses papéis tão bem", admitiu, "que chega até a dar raiva".

O que mais fazia minha mãe feliz? Provavelmente as situações em que desempenhava sua vocação — ser professora. Ao seu modo, ela era uma professora para mim e minhas irmãs, nosso Sócrates. Certamente se sentia feliz ao perceber que conseguia nos influenciar, ao me ver acatar seu ensinamento insistente de que, sem a habilidade de ler e escrever, eu não chegaria muito longe. Mamãe ficava feliz quando eu ia à biblioteca pública, na Seventh com a North Avenue, para devolver um livro ou responder a uma pergunta e acabava explorando as fichas catalográficas, descobrindo livro após livro, lendo o dia todo. Os livros a faziam feliz. Ela amava ler e amava a *Reader's Digest*. Algo em que também me viciei. Nós dois líamos a revista toda e discutíamos os assuntos. Talvez o dia em que a vi mais feliz foi quando copiei um poema de uma edição antiga da *Reader's Digest* na biblioteca e recitei para ela. Eu não era muito chegado em poesia, mas a sonoridade e os sentimentos daquele poema de Elizabeth Barrett Browning me chamaram a atenção. Mamãe ouviu os primeiros versos em silêncio, com sua impassibilidade característica: *Como te amo? Deixe-me contar. Amo-te ao mais fundo, ao mais amplo e ao mais alto que a minha alma pode alcançar...*

Assim que terminei a leitura de "Como Te amo", seus olhos estavam marejados. Ela revelou que era seu poema favorito e que minha descoberta a fizera feliz.

———

O ano de 1968 foi o do Grande Despertar para mim, pois desencadeou um big bang no universo do meu ser, explodindo com a energia atômica do meu amadurecimento e as mudanças monumentais que aconteciam ao meu redor. Esse período marcou o despertar da minha consciência como uma pessoa negra, ocasionado pela espantosa descoberta de que o mundo não era habitado somente por negros. Cinco anos antes, a reação dos adultos ao assassinato do presidente Kennedy fora um indício do que significava ser minoria e perder um defensor. Porém, foi só um ano depois, quando eu e alguns colegas de classe visitamos uma escola de brancos na zona leste de Milwaukee, que testemunhei o que mamãe sentia diariamente, ao sair do bairro para trabalhar. Não se tratava apenas do fato de que, com as exceções de zeladores e algumas crianças, todos eram brancos — o oposto do gueto, onde todos eram negros, exceto um lojista aqui e um policial ali —, mas também da sensação de ter minha cor de pele como identidade, ser menosprezado, inferiorizado, sentir vergonha e ser tratado como se fosse invisível, nada além de um garoto negro. Mas o verdadeiro choque aconteceu quando quatro meninas foram mortas a bomba em Birmingham, Alabama, simplesmente porque eram negras.

Ver mamãe chorar enquanto assistia ao noticiário acarretou uma epifania. Aquelas meninas poderiam ser minhas irmãs. E agora sei, pela minha conexão com a comunidade negra em geral, que elas eram, de fato, minhas irmãs. Com a indignação e o fervor para protestar contra todas as injustiças passadas, presentes e futuras sofridas pelo meu povo, experimentei um novo senso de conexão ao acompanhar os acontecimentos no mundo além de Milwaukee. Em 1965, ocorreu a Rebelião de Watts, em Los Angeles — o mesmo ano em que o Dr. Martin Luther King liderou marchas pelos direitos civis em Selma, Alabama, e Malcolm X foi morto no Harlem. No ano seguinte, quando ativistas e grupos minoritários de Milwaukee se reuniram, organizados pelo padre católico James Groppi, eu participei das manifestações ao lado de dois grandes amigos, Garvin, um trompetista que tocava comigo na banda da escola, e Ken, ou "Zulu", como o chamávamos. Uma figura autêntica, Zulu não era um cara bonito, mas tinha um talento brilhante para atuar e poderia ter ido longe se o aproveitasse. Mais tarde, ele realmente achou que estrelaria filmes de cinema e me convenceu de que eu também poderia ser ator.

Durante o café da manhã, entre uma mordida e outra, testei a ideia com mamãe, afirmando despretensiosamente: "Serei ator quando terminar a escola." Ela assentiu calmamente e lançou uma pergunta retórica: "Certo, Chris. Procure no jornal e me diga: quantas vagas foram anunciadas para atores?" Não foi o suficiente para me fazer desistir, e continuei a falar sobre como eu tinha a altura, a voz e a compostura para ser um ótimo ator.

Mantive minha opinião até que precisei de cinco dólares para comprar algo e pedi à mamãe — de novo. Com os olhos fixos no jornal, em vez de sugerir que eu arranjasse mais bicos após a escola, ela manifestou seu típico sarcasmo sutil: "Bem, sendo um *ótimo ator*, por que você não finge que tem cinco dólares?"

Como alguém finge que tem cinco dólares? Saquei a indireta.

Assim, acabei superando essa ambição fugaz e voltei a me dedicar ao trompete. Zulu era quem realmente deveria ter persistido. Ele tinha o dom de marchar e cantar "We Shall Overcome" com a intensidade e a força de um líder, ao mesmo tempo que aproveitava todas as oportunidades para beliscar o bumbum das mulheres brancas. Quando elas se viraram, Zulu disfarçava, fazendo a mais nobre das expressões enquanto continuava a cantar.

Garvin e eu ficávamos impressionados. "Se ele fizesse isso com uma mulher negra", disse Gavin ao ver Zulu beliscando vários bumbuns durante uma manifestação, "ela lhe daria um belo tapa na cara".

"Com certeza", cochichei, "e também contaria para a mãe dele".

A St. Boniface Catholic Church, paróquia do padre Groppi, era um refúgio do caos que dominava a casa dos Triplett; além de promover manifestações a favor de questões importantes, como moradias abertas e dessegregação de locais que ainda proibiam a entrada de negros, judeus e católicos, os organizadores nos ofereciam alimentos — rosquinhas, sanduíches e uma variedade de comida étnica caseira. Tão divertido quanto significativo, nosso ativismo juvenil satisfazia muitas necessidades. Ter um incentivo tão poderoso para minha autoimagem — principalmente em uma época de preocupação incessante com o sexo oposto — era uma verdadeira bênção.

Minha autoestima era abalada não apenas pelos ataques quase diários de Freddie, mas também pelo fato de minha comunidade parecer superestimar negros de pele clara. Por anos, destetei Smokey Robinson por ser o epítome do cara desejado por toda garota que eu conhecia. Esguio, de pele negra clara, olhos verdes, cabelo "bom" e voz cadenciada, ele não fazia ideia de como arruinou a vida de caras como eu — altos, musculosos, de pele retinta, cabelo "ruim" e tom de voz barítono. Sério, até hoje, se ele aparecesse na minha frente, eu teria que desafiá-lo para um duelo por toda dor e sofrimento — incluindo a vez em que uma garota de quem eu gostava me rejeitou: "Você é um negão feioso."

Felizmente, logo descobriu-se que Smokey não era o único cantor de sucesso. Sim, ele sabia cantar, e era um compositor e artista incrível, mas muitos negros de pele retinta também eram. Quando James Brown, Padrinho do Soul, apareceu em cena e proclamou: "Diga em voz alta, sou negro com orgulho"*, essa frase se tornou o Santo Graal para uma criança negra como eu.

Alguns métodos que nunca deram certo para mim, como o conk, produto malcheiroso de alisamento que só queimava meu couro cabeludo, logo saíram de moda, cedendo lugar aos cabelos afros e naturais, bem como aos dashikis e às miçangas. Cara, adotei esse estilo tão rápido que devo ter sido o primeiro e mais jovem hippie negro dos EUA. O dashiki não se popularizou no meu bairro em Milwaukee, mas acabei combinando o visual "orgulho negro" com roupas hippies de segunda

---

* No original: "Say it loud, I'm black and I'm proud." (N. da T.)

mão, compradas na Goodwill e no Exército de Salvação, conseguindo as melhores miçangas, calças boca de sino e tie-dyes do mercado, com um grande afro para finalizar. Smokey Robinson que se dane.

James Brown era o maioral. Quando meu amigo Garvin e eu começamos a frequentar a St. Boniface e a participar das manifestações, tentávamos convencer nossos conhecidos a comprar apenas nos lugares que aceitavam os selos Black & Brown, promovidos por James Brown para ajudar as cidades pobres em todo o país. Eles eram semelhantes aos S&H Green Stamps. Nossos esforços pareciam eficazes até que fomos à A&P em um bairro branco, enchemos dois carrinhos e entramos na fila do caixa. Quando chegou nossa vez, perguntei: "Vocês aceitam os selos Black & Brown? Porque se não aceitarem, perderão clientes. Não compraremos aqui." Todo o poder negro de um adolescente de treze anos.

A polícia chegou tão rápido ao local que até ficamos desnorteados. Escoltado pelos policiais, o gerente nos fitou com desdém, afirmando: "Se colocarem tudo de volta, esqueceremos o assunto. Do contrário, vocês irão para a cadeia." Quando ele saiu e, timidamente, começamos a devolver cada item às prateleiras, a maioria dos funcionários caiu na gargalhada.

Ainda assim, sentimos orgulho de nossa tentativa. Ao voltarmos para a St. Boniface a fim de comparecer a uma reunião e uma marcha com o Conselho Juvenil da Associação Nacional para o Progresso de Pessoas Negras (NAACP, na sigla em inglês), descobrimos que o escritório da Associação em Milwaukee fora bombardeado, o que imediatamente intensificou a seriedade de nossos esforços.

Em 30 de julho de 1967, logo após grandes protestos em Detroit, Newark, Harlem e Washington, D.C., uma revolta eclodiu em Milwaukee quando se espalhou a notícia da violência policial para interromper uma briga em uma boate frequentada por negros. Embora eu apoiasse a revolta, fiquei consternado ao ver lojas como a do Sy sendo saqueadas. Mas isso não me impediu de ir até a rua Third na esperança de chegar à Discount Center antes que fosse esvaziada. Infelizmente, não havia mais nada que me servisse e tudo que consegui pegar foram algumas roupas que jamais usaria. Felizmente, dessa vez não fui para a delegacia com as quase 2 mil outras pessoas presas — incluindo meu primo Terry, que foi pego experimentando sapatos em frente a um espelho. A revolta foi tão significativa que a Guarda Nacional foi convocada e um toque de recolher de três dias foi decretado. Naquela noite, houve cerca de cem feridos e três mortos.

Em meio a essa turbulência, a Guerra do Vietnã estava no ápice, com jovens norte-americanos pobres, tanto negros quanto brancos, sendo enviados para lutar e, em números crescentes, voltando para casa viciados, traumatizados ou em caixões. Muhammad Ali já era meu pugilista favorito quando ainda se chamava Cassius Clay, um principiante que abalou o mundo do boxe ao derrotar Sonny Liston. Mas, ao se recusar a lutar na guerra porque, em suas palavras, "não tenho nada contra os vietcongues, que nunca me lincharam nem me chamaram de crioulo", Ali se tornou um tipo diferente de herói para mim, quase uma figura paterna.

Nessa época, o momento decisivo na evolução da minha consciência — e na de milhões de norte-americanos de todas as origens — ocorreu na noite de 4 de abril de 1968. Após uma manifestação a favor das moradias abertas, eu e meus amigos Garvin e Zulu retornamos à St. Boniface e sentamos na sala de reuniões para atacar nossos pratos cheios de rosquinhas, frios e batatas fritas quando um irmão de terno e gravata da NAACP chegou chorando: "O Dr. King foi baleado!"

O caos se instaurou. Todos começaram a gritar, querendo saber o que havia acontecido. Alguém ligou o rádio e outra pessoa correu para verificar o noticiário da TV; ouvimos trechos de reportagens sobre Memphis, no Tennessee, sobre a greve dos garis que o Dr. King foi apoiar e sobre o tiro que levou na varanda do motel onde estava hospedado. Então, de repente, um grito irrompeu: "Ele está morto! Assassinaram o Dr. King!"

O silêncio tomou conta do ambiente. Choque. Incredulidade. Os segundos pareciam durar séculos. Então, uma onda de tristeza e raiva explodiu, chocando-se contra mim, levando todos nós para a rua, fazendo-nos arremessar tudo o que víamos pela frente. Loucura. Terror. Raiva. O poder proveniente dessas emoções era como aquela noite da revolta elevada à potência máxima, embora o discurso inflamado de invadir e arruinar bairros brancos não tenha durado muito.

Com o assassinato de Robert Kennedy apenas alguns meses depois, o ano de 1968 foi o auge da luta pelos direitos civis — os protestos contra a Guerra do Vietnã; o movimento de libertação das mulheres; a revolução sexual; e os acontecimentos na música e na cultura em geral. Parte de nosso idealismo foi abalado ao mesmo tempo que o ímpeto do movimento de poder ao povo se tornou irrefreável. A promessa de que venceríamos e chegaríamos ao topo da montanha não foi quebrada, mas a caminhada seria muito mais longa e árdua do que imaginávamos.

Os livros, como sempre, satisfaziam a minha necessidade de adquirir poder por meio do conhecimento. Nos anos seguintes, ao ler tudo o que conseguia encontrar, fiz uma jornada pela história dos negros. Mamãe nunca me desencorajou, embora tenha ficado um pouco preocupada quando cheguei em casa com *Die Nigger Die!**, de H. Rap Brown, e *Alma no Exílio*, de Eldridge Cleaver.

Ela apoiava o movimento antiguerra e não se importava com os moletons que vendíamos e usávamos, estampados com slogans do orgulho negro, como "Soul Brother", "Soul Sister", "Black Power", "Keep the

---

* "Morra, Crioulo, Morra!", em tradução livre. (N. da T.)

Faith" e "Sock It to Me"*. Mamãe até vestia seu moletom com os dizeres "Soul Sister" enquanto lavava minhas roupas. Porém, para garantir que eu não me tornasse radical ou militante demais, ela costumava me avisar: "Rapaz, se você for outro Rap Brown, terá que sair desta casa."

Quando me dedicava à leitura, não porque eu era radical ao extremo, mas porque queria conhecer uma ideia antes de decidir se a rejeitaria, mamãe questionava, um pouco receosa: "Você não acredita em tudo isso, né?!" Eu afirmava que não, assegurando que não me tornaria um militante.

Mamãe também conhecia minhas outras influências, sendo a música a mais poderosa delas. Só mais tarde percebi o quão incrível foi atingir a maioridade no apogeu de todos os fenômenos significativos que o final dos anos 1960 produziu — artistas que tinham uma voz importante, como James Brown; Bob Dylan; The Beatles; The Rolling Stones; Marvin Gaye; Stevie Wonder; The Temptations; Jimi Hendrix; Sly Stone; e, claro, Miles Davis, que encerrou a década de 1960 com seu trabalho revolucionário, *Bitches Brew*. Considerado por alguns a obra-prima musical do século XX, o álbum era quase tão transformador quanto a invenção do jazz em si. A meu ver, era como se Miles tivesse despejado todos os acontecimentos históricos, políticos, sociais, raciais e musicais em um caldeirão e misturado com os altos e baixos, a esperança e o medo, o prazer e a dor, a raiva e a euforia até criar essa fusão inigualável.

---

* "Irmão do Soul", "Irmã do Soul", "Poder Negro", "Mantenha a Fé" e "Me Dá Logo", em tradução livre. O último é um modo enfático de pedir algo que a pessoa está ansiosa para receber, às vezes usado com conotação sexual. Popularizou-se por ser um bordão de um esquete do programa *Rowan & Martin's Laugh-in*, no qual eram apresentadas situações em que, ao dizer a frase, uma mulher sofria algum tipo de humilhação, como baldes de água na cabeça ou peças de roupa arrancadas. O esquete logo foi retirado do ar por pressão do movimento feminista. Ao gravar sua versão de *Respect*, Aretha Franklin adaptou a letra para uma narrativa feminina e incorporou o trecho, transformando-o em uma frase de empoderamento feminino e fazendo da canção um hino do movimento pelos direitos civis. (N. da T.)

Essa fusão também parecia a trilha sonora perfeita da minha vida pessoal durante a adolescência — uma mistura efervescente de preocupações novas e antigas. Com a puberdade, surgiu um interesse quase obsessivo por garotas e sexo, aspectos que eu tanto adorava. Há muitos anos, tudo relacionado às mulheres têm me excitado. Ao que parece, naquela época, absolutamente tudo me excitava. De repente, o vento soprava e meu pênis ficava ereto. Já havia acontecido antes e sem aviso prévio. No ônibus, o empurra-empurra fazia meu pênis ficar ereto. Ninguém me explicou que as ereções eram normais ou que, quando meu pênis ficava tão ereto que parecia que quebraria ou algo assim, era uma sensação comum, mas algo bem improvável de acontecer.

Por um lado, a capacidade de se sentir tão potente era milagrosa. Como se um dia você acordasse e, sem nem sequer pedir, ganhasse um conversível caríssimo. Por outro lado, ser um garoto com os hormônios a todo vapor, mas sem qualquer chance de fazer algo a respeito era como possuir um conversível caríssimo sem ter carteira de motorista! Tive algumas oportunidades de realizar um test drive, porém, até arranjar uma namorada, só me restava agir como quando era criança e ainda morava com o tio Willie, como a vez em que tentei chamar a atenção de uma menina, subi em um caixote embaixo da janela do quarto dela, caí e quebrei o joelho. Foi o fim das minhas serenatas.

O mais constrangedor era ter uma ereção em momentos inapropriados, como quando a velhinha que me contratou para tirar a neve de sua garagem e fazer consertos em sua casa me pediu ajuda para levantar do sofá. "Venha aqui, Chris. Me segure até que eu consiga ficar de pé."

"Sim, senhora", concordei e fui ajudá-la com o maior cuidado. Ao me inclinar para segurar a frágil solteirona de setenta anos com problema de visão, meu pênis ficou ereto. Foi mais horrível do que qualquer um dos filmes de terror nos quais meu amigo Garvin e eu gastávamos todo o nosso dinheiro para assistir no Oasis Theatre, na Twenty-seventh com a Center. Eu sabia que se tratava da sensação de calor humano, e não de uma atração por idosas, mas, mesmo assim, fiquei assustado o suficiente para desistir do meu emprego de meio período.

A única pessoa a quem eu poderia ter confidenciado esses constrangimentos era Ophelia, mas ela e DeShanna já haviam se mudado, o que foi muito difícil para mim, assim como para minhas irmãs mais novas. Embora fôssemos meios-irmãos, não fomos criados com essa diferenciação. Elas eram minhas irmãs e eu era o irmão delas, ponto-final. Parte do motivo era a persistência de mamãe para que assim fosse, além do fato de sermos um time: nós contra Freddie. Mais tarde, mesmo tendo sido registrada como Triplett, minha irmãzinha Kim adotou o sobrenome Gardner, atualizando todos os documentos. Tal como eu, Kim e Sharon devem ter desejado que Sam Salter fosse seu pai. Freddie agredia todo mundo sem qualquer distinção, ou seja, não as poupava por serem suas filhas.

Sempre que encontrava Ophelia, eu confidenciava a minha apreensão constante de acabar com Freddie e sua brutalidade, mesmo que isso significasse ir para a cadeia. Ela entendia minha motivação, já que foi ele quem a fez se mudar — de fato, praticamente a obrigou. Quando minha irmã tinha um encontro, Freddie aparecia para irritar o cara, comentando sobre suas roupas esfarrapadas ou elegantes demais, peidando, arrotando, cuspindo, se coçando, qualquer coisa que pudesse envergonhar Ophelia. Depois, os caras apenas buzinavam, e ela saía voando de casa.

Então, Freddie começou a persegui-la por não fazer direito os afazeres de casa. Quando uma discussão específica se intensificou e ele ameaçou partir para a agressão caso Ophelia retrucasse, ela tentou se afastar, mas ele a impediu e berrou: "Ou chuto sua bunda ou você tira sua bunda daqui. Pode escolher!"

A semana seguinte foi a gota d'água. Freddie começou a entrar no quarto que Ophelia e DeShanna dividiam com Sharon e Kim — minhas irmãs dormiam na cama, e a bebê, no berço. Certa noite, Ophelia se sentiu tão intimidada pelo tom de sua voz e ficou com tanto medo de que ele machucasse DeShanna que pegou um compasso que eu usava em minhas tarefas de geometria e usou a parte pontiaguda para avisá-lo: "Se encostar um dedo em mim, vou te matar."

Dois dias depois, minha irmã mais velha e minha sobrinha foram morar com nossa prima Elaine, na rua Eighth — duas casas de distância da residência de Sam Salter. Ophelia via o pai todos os dias, conhecia a esposa e os filhos dele e, quando precisava de alguma coisa, recebia ajuda — embora ele sempre dissesse que eram seus últimos dois dólares.

Sempre que possível, eu visitava Ophelia e compartilhava minhas preocupações e segredos. Mas nem todos.

CAPÍTULO 5

Bitches Brew
(lado B)

Em uma noite de sexta-feira, a caminho do cinema, perguntei a Garvin: "O que você está fazendo?", quando ele, eu e Fat Sam, nosso amigo guitarrista, passamos pelo Auditorium e Garvin foi direto para a entrada.

Primavera, clima ameno, pouco tempo depois do meu aniversário de treze anos, era um dos últimos dias do Home and Garden Show, uma grande convenção anual, e Garvin sugeriu que tentássemos entrar de graça para conferir as exposições. Assim que abrimos as portas, uma onda de pessoas saiu, possibilitando-nos escapulir para dentro.

Fat Sam disse: "Vamos nos esconder por um tempo", e sugeri que nos dirigíssemos até as escadas e nos agachássemos embaixo da arquibancada.

Em pouco tempo o lugar se esvaziou e ficamos na penumbra, com o brilho sutil das placas de saída, prendendo nossa respiração enquanto um guarda com uma lanterna fazia sua última ronda. Finalmente, o caminho ficou livre e chegamos à nossa primeira parada: um stand de padaria, repleto de bolos de casamento, rocamboles, doces e pães frescos, todos com um sabor tão fantasticamente delicioso quanto a aparência. Empanturrados, com os bolsos cheios de guloseimas para mais tarde, começamos a jogar rosquinhas açucaradas uns nos outros e gargalhamos com nossos rostos cobertos de açúcar de confeiteiro.

No stand seguinte, Garvin, animado, nos chamou para vermos o que ele acabara de encontrar. Fat Sam e eu nos juntamos a ele e ficamos boquiabertos. Em um expositor superlegal, estava tudo o que três músicos iniciantes poderiam querer para fazer a própria música: amplificadores, aparelhos de som, rádios transistorizados, microfones, gravadores de rolo. Pegar qualquer item seria crime, nós sabíamos. Mas estávamos praticamente doidos de tanto açúcar, e nossas aspirações musicais de repente superaram nossa sensatez. Éramos como crianças em uma loja de doces! Após retirarmos as guloseimas de nossos bolsos e os enchermos com rádios e fitas de rolo, passamos aos itens maiores, empilhando-os e ajeitando-os da maneira que conseguimos. Sam foi até um conjunto de amplificadores Vox com rodinhas enquanto eu reivindiquei um gravador de última geração, entre outras coisas. Era como uma variação de Esta Página/Aquela Página, só que com coisas reais.

Levar todas aquelas coisas para casa seria um suplício, menos para Fat Sam, que morava mais perto, no conjunto habitacional; mas não seria nada fácil para mim e Garvin. Nós ziguezagueamos pelos becos até o lado norte, evitando sermos vistos pela polícia. Toda vez que eu começava a hesitar, Garvin me incentivava: "Cara, acabamos de tirar a sorte grande e estamos quase chegando."

No apartamento do segundo andar onde agora morávamos, todo mundo estava em casa, e eu não tinha a chave. Tive que usar uma escada que havia improvisado com uma grade de ferro para levar os bens furtados até meu pequeno quarto nos fundos, onde ninguém nunca entrava. Exausto, mas triunfante, relaxei, divagando sobre gravar meu primeiro álbum de jazz e também ganhar algum dinheiro com os eletrônicos extras de que não precisaria. Então, minha capacidade de concentração começou a se intensificar. Quem compraria a mercadoria furtada?

Na tarde seguinte, com toda a minha família fora de casa, eu me ocupava varrendo as escadas do saguão do prédio — uma tarefa de meio período que aceitei fazer por cinco dólares, pagos pelo zelador — quando um grupo de novos vizinhos retornou da rua. Por um instante, meus instintos me lembraram de que eu não sabia nada sobre aquelas pessoas. Elas eram muito barulhentas e briguentas e pareciam não ser uma família, mas, talvez, apenas um grupo de adultos dividindo o aluguel. Fingindo distração, observando-os subir as escadas, notei que havia três caras que não moravam no prédio. Eles pareciam pessoas de caráter duvidoso, do tipo que não denunciaria um garoto por vender eletrônicos furtados. Seguindo meus instintos, levantei a cabeça e me dirigi àquele que parecia ser o líder do bando: "Ei, cara, vocês querem comprar alguns gravadores? Alguns rádios?"

Ao trocar olhares com os outros dois, ele deu de ombros: "É, vamos ver o que você tem."

Legal. Agora tornei-me o Sr. Vigarista, um talento nato. Os três me seguiram até em casa e fomos ao meu quarto, onde mostrei a eles minha mercadoria. Enquanto examinavam as coisas, falando como se não fossem um negócio tão interessante, meus instintos começaram a me alertar, dizendo-me que aqueles caras eram perigosos e que eu havia cometido um grave erro de julgamento. No corredor, a caminho do armário onde Freddie guardava sua espingarda, senti ondas de medo perpassando meu corpo enquanto tentava manter a calma. Assim que entrei no armário para pegar a arma, o líder do bando agarrou meu braço, me puxou para fora e os três pularam em cima de mim e me empurraram no chão; eles não me machucaram, mas me seguraram por tempo suficiente para juntar todas as coisas e sair — e isso, sim, machucou.

Furioso com eles e comigo mesmo, eu espumava de raiva, ciente de que não poderia chamar a polícia e, certamente, não poderia contar ao velhote. Como se fosse resolver alguma coisa, ainda enfurecido, tentei esboçar um retrato de cada um deles em minha mente. Pelo menos diria a Garvin e Fat Sam para tomarem cuidado com esses malditos, todos na casa dos trinta e poucos anos. O líder do bando tinha estatura média e nenhuma característica marcante, e o segundo era alto, magro, desengonçado e também não causou muito impacto. Mas o terceiro, que parecia ter se contido enquanto os outros pulavam em mim, andava de um modo peculiar — talvez tivesse algum tipo de deficiência, algo congênito ou fruto de um acidente.

Sem saída, e sem qualquer sensação de aprendizado, me sentia um lixo, mas não tinha alternativa a não ser voltar a varrer as escadas. Como de costume, mudei o foco e tentei esquecer meu fracasso como Sr. Vigarista.

"Ei", uma voz baixa me chamou após vinte minutos ou mais. Olhei para cima e vi o cara manco parado ali, segurando uma sacola de compras. Ele explicou: "Ouça, garoto, vim devolver algumas de suas coisas. E trouxe um dinheiro para você."

Bacana. Aquilo aliviou um pouco a tensão. Fomos ao apartamento e fiz um rápido inventário das devoluções. Cerca de um terço da mercadoria estava ali, obviamente a parte dele, mas faltava o gravador de rolo. Ele me entregou dez dólares e, enquanto eu guardava o dinheiro no bolso, em vez de se dirigir até a porta para sair, aproximou-se de mim e disse: "Eu te fiz um favor, agora quero que você me retribua."

"Ah, sim", afirmei, "o que seria?".

"Quero brincar com seu pinto."

"Não, cara", protestei, achando que ainda tinha o direito de recusar e conseguiria levá-lo até a porta. Outro erro de julgamento.

Os minutos seguintes, talvez dez, quinze ou menos, não passaram em uma velocidade normal: alguns se estenderam em uma lentidão torturante; outros praticamente voaram. Porém, mesmo sem noção do tempo, lembro-me de cada detalhe, desde o instante em que ele puxou uma faca, pressionou-a contra a minha garganta, me obrigou a ficar de costas, abaixou minhas calças e colocou o pau entre minhas pernas até o horror confuso de perceber minha própria ereção devido ao estímulo e o verdadeiro horror de ser erguido na posição em que ele conseguiu me sodomizar bem ali, no chão da sala. Cada gemido, cada respiração. Seu cheiro predominava. Repulsivo. Asqueroso. Desumano. Dor ardente. Piso frio.

Ao finalizar, ele disse: "Muito bem." Depois, puxou-me pela camiseta, empurrou-me pelo corredor até o banheiro, pressionou meu rosto contra o azulejo do chão e me sodomizou. De novo. Meu cérebro compreendia que ele havia me estuprado duas vezes, mas minhas emoções se recusavam a assimilar, confusas pelo medo de que ele me matasse após terminar. Foi o que ele disse em seguida que desencadeou minha fúria.

"Droga! Eu nem consegui gozar."

Em meio ao momento de terror em que eu achava que seria obrigado a fazer outra coisa, ele se levantou, guardou a faca, como se percebesse que outras pessoas poderiam aparecer em breve, abotoou as calças, mancou pelo corredor e foi embora. O cheiro permaneceu. Sentindo-me enojado, sentindo-me sujo, definitivamente sujo, comecei a girar as engrenagens analíticas do meu cérebro, tentando planejar o que fazer. O que fazer. Ninguém poderia saber do ocorrido. Nem Freddie, o Montanha, que espalharia a história pelo bar do Luke e por toda a cidade. Nem mamãe, que questionaria como consegui aquelas coisas e como o homem entrou no apartamento em primeiro lugar. Nem a polícia. Ninguém. Em vez disso, eu pegaria minha recordação e, como se a gravasse em uma fita cassete, a guardaria — reprimida, mas não esquecida, apenas longe o bastante para que não surgisse em minha mente todos os dias.

Um silêncio desolador pairava sobre o apartamento enquanto sentimentos de total impotência e mágoa me invadiam. O blues de um filho sem pai tocava em minha imaginação, atormentando-me ao lembrar que, se eu tivesse um pai, ele teria me protegido — dos meus próprios erros juvenis ou dos predadores da rua. Para abafar esses sons, entrei no meu quarto, tirei meu trompete do estojo e comecei a praticar, tocando sem paixão, de forma mecânica, sabendo que agora, neste mundo, havia dois filhos da puta que eu precisava matar.

———

Havia algo de positivo que pudesse ser dito sobre Freddie Triplett? Afinal, na alegria e na tristeza, ele era o marido da minha mãe. Qual seria a melhor parte do nosso dia a dia? Geralmente, a única resposta era o fato de toda a sua família ser maravilhosa. Havia sua irmã Srta. Bessie, sempre esforçada, proprietária da Casa Grande e do Bessie's Hair Factory, generosa com todos os familiares, independentemente do grau de parentesco. Havia sua irmã Baby, que sempre defendia mamãe, e não o próprio irmão, e até me pedia para ter cuidado quando eu começava a falar — provavelmente demais — sobre meus planos de matar Freddie.

Baby não tentava me convencer a desistir, ela só queria que eu tivesse cautela: "Chris, se Freddie descobrir que você está pensando em matá-lo, ele vai sacar a arma e matar você primeiro. Está me ouvindo? Acredite em mim e lembre-se disso!"

Ela tinha razão. O plano passou a ser não mais planejar, mas aproveitar uma oportunidade, como que por acidente; assim, eu não escancararia minhas intenções nem para Freddie nem para qualquer outra pessoa. Meus amigos e eu íamos ao centro da cidade para assistir à luta livre amadora e, mesmo que a maioria fosse apenas encenação — conforme constatei, para minha decepção —, eu tinha imaginado atacar Freddie com alguns daqueles golpes esmagadores. Teria que ser rápido, e eu não poderia simplesmente machucá-lo. Aniquilação total era a única opção.

Pouco depois do aviso de Baby, uma oportunidade de ouro para uma morte acidental bizarra surgiu quando Freddie e eu fomos levar uma geladeira até a casa dela. Berrando ordens, ele me mandou ir na frente e puxar o carrinho, enquanto ficaria embaixo, empurrando o carrinho com a geladeira escada acima. No momento perfeito, tropecei em um degrau, de propósito, e soltei a geladeira. Um olhar impagável de confusão e horror surgiu em seu rosto e, como uma obra de arte, a cena seguinte foi a geladeira batendo em seu peito e ambos caindo escada abaixo. Quando a geladeira o atingiu "acidentalmente", tudo o que Freddie disse foi: "Maldição!" Ele rastejou e, dando seus últimos suspiros, pouco antes de ser esmagado até a morte, reuniu forças, estufou o peito, recuperou o equilíbrio e empurrou todas aquelas centenas de quilos de metal de volta à posição.

Ele *era* um Godzilla. Apesar do olhar diabólico, Freddie certamente não sabia que o acidente havia sido premeditado. Caso contrário, teria *me* esmagado com a geladeira. Só Baby, ao notar minha frustração quando puxamos o carrinho para dentro, percebeu o que realmente havia acontecido na escada.

Além de Baby e das outras irmãs de Freddie, eu também gostava de um amigo dele que acabou se tornando meu tio adotivo, um homem que todos chamavam de Inseto — um apelido que pode ou não ter a ver com sua cara estranha, considerada tão feia que as pessoas diziam que Deus havia batido no rosto dele com uma pá. Ele era baixo, magro, completamente desdentado e vivia bêbado, mas todo mundo o amava, mesmo que ele não fosse um parente consanguíneo. Outrora um jogador com as melhores roupas, mulheres, carros e dinheiro, ele caiu em um buraco de desemprego e álcool e nunca mais saiu. Enquanto servia de lição sobre os perigos de ser um bêbado, ele também se tornou um exemplo vivo do velho ditado "querer é poder". Não me pergunte como ele fez isso, mas, quando decidiu que me daria um presente muito especial e inédito, tio Inseto manteve sua palavra e me presenteou com minha primeira samba-canção de seda e uma camiseta de seda preta para combinar. Eu as usei até furar.

108   Chris Gardner

Tio Inseto trazia à tona o melhor de Freddie. De fato, no Luke's House of Joy, onde Freddie mandava como se fosse o dono, dada a sua truculência, qualquer um que incomodasse tio Inseto ouviria: "Se encher o saco dele, vai se ver comigo."

Mas a natureza protetora de Freddie desapareceu durante um passeio em que tio Inseto, com um cigarro na boca, adormeceu no banco de trás da menina dos olhos de Freddie — seu Cadillac Coupe de Ville azul, ano 1964. Com rabos de peixe, o interior azul-escuro e a capota de vinil ainda mais escura, supostamente igual ao Cadillac que Elvis possuía, aquele carro, o Elvis-móvel, era o espaço sagrado do velhote, e ninguém ousava derramar uma gota de suor nos bancos. Ninguém, exceto o tio Inseto, que adormeceu e não percebeu o cheiro de queimado até que Freddie — dirigindo — e eu, no banco do passageiro, descobrimos que o cheiro vinha do estofado do banco traseiro. De repente, o tio Inseto e o banco traseiro foram engolidos pelas chamas. Freddie apagou o fogo com meu refrigerante de laranja, xingando a plenos pulmões: "Saia do meu maldito carro, Inseto, seu bêbado filho da puta! Dê o fora do meu carro!"

Felizmente, ninguém se feriu, embora eu imaginasse um cenário em que tio Inseto e eu sobrevivíamos ao fogo escaldante que tirou a vida de Freddie.

Tirando esse episódio, tio Inseto trazia à tona o lado sensível de Freddie. Independentemente do que tivesse originado a sua perversidade, a única outra situação em que ele parecia dócil era quando estava no meio do rio, em qualquer tipo de barco, com seu equipamento de pesca e uma garrafa de Old Taylor. Na verdade, se passasse o tempo todo pescando ou caçando, talvez Freddie não fosse tão desagradável. Um garoto do interior do Mississípi, ele provavelmente nunca deveria ter saído de lá. Na natureza, distante da cidade, sentia-se em casa. Às vezes eu pescava com Freddie e outros membros da família Gardner e Triplett, e às vezes apenas com Freddie. Quando íamos em grupo, eu me sentia no paraíso, ouvindo os homens contarem suas histórias de pescador, conhecendo lugares distantes nos confins de Wisconsin e Minnesota, aproveitando os dias e as noites de verão, aprendendo a arte, a ciência e a sorte da pesca, enxugando o suor da testa em um dia quente, tentando encontrar o lugar ideal, onde uma brisa suave aliviaria o calor.

Sozinho com Freddie, eu precisava ficar mais alerta. Poderia ser que, à medida que eu crescia e representava uma ameaça maior, ele tentasse uma tática de me subjugar, me levando para aquelas pescarias a fim de, possivelmente, me preparar para ser um Huckleberry Finn negro ou algo assim. Não que eu confiasse ou gostasse de Freddie, mas eu realmente adorava pescar e me sentia um pouco mais seguro quando não havia uma arma com ele.

Durante a pescaria, Freddie bebia, mas não enlouquecia. Havia até breves momentos de camaradagem, quando fritávamos os peixes em uma panela sobre uma fogueira às margens do rio e comíamos ali mesmo. E no barco, esperando o peixe morder a isca, só eu e ele, quando o céu estava limpo e o sol, ainda não tão forte, eu podia sentir sua sensação de paz.

Porém, assim que chegávamos em casa, Freddie voltava a ser quem era, batendo em mamãe, em mim e nas minhas irmãs, pegando sua espingarda, acordando todos nós no meio da noite e nos mandando sair de sua "maldita casa". Nem preciso dizer que eu evitava ir a caçadas com Freddie, embora, para seu crédito, ele colocasse muita comida na mesa. Ele gostava de se autointitular "O Grande Caçador Branco do Gueto", pois era capaz de encurralar, capturar ou matar qualquer coisa que encontrasse na floresta. Não era exagero, exceto pela parte do Branco. Freddie trazia para casa todos os tipos de animais: guaxinins, esquilos, coelhos, gambás, tartarugas, gansos, patos e uma variedade de criaturas voadoras. Para sua tristeza, ele nunca atirou em um cervo, embora tenha trazido um, amarrado ao capô do Elvis-móvel, como se matar Bambi fosse motivo de orgulho. Nem mesmo os bêbados locais ousaram perguntar: "Onde você atirou?", pois era evidente que o animal não fora baleado, mas atropelado.

Quer pescássemos juntos, quer ele trouxesse um saco cheio de coelhos e esquilos ou o que fosse, minha função principal em nossa casa não era mais de faz-tudo, mas de aprendiz de Freddie em eviscerar, descamar, remover a pele, retirar as garras, limpar e desossar a caça. Não era surpresa que a tarefa envolvesse facas. Facas afiadas.

Quando se tratava de peixes, eu ficava impressionado com a consistência da anatomia: bexiga, estômago, coração, pulmões e brânquias. Eu não me importava de descamar, eviscerar e limpar o peixe, pois quanto melhor eu fizesse meu trabalho, mais delicioso ficaria quando mamãe empanasse e fritasse o peixe para comermos com pão branco e molho picante. Mas eu detestava eviscerar e limpar outros animais. No início, era interessante ter essas aulas práticas de anatomia. Para alguém que não sabia ler nem escrever, Freddie era um gênio em demonstrar como identificar o estômago, a vesícula biliar, o fígado e os órgãos vitais de várias espécies. Após um tempo, mesmo que mamãe cozinhasse qualquer coisa que ele trouxesse — fazendo algo frito, acompanhado de arroz, molho, pão de milho, verduras e talvez alguns inhames, um prato que, para mim, era como filé mignon —, limpar e esfolar qualquer coisa com pele ou penas tornou-se uma tarefa horrível. Os vários carregamentos de caça e pesca de Freddie se espalhavam por toda a casinha na rua North Fourteen, número 3951, onde morávamos quando comecei o ensino médio. Nossa sorte de termos mudado para a Capitol Drive, no bairro melhor, não mais no gueto, deveu-se principalmente ao tio Archie, proprietário da casa que alugamos. Peixes apareciam na banheira, gambás surgiam no freezer, e sabe-se lá o que mais você encontraria.

O problema com o velhote era nunca saber quem chegaria para o jantar: o homem da natureza ou o psicopata. Sempre que eu pensava que ele estava melhorando, chegava em casa e encontrava uma cena de crime, a polícia o levando mais uma vez. Todos na família ficavam assustados com a crescente coleção de armas de Freddie. A meia-irmã de mamãe, Dicey Bell, que agora morava em Chicago, ficava especialmente preocupada. (Parecia que todas as tias e primas do sul tinham nomes compostos, como Bettye Jean, Dicey Bell, Lillie Mae e Eddie Lee.) Os parentes mais velhos se certificavam de que as crianças, sobretudo as meninas, não ficassem sozinhas com Freddie.

Em certa ocasião, mamãe e eu estávamos sozinhos em casa, e sabíamos do grande perigo de Freddie voltar a qualquer momento. Assim que ele entrou pela porta, sem mamãe dizer uma palavra, seu olhar me alertou: *Chame a polícia.* Enquanto eu me apressava, o pânico e o medo me convenceram de que até eu chegar ao orelhão, a uma quadra de distância, ela já estaria morta. Correndo de volta para casa, imaginei uma cena sangrenta esperando por mim, e meu pavor atingiu o auge. Foi essa sensação que, mais tarde, Spike Lee capturou em suas filmagens; ao mover a câmera em vez de movimentar o ator, ele transmitiu exatamente como nosso cérebro entra em parafuso durante uma crise. Ao avistar a casa, vi a polícia desarmando Freddie e o colocando no camburão. Ele ficaria longe, pelo menos por uma noite.

Em 1970, aos dezesseis anos, já no ensino médio, eu honestamente achava que não conseguiria mais sobreviver àquela montanha-russa. Mamãe percebia e apenas insistia para que eu aguentasse, salientando que eu já havia avançado uma série e tinha apenas mais um ano letivo antes de me formar. A essa altura, tocar música, ter namoradas e sair com meus amigos eram subterfúgios, mas a escola havia deixado de ser um paraíso. Além de os alunos não serem mais interessantes, minha atitude antiestablishment conflitava com a atmosfera repressiva e racialmente carregada da época.

Um grande confronto surgiu no meu segundo ano, quando o técnico de futebol americano se recusou a me colocar como quarterback. Um absurdo. Sempre joguei nessa posição em todos os times em que estive, desde nossos jogos na rua até as temporadas de ensino médio. Todo mundo sabia que Chris era bom em passes de bola. Era minha reputação e meu futuro, ou assim eu imaginava, já que mamãe tinha me convencido de que eu não seria Miles Davis, pois esse posto já estava ocupado. Afinal, aos dezesseis anos, Miles havia saído de casa e estava tocando com Charlie Parker e Dizzy Gillespie em Nova York. Eu tinha uma banda bacana, mas não me via criando meu próprio *Bitches Brew* tão cedo. O futebol americano podia não ser uma carreira, mas eu era muito bom e o melhor candidato a quarterback.

O treinador de futebol americano da escola recentemente dessegregada não compartilhava da mesma opinião. Ele deu uma olhada em mim, viu um grande garoto negro já com 1,85m, não muito longe da minha altura máxima de 1,92m, e decidiu que eu seria útil para conter o adversário. Eu fazendo bloqueios? Jogando na linha ofensiva? Nada contra esses jogadores, essenciais para qualquer quarterback, mas eu queria o papel de estrela do time. Além da precisão do meu passe, eu tinha a esperteza, a estratégia e as qualidades de liderança para vencer jogos, mas estava desperdiçando-as nos treinos. Sendo fiel aos meus princípios, embora eu tenha concordado em jogar na linha ofensiva, continuei a levantar a questão com o treinador até que nossas discussões se tornaram tão irritantes que ficou claro que ele queria me expulsar do time. Mas, a menos que ele tivesse um bom motivo, pareceria um racista se o fizesse.

O motivo, revelado para mim em sua sala, foi a descoberta de contrabando no meu armário. Com descaso, o treinador me disse que eu seria expulso do time por "prejudicar o que estamos tentando fazer aqui nesta escola".

O contrabando? Livros. Para ser mais específico: *Die Nigger Die!*, *Alma no Exílio* e *Autobiografia de Malcolm X*.

E assim terminou qualquer prazer que eu tinha pelo esporte. Combinado com meu ativismo contínuo, com minhas novas observações sobre a desigualdade entre quem tem muito e quem tem pouco, sobre negros e brancos, e com as histórias que comecei a ouvir dos irmãos que retornavam do Vietnã, isso incitou ainda mais o desejo de revolta contra o status quo. Em vez de me tornar militante, eu me rebelei criando minha própria manifestação pessoal — afro, tie-dyes e miçangas — e concentrando todas as minhas energias na banda em que eu tocava.

A Realistic Band era uma banda no estilo James Brown, com influências de Sly Stone e Buddy Miles. Claro, eu era fissurado pelo Sr. Brown e, por anos, sempre que havia um show na cidade, eu comparecia, assimilando tudo o que ele e sua banda faziam para criar aquela energia incrível.

Em cada show, eu atravessava as arquibancadas do Milwaukee County Stadium, com 16 mil fãs, a tempo de chegar à primeira fila quando James subisse ao palco. O público, majoritariamente negro, enlouquecia em total frenesi antes mesmo de ele abrir a boca; e, então, cada música era um espetáculo, uma experiência religiosa. Era alucinante o modo como ele cantava *Please, Please, Please*, naquele tom gutural, suplicante, comovente e desacelerado. Era algo que sempre me atingia em cheio.

Em um show memorável, uma irmã subiu ao palco durante essa música, agarrou a capa de lantejoulas cor-de-rosa que ele estava usando e jogou para a plateia. Foi um frenesi, todo mundo avançando e rasgando a capa de James Brown. Meu pedaço, um pequeno retalho, tornou-se meu bem mais precioso na época. Mamãe, que também adorava James Brown, ficou animada quando cheguei em casa com meu pedacinho rosa de imortalidade.

Fazer um som como o de James Brown — com seu próprio ritmo inigualável — era uma meta impossível. Mas não éramos ruins. Nosso vocalista, Big Ed, um cara de vinte e poucos anos, mais velho do que a maioria de nós, fundou a banda, mas depois foi para o Vietnã, e continuamos a tocar. Ao voltar, ele reassumiu o microfone. Para os padrões de Milwaukee, ele fazia um bom show, gritando e se jogando no chão, vestindo-se de forma chamativa, embora um tanto estranha, com calças muito curtas para seu corpo de dois metros e coletes de seda destoantes. No fundo do meu coração, eu sabia que a música não me traria fama nem fortuna — uma das várias constatações que logo me motivaram a trabalhar depois da escola e nos fins de semana.

Uma outra preocupação era que, após retornar do Vietnã, Big Ed tornou-se cada vez mais instável. Certo dia, Garvin e eu passamos em sua casa para definir nossa playlist daquela noite. A TV estava ligada, mostrando as notícias, e, enquanto conversávamos, Big Ed puxou uma arma, apontou para a tela da TV, bem acima da minha cabeça, e apertou o gatilho. *Bum!* A televisão explodiu! Desintegrou-se! Sem nem sequer se abalar, ele guardou a arma em um movimento rápido e retomou a conversa como se nada tivesse acontecido: "E aí, Chris, o que vamos tocar hoje?"

Garvin e eu fomos embora o mais rápido possível.

"Caramba, era só ele mudar de canal!", comentei.

Descobrimos que Big Ed havia atirado em algumas outras TVs, e sua própria mãe tinha que esconder a televisão sempre que ele a visitava.

Fumar maconha o acalmava. Algumas noites após o incidente da TV, Garvin e eu estávamos com Big Ed em um carro estacionado enquanto ele fumava um baseado. Quando uma viatura parou atrás de nós, Big Ed conseguiu jogar fora o restante do baseado antes que os policiais se aproximassem.

Eles nos mandaram sair e vasculharam o interior esfumaçado do carro. Sem encontrar nada, um dos policiais disse: "Vocês estavam fumando maconha, pois consigo sentir o cheiro. Terei que prendê-los."

Big Ed retrucou: "Então leve o cheiro para o tribunal. Não temos nada aqui."

Por um instante de tensão, o policial pareceu chocado, como se não acreditasse no que acabara de ouvir. Mas funcionou. Ele nos liberou com uma advertência.

Meu respeito por Big Ed aumentou consideravelmente. Para um cara que surtava com as notícias e atirava na TV, ele com certeza sabia como manter a calma nesse tipo de situação.

A maconha do final dos anos 1960 e dos anos 1970 não era nada parecida com as drogas psicodélicas das décadas posteriores. Naquela época, embora me divertisse bebendo vinho barato, eu preferia fumar maconha. Mas eu nunca ficava muito chapado, pois precisava estar bem para lidar com qualquer insanidade de Freddie em casa.

Na mesma época do nosso encontro com a polícia, saí com os meninos após um show, fumei um Thai Stick e fui para casa completamente paranoico, com uma larica absurda. Em busca de algo para comer, desci cautelosamente até o porão e, assim que abri a geladeira, ouvi o grasnado de uma ave. Ao me virar, dei de cara com um ganso vivo. Em nosso porão! Ou eu estava chapado demais ou Freddie tinha transformado o lugar em uma reserva animal.

Na verdade, Freddie tinha trazido o ganso para o jantar de domingo, na noite seguinte. Essa foi a explicação que ele deu pela manhã. Nós três — o velhote, eu e o malfadado ganso — fomos para o local de abate no quintal.

Freddie, com o hálito exalando uísque já ao meio-dia, me entregou o machado. Nas entrelinhas de seu sorriso diabólico, revelaram-se minhas alternativas: decapitar o ganso vivo, o que eu não queria fazer, ou, conforme o pensamento que surgiu em minha mente, aproveitar a chance de concretizar o que eu planejava há anos.

Quando hesitei em pegar o machado, Freddie bradou: "Caramba! Deixe que eu faço então. Segure o ganso."

Atordoado pela oportunidade, percebi que havia duas circunstâncias: segurar o ganso para que Freddie o decapitasse ou decapitar o ganso enquanto Freddie o segurava. Ao imaginar aquele bêbado maldito decepando meus dedos, optei por golpear o machado.

Com o machado levantado, olhei para o ganso e me veio à mente a imagem de uma mulher encolhida, vulnerável e impotente, não muito diferente de mamãe quando Freddie a subjugava. Encarei o velhote e ponderei qual seria a melhor parte de seu corpo para fincar o machado. O pensamento mais preponderante foi um cálculo geométrico: eu tinha o ângulo perfeito para gerar força e velocidade suficientes a ponto de matar Freddie com uma machadada certeira? Não poderia haver chop-chop-chop. Eu tinha apenas *uma chance, um golpe.* Respirei fundo, mergulhando em uma reflexão infindável, pensando na história que contaria para explicar o acidente, revivendo meus fracassos anteriores e me recusando a falhar novamente. Prendi a respiração, soltei o ar e desci o machado com todas as minhas forças, decapitando a mamãe gansa.

Droga. Depois de todo aquele tempo, finalmente tive minha chance e não consegui aproveitá-la. O único sentimento emergente foi o de absoluta frustração, como se um prêmio estivesse bem na minha frente e eu não fosse capaz de alcançá-lo.

Freddie declarou: "Bom trabalho! Agora você só precisa depenar, ferver e eviscerar."

Embora anos mais tarde eu tenha compreendido que assassinar o velhote arruinaria minha vida, o desânimo me acometeu. Sem poder extravasar minha raiva em relação a Freddie, eu a transferi para o outro cara que eu ainda queria matar — uma oportunidade que surgiu logo após o incidente do ganso.

À Procura da Felicidade   117

Eu sabia que, mais cedo ou mais tarde, acabaria cruzando seu caminho. Quando esse dia chegou, o que chamou minha atenção foi o andar manco e o cheiro, ambos inconfundíveis. Assim que o vi, o medo ressurgiu. Não o medo de que ele fizesse alguma coisa comigo, mas o medo de que talvez fugisse. E sobretudo, com a raiva reprimida por três anos, o medo do que eu faria com ele. Ao passar por mim na rua, ele virou a esquina e entrou em um bar. Esperei mais de uma hora, segurando um bloco de concreto.

Cada vez que a porta se abria, de lá de dentro, emergia uma mistura de música, risos, fumaça e um pot-pourri de odores — cerveja, outros tipos de bebida, bar velho e corpos humanos. Era sempre outra pessoa que saía. Talvez ele tivesse escapado. Talvez tivesse se esgueirado pelas sombras. Mas então, finalmente, a porta se abriu e os cheiros e sons se espalharam mais uma vez, e ele saiu sozinho, virando na minha direção. Eu precisava que ele me visse; precisava ver seu olhar ao me reconhecer. Quando me aproximei, percebi não apenas que ele havia me reconhecido, mas que também estava apavorado, talvez a única vez na minha vida que vi nos olhos de alguém um pavor causado por mim.

"Ah, droga", disse ele, não conseguindo nem terminar a frase antes que eu acertasse sua cabeça com o bloco de concreto, aplicando toda a minha força.

De início, ele não caiu, apenas cambaleou. Depois de mais algumas pancadas, ele finalmente desabou na calçada. Joguei o bloco de concreto no chão e fui embora. Não olhei para trás, não corri. Certo ou errado, pronunciei para mim mesmo as últimas palavras que me ocorreram em relação a ele — *Agora o fodido é você, seu filho da puta.*

Eu nunca soube o que aconteceu com ele. Mas sabia que a dor de cabeça foi horrível e que ele jamais me esqueceria. Para mim, não havia necessidade de manter a imagem na memória. Livrei-me dela naquela noite, tal como fiz com ele e com o bloco de concreto.

118   Chris Gardner

Assunto resolvido. Caso encerrado.

———

Meu destino provavelmente foi traçado no rio Mississípi, quando eu tinha oito anos e passeava de barco com o tio Henry, ouvindo histórias sobre suas viagens ao exterior, as mulheres que conheceu e a imensidão do mundo. Convivendo com ele e o tio Willie, foi apenas uma questão de tempo até que essas histórias me cativassem, fazendo com que eu me alistasse no exército.

Não havia muita coisa me segurando em Milwaukee. Depois daquela primavera de 1970, quando assisti à semifinal do March Madness e mamãe me deu o conselho mais valioso que sua sabedoria poderia oferecer ("Filho, se quiser, um dia você poderá ganhar US$1 milhão"), eu sabia que, qualquer que fosse o meu caminho, eu teria que deixar minha cidade natal e ir procurá-lo.

Nos anos seguintes, às vezes eu pensava que tinha nascido na época ideal — para poder testemunhar tudo o que aconteceu em cada década a partir dos anos 1950. Para minha sorte, o alistamento obrigatório foi abolido na época em que atingi a maioridade. Se eu tivesse nascido um ou dois anos antes, teria sido convocado e, provavelmente, enviado ao Vietnã. Também foi incrível crescer em plena revolução sexual, em uma época em que os estereótipos de cor de pele estavam mudando e ser negro era especialmente bonito. Os meus primeiros relacionamentos amorosos me deixaram com uma sensação positiva sobre a experiência, tanto emocional quanto fisicamente.

Minha primeira namorada séria se chamava Jeanetta, a garota mais adorável e bonita de todo o norte de Milwaukee. Só percebi o quão apaixonado estava por ela quando mamãe fez um comentário na enésima vez que cheguei tarde. "Rapaz, você costumava ser pontual como um relógio."

Jeanetta e eu não éramos sofisticados no momento de fazer amor, mas isso não nos deixava menos apaixonados. Mesmo depois que terminamos, de vez em quando, íamos até o porão dela e transávamos como coelhos.

Em seguida, namorei a elegante filha de um pastor. O que me atraiu foi o fato de ela usar meia-calça, diferentemente das outras garotas com quem já havia namorado. Ela também foi a primeira namorada que morava com a mãe e o pai. Quase todo mundo que eu conhecia era de uma família monoparental. Ela era muito reservada, discreta e certinha. Era uma virgem que estava disposta a fazer sexo — com a condição de ter um bebê. Eu tinha muitos exemplos de vida que comprovavam que ser pai no ensino médio não era uma boa ideia. Nós terminamos antes de o relacionamento ficar muito sério.

Eu e Belinda, minha namorada seguinte, éramos almas gêmeas, e nosso relacionamento ficou sério bem rápido. Negra como eu, ela era linda, deslumbrante, com lábios deliciosamente voluptuosos e um corpo escultural, como uma rainha africana. Mas o que mais me atraía nela era a sua inteligência. Ela gostava de ler e me fazia ler mais, levantando questionamentos a cada leitura. Belinda expandiu minha visão de mundo para além da experiência afro-americana, apresentando-me livros sobre a África do Sul, o apartheid e atrocidades como o Massacre de Sharpsville, suscitando uma consciência da minha conexão com pessoas negras ao redor do mundo. Ela usava penteado afro, tinha seios fartos e um belo sorriso. Eu a amava, sobretudo seu corpo, que era inacreditável. Sua bunda era espetacular, redonda como uma bola de basquete. Juro por Deus, toda vez que eu a via de costas, queria começar a fazer uns dribles. Além disso, ela era sexualmente desinibida e fazia coisas como pular no meu colo na sala, enquanto o pai dela dormia no quarto ao lado. Para mim, naquela época, isso sim era sexo selvagem.

Na tarde de Natal, Belinda e eu combinamos de ir ao cinema, uma ótima desculpa para não comparecer à festa anual na casa de um de nossos parentes. De acordo com a tradição popular e os relatos de pessoas normais, o Natal deveria ser uma ocasião para a família se reunir, comer, beber e se divertir. Não no meu caso. Meus familiares se reuniam para comer, beber e depois brigar. Em todos os feriados — religiosos, seculares, nacionais, pagãos, não importava —, na terceira rodada de bebidas os conflitos começavam. Então, enquanto mamãe, Sharon e Kim seguiam Freddie até o carro, apenas avisei: "Feliz Natal! Vocês vão para a festa, mas combinei de ir ao cinema com Belinda. Talvez eu passe lá mais tarde."

Ter a casa só para mim era um luxo. Escolhi minhas roupas para o encontro e enchi a banheira com água quente. A expectativa de um longo banho no dia de Natal me deixava calmo e bem-humorado. Pouco depois que entrei na banheira, fechei os olhos e comecei a desfrutar de várias imagens meditativas que me levavam até o rio em um dia quente, apenas relaxando sem me importar com o mundo, de repente ouço "Filha da puta!" isso, "Vagabunda" aquilo, na varanda da frente. Passos na sala indicavam que mamãe e minhas irmãs estavam em casa, assim como Freddie. Foi como a cena daquele filme *Poltergeist* que estreou alguns anos depois: "Eles voltaram."

Deitado na banheira, pelado, pensei: *Droga, demorei muito*. Mas, antes que eu pudesse agir, a porta escancarou e surgiu o cano da espingarda de Freddie, apontando na minha direção. Naquele dia, foi a primeira vez que o velhote incorporou sua versão mais malvada, bêbada e maluca de Sonny Liston, vociferando a perigosa ameaça: "Desapareça da minha maldita casa! Desapareça da minha maldita casa!"

Sem tempo para reagir e questionar o que diabos eu havia feito, já que todos na casa estavam fugindo para o andar superior ou para o porão, eu quis me matar por não ter decapitado Freddie em vez daquele ganso agora que ele finalmente cumpriria sua promessa de acabar comigo. Sem escolha, com o coração disparado, pulei para fora da banheira, corri até a porta da frente e saí da casa. Lá estava eu, pelado para quem quisesse ver, em Milwaukee, Wisconsin, no dia de Natal.

Antes que eu descobrisse o que fazer, avistei um lindo garotinho, agasalhado para se proteger da temperatura de -9°C. Ele parecia comigo quando eu tinha a mesma idade, com orelhas um pouco grandes para a sua cabeça, mas que certamente ficariam proporcionais. Quando me viu, ele abriu um grande sorriso. Com toda a sinceridade do mundo, ele disse: "Feliz Natal, senhor."

Sem responder, observei-o descer a rua até desaparecer na névoa invernal de Wisconsin.

Belinda nem tentou me animar quando fomos ao cinema mais tarde. Não havia restado nem um pingo de felicidade em mim.

Aquele dia marcou a última vez que me dei ao trabalho de comemorar um feriado na casa de Freddie Triplett e, infelizmente, arruinou o Natal para mim. Por muitos anos, nem sequer comprei uma árvore e, se comemorei, foi em algum contexto espiritual, no esforço de honrar o espírito de Cristo. Precisei atingir certo equilíbrio em minha vida para realmente apreciar o Natal. Nesse sentido, o presente de Freddie naquele ano foi me fazer contar as horas para sair de Dodge quanto antes.

Pouco tempo depois, Belinda e eu terminamos, não por falta de amor, mas por conta do timing e da minha imaturidade em ajudá-la a enfrentar a morte de um amigo em comum. No verão de 1971, eu tinha dezessete anos e estava no último ano do ensino médio. Certo dia, quando estava andando pela Wisconsin Avenue, meu reduto daquela época, olhei pela vitrine da loja de excedentes do Exército-Marinha e vi uma garota segurando uma camiseta, como se estivesse decidindo se deveria ou não prová-la. Bastou um olhar e eu simplesmente me apaixonei. Uma flechada certeira no coração.

Depois que entrei na loja e me apresentei, soube que seu nome era Sherry Dyson, ela era da Virgínia, cursava o último ano na Universidade Estadual de Morgan e estava na cidade visitando parentes. Negra de pele clara, cabelo afro e lindos seios perfeitamente esculpidos, inigualáveis, ela não tinha uma beleza de revista, mas uma beleza sutil, natural, realista. Ela era inteligente, gentil e tinha um senso de humor que me deixou à vontade desde nossa primeira conversa. Depois que nos conhecemos, passamos dois dias apenas conversando.

No início, Sherry não sabia que eu era quatro anos mais novo que ela. Porém, depois que assistimos a *Verão de 42* — um filme romântico que, convenientemente, retratava um caso entre uma mulher mais velha e um adolescente —, eu tive que confessar. Daquele momento em diante, sempre que ouvia ou até pensava na música-tema, eu retornava aos meus dezessete anos, loucamente apaixonado por Sherry Dyson, minha mulher dos sonhos, vinda de uma abastada família de Richmond, Virgínia. Filha de um agente funerário, proprietário da A. D. Price Funeral Home, e de uma professora do ensino médio, Sherry sempre morou na mesma graciosa casa colonial, na Hanes Avenue, em Richmond, Virgínia — um endereço que jamais esquecerei, considerando a quantidade de cartas e cartões que enviei para ela.

A essa altura, ter namoradas já havia me proporcionado um curso intensivo de economia básica. Meu último ano do ensino médio e a chocante descoberta do valor da conta telefônica — US$900, devido às ligações interurbanas para Sherry — fizeram-me concluir que o salário de lavador de pratos no Nino's Steakhouse, que me pagava no máximo cem por semana, não era o suficiente.

Depois que escondi a conta, mamãe recebeu uma ligação da companhia telefônica alertando-a para o fato de que nossa linha seria cortada por falta de pagamento. Reclamando que não tinha recebido a conta, mamãe percebeu rapidamente o que havia acontecido. Mantendo-se extremamente calma, ela me levou até a agência da companhia telefônica e me fez explicar por que o valor da conta era tão exorbitante. Fizemos um acordo para que a linha não fosse cortada, o que comprometeu cada centavo ganho pelo resto da minha adolescência.

A culpa era minha, mas isso não me impediu de perder a cabeça no Nino's na noite seguinte, quando atingi meu limite por ser excluído das gorjetas pelos garçons, que me atormentavam indo até a cozinha exigir mais pratos limpos. O gerente deu de ombros e afirmou que eu tinha sorte de ter um emprego de lavador de pratos. Com raiva de todo mundo e delirando com o calor da máquina lava-louça, fiz a coisa mais nojenta que me veio à mente. Depois, me senti tão mal quanto na vez em que fiz outra dívida telefônica com interurbanos para Sherry e precisei penhorar a televisão de Ophelia. Naquela noite, no Nino's, fiz xixi nos pratos limpos da lava-louça. Não uma, mas tantas vezes quanto consegui beber líquido suficiente para expressar o que havia sentido naquelas últimas horas como lavador de pratos.

Deus deve ter dado umas boas gargalhadas com meu trabalho seguinte, que envolvia lidar com comadres e limpar xixi e cocô de idosos. Ainda mais importante, adquiri um nível inédito de compaixão e finalmente quitei a conta telefônica.

A pessoa que me arranjou o emprego de ajudante na Heartside Nursing Home foi Ophelia, que trabalhava lá como auxiliar de enfermagem. Por muitas razões, eu queria me sair bem, sobretudo porque havia estabelecido que daria meu melhor em tudo o que fizesse, sempre superando as expectativas de todos. Meu primeiro passo, que viria a ser útil nos capítulos decisivos da minha vida, foi aprender o mais rápido possível com quem era o melhor nas tarefas que eu precisava dominar. Com essa mentalidade, comecei a realmente apreciar meu trabalho: servir a comida, trocar fraldas, arrumar as camas, esvaziar comadres.

Em pouco tempo, eu estava pensando: *Sim, consigo fazer isso.* E logo superei o melhor ajudante da casa de repouso. De fato, a gerência percebeu minha competência e acabou me designando para minha própria ala. Dos trinta e tantos pacientes, todos brancos, alguns conseguiam cuidar de si mesmos e outros precisavam de muita ajuda. O trabalho era surpreendentemente gratificante. Era bom auxiliar as pessoas, e ainda melhor quando elas reconheciam o quão bem eu as tratava. Ao contrário de alguns dos outros ajudantes e funcionários, que ignoravam quando os idosos chamavam, eu os atendia imediatamente. Ninguém mais estava disposto a oferecer esse tipo de cuidado. A verdade é que eu realmente gostava de ajudá-los, gostava de fazer meu trabalho.

O Sr. John McCarville, um veterano da Marinha, havia perdido a capacidade de falar. Mas ele conseguia bater continência. Toda noite, quando eu o colocava na cama ou fazia algo de que precisasse, ele prestava continência. Seu gesto dizia "Obrigado por sua bondade". A gratidão era evidente em seus olhos. Dois pacientes que chamávamos de Flintstones — porque um se parecia com Fred Flintstone e o outro com Barney Rubble —, ambos de meia-idade, tinham deficiência mental. Eles estavam naquela ala há tanto tempo que, depois que se tornaram um casal homoafetivo, ninguém quis separá-los. Fred era dominador, e Barney, submisso. Fiquei apavorado quando vi um deles comendo as próprias fezes.

"Teria como transferi-los?", perguntei ao meu chefe, achando que eu não estava preparado para aquele tipo de comportamento.

"Não, eles têm que ficar nessa ala, e você precisa lidar com a situação."

E foi o que eu fiz.

Ida, uma senhorinha italiana com um dente de ouro, era outra paciente. Ela nunca tirava a camisola e os minúsculos sapatos de hospital. Por mais meiga que fosse, Ida era o que então chamávamos de senil, provavelmente sofrendo de Alzheimer ou outro tipo de demência.

A primeira vez que a vi, ela se aproximou de mim e perguntou: "Você é meu filhinho?" Fiquei realmente preocupado com o nível de sua confusão e, então, respondi: "Sim, sou seu filhinho."

Bastante séria, Ida afirmou: "Ah, que estranho. A última vez que o vi, você não era tão alto. E também não era negro."

Uma única vez perdi a paciência e fiz algo de que me arrependi instantaneamente. Uma de minhas pacientes, uma ricaça de família influente, sempre reclamava, tornando-se cada dia mais escandalosa e desagradável. Ela criticava todo mundo, inclusive eu, e se recusava a comer. Quando queria algo, tinha que ser *pra já*! Se você não fizesse suas vontades, ela ligava para o advogado. Certo dia, quando ela começou a dizer coisas realmente ofensivas, o gueto dentro de mim veio à tona e, em vez de colocar seu pedaço de torta de limão no prato, eu o esmaguei na cara dela.

Imediatamente envergonhado, falei: "Nossa, me desculpe", peguei uma toalha e, com cuidado, limpei suas bochechas e seu nariz sujos de torta.

Pelo visto, essa senhora só precisava de atenção. Agradecida, ela me olhou e disse: "Obrigada, querido, esta é a primeira vez no dia que limpam meu rosto."

_____

Quando minhas irmãs revelaram à mamãe que eu havia me alistado na Marinha, quase um ano após a formatura do ensino médio, ela deve ter expressado sua decepção. Talvez se meu desempenho escolar nos últimos anos não tivesse sido tão insatisfatório — especialmente com a direção me tratando como um perigoso Pantera Negra —, eu teria buscado a educação universitária que mamãe nunca teve. Mas, quando lhe contei a novidade, Bettye Jean Gardner Triplett deu seu característico sorriso encantador e perguntou se havia tempo para fazer uma festa.

Nos últimos meses, eu estava trabalhando na Inland Steel, graças ao tio Archie, que me arranjou o emprego. Por mais que eu aprendesse na casa de repouso, os salários do sindicato eram significativamente melhores. No entanto, descobri um desolador princípio econômico: quanto mais você ganha, mais você gasta. Uma lição que aprendi antes mesmo de sair de Milwaukee, é claro. Mas o mundo lá fora estava repleto de coisas que eu não sabia, e a realidade era que eu precisava deixar minha cidade natal, território do familiar.

A razão pela qual escolhi a Marinha, e não outros ramos das Forças Armadas, foi possivelmente o atrativo slogan de recrutamento "Entre para a Marinha, conheça o mundo". Ou talvez foi tudo culpa de Jack Nicholson, já que, antes de ir para o escritório de recrutamento, eu assisti ao filme *A Última Missão*, no qual ele interpreta um marinheiro. Além disso, a Marinha prometia me mostrar todos os lugares estrangeiros sobre os quais meus tios falavam. Mas a principal motivação, mesmo com Sherry em cena, era conhecer as mulheres. Eu ainda podia ouvir o tio Henry comentando sobre as italianas e sobre como as coreanas andavam em suas costas, fazendo uma massagem que curava para sempre a dor na coluna. "Seus pés eram como mãos", repetia ele. Eu mal podia esperar.

Nos primeiros dezoito anos da minha vida, eu me orientei sem um pai, acreditando que minha principal responsabilidade era proteger mamãe. Tendo fracassado em salvá-la de Freddie, havia chegado a hora de entregá-la, com amor e segurança, nas mãos de Deus e sair à procura da felicidade que minha mãe sempre desejou para mim.

Parte Dois

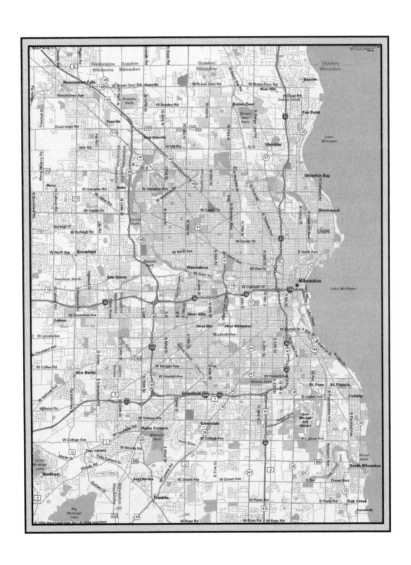

CAPÍTULO 6

O Mundo Lá Fora

O USS *Chris Gardner* partiu — de avião, o primeiro voo da minha vida —, mas, em vez de ser enviado para um campo de treinamento próximo a San Diego ou ao Havaí, onde, aparentemente, todas as fotos dos cartazes de recrutamento foram tiradas, me deram a opção de ir para perto de Great Lakes, Illinois, ou Orlando, Flórida. Imaginando que seria um ponto de partida para todos aqueles portos de escala estrangeiros, escolhi o destino mais distante — Orlando, sem litoral, mais quente que o inferno, calor abafado e insetos gigantescos.

Tendo crescido na montanha-russa projetada por Freddie Triplett, a estrutura institucional me agradou. Ao contrário de um ambiente em que tudo o que eu fazia era inadequado, a Marinha fornecia diretrizes claras sobre atitudes certas ou erradas e tinha um processo para recompensar ou punir conforme o desempenho. Definitivamente, parte de mim se revoltava com a autoridade e repudiava a ideia de não ter autonomia, mas eu entendia o propósito e obedecia sem perder a noção de quem eu era. Claro, a transformação de um rebelde com tie-dyes, miçangas, barba rala e afro para um marinheiro barbeado, uniformizado e com o cabelo raspado era chocante. O resultado foi um caso terrível de pseudofoliculite, por falta de um diagnóstico melhor, ou inflamações enormes que muitos caras, especialmente os negros, apresentam ao se barbear pela primeira vez. Meu cabelo nunca mais foi o mesmo após o campo de treinamento. Com o passar dos anos, acabei desistindo de deixá-lo crescer e, mais tarde, agradeci a Isaac Hayes por ser pioneiro no visual da cabeça raspada.

Desde o início, o calor e a umidade eram intensos, mas eu não sabia o quanto podiam ser insuportáveis até ter que ficar sob o sol com meu uniforme de gala. Minha "experiência" em me manter impassível foi útil. Eu não tinha permissão para me mover ou reagir ao suor que escorria pelo rosto e pelas costas, fazendo cócegas na minha bunda. Precisava ficar totalmente imóvel.

Certa tarde, parado em formação, vi o chefe suboficial sênior White, comandante da Companhia 208, se aproximando e me preparei para ouvir o que ele diria.

"Garoto, você tem ideia do que sei sobre você?", interpelou, frente a frente, enquanto gotas de suor não apenas escorriam, mas me comichavam, como se fossem vários insetos rastejando pelo meu corpo. Eu não me movi. O oficial White respondeu à sua própria pergunta: "O que eu sei é que você tem muita autodisciplina."

Não que eu não tenha cometido erros. Logo no início, prestei continência a um oficial de forma inadequada. Achei que estava arrasando. De peito estufado, só quis manifestar minha empolgação — *Ei, estou na Marinha, pronto para conhecer o mundo!* Como consequência, fui enviado para o convés — na verdade, um gramado em frente ao quartel —, onde aprendi exatamente como e quando prestar continência a um oficial. Ao redor desse convés postiço, havia lindas palmeiras habitadas por esquilos, um cenário perfeito para o oficial superior me fazer entender qual era meu lugar, ordenando que eu ficasse ali parado e, toda vez que visse um esquilo, corresse até o animal, prestasse continência e dissesse: "Boa tarde, senhor."

Pelo amor de Deus! Aqueles esquilos malditos pareciam ter um sistema de comunicação muito eficiente, pois começaram a surgir do nada, saltando das palmeiras e se dispersando pelo convés enquanto eu corria atrás de um, depois de outro, batendo continência e dizendo: "Boa tarde, senhor." Como esperado, a parte humilhante era a grande plateia de recrutas assistindo à cena da janela do quartel.

No entanto, de modo geral, meu desempenho no treinamento foi, como se costuma dizer, um grande sucesso. Os formandos tinham a opção de se juntar a uma frota ou cursar a escola naval. Eu e Jarvis Boykin, um recruta que conheci no curso de treinamento básico, escolhemos a segunda opção. Era uma oportunidade fantástica, pensei, para dar continuidade ao aprendizado hospitalar que iniciei na Heartside Nursing Home. Era um passo para eu me tornar médico do prestigioso Corpo de Saúde da Marinha, e eu já me imaginava servindo nas Filipinas ou na Coreia.

O curso de treinamento básico me preparou bem, mas não suprimiu o meu lado romântico. Eu não apenas estava pronto para conhecer o mundo além das fronteiras do familiar, mas também pensava que poderia curar e ajudar os menos afortunados, que poderia mudar e salvar o mundo. Ironicamente, a escola que eu precisaria frequentar para seguir esse caminho era a US Navy Hospital Corps School, em Great Lakes, Illinois, não muito longe de Milwaukee, Wisconsin.

Haveria mais algumas ironias. Após dar meia-volta e retornar ao ponto de partida, no norte, me surpreendi ao descobrir que o Corpo de Saúde da Marinha fornecia apoio médico ao Corpo de Fuzileiros Navais. Na verdade, o Corpo de Fuzileiros Navais fazia parte do Departamento da Marinha dos Estados Unidos, algo que ninguém me contou quando me alistei. Minha expectativa era trabalhar em uma instalação naval no exterior, cercado por belas enfermeiras, como Hot Lips Houlihan, de *M*A*S*H*. A última coisa que eu queria era me juntar ao Corpo de Fuzileiros Navais. Reclamei para Boykin e alguns outros colegas que conheci em Great Lakes, quando estávamos no treinamento básico de primeiros socorros: "Faça-me o favor! Se eu quisesse ser fuzileiro naval, teria escolhido o Corpo de Fuzileiros Navais!" Esse era um dos motivos pelos quais eu me preocupava com o local para onde me designariam.

Fiquei angustiado, com a sensação de que meu sonho de navegar mar afora jamais se concretizaria. Que droga! Talvez eu nem sequer saísse dos Estados Unidos. Eu me comportava da melhor maneira possível, só para garantir que seria enviado a um dos lugares que solicitei, e não ao Corpo de Fuzileiros Navais.

Por sorte, eu havia me destacado como um rápido aprendiz no treinamento médico. Teoricamente, a situação parecia promissora. Quando o treinamento de doze semanas chegou ao fim, eu tinha conseguido evitar os problemas que meus outros colegas arranjaram. Além de ter Freddie como exemplo, eu não apreciava o sabor do álcool, então não exagerava na bebida. Mas, quando os caras saíam para tomar cerveja, eu os acompanhava e bebia algumas. Era algo que combinava com o uniforme. Certa noite, quando eu e meu amigo Boykin fomos a um bar chamado Rathskeller, acabamos passando do limite. Ficamos extremamente bêbados e perdemos a carona, restando-nos voltar a pé para a base. Em vez de escancarar nosso atraso entrando pelo portão principal, decidimos pegar um atalho e pulamos a cerca.

Minutos antes da meia-noite, na escuridão total, escalamos a cerca, olhamos para baixo e identificamos o que parecia um lugar seguro para aterrissarmos. Ao descer, nossos pés atingiram uma superfície de metal e percebemos, para o nosso desespero, que era o teto de uma van. E não qualquer van, mas uma ocupada por dois colegas da Patrulha Costeira. A julgar pelas caras de sono, ficou claro que ambos estavam dormindo e nós os acordamos. Eles ficaram furiosos.

"Droga!", afirmou Boykin.

"Lá vamos nós", declarei.

E assim, na manhã seguinte, passamos pelo julgamento do comandante, que decidiria nosso destino. Boykin saiu da sala com a má notícia de que seria enviado para o Sudeste Asiático. Embora a Guerra do Vietnã estivesse no fim, havia uma grande necessidade de médicos para acompanhar o retorno das tropas. Não que eu quisesse ir para lá, mas pelo menos seria no exterior.

De cabeça erguida, enquanto aguardava o comandante, desejei que, ao analisar minha ficha, ele se identificasse com os destinos solicitados e perdoasse as contravenções disciplinares da noite anterior.

O comandante entrou na sala, sentou-se e me olhou de cima a baixo.

Ele refletiu por um segundo e então perguntou: "Você joga futebol americano?"

"Sim, senhor, eu jogo."

"Ótimo", disse ele, tomando nota. "Você vai para Camp Lejeune. Eles têm um bom time e precisam de um cara grande como você." O comandante guardou minha ficha e gritou: "Próximo!"

———

Más e boas notícias. As más notícias, como eu já suspeitava antes de deixar Great Lakes e chegar a Camp Lejeune, era que eu realmente não sairia dos Estados Unidos. O mundo lá fora se restringiria ao interior de Jacksonville, Carolina do Norte — onde as leis Jim Crow ainda pareciam estar vigentes sempre que saíamos. Além disso, Camp Lejeune era a maior base do Corpo de Fuzileiros Navais do mundo, com 60 mil fuzileiros navais e 600 marinheiros. Tal como temia, agora eu era um deles. O único aspecto positivo dessa má notícia foi ter sido alocado no Centro Médico da Marinha, e não na Fleet Marine Force — apenas porque o comandante que me enviou era amigo próximo do time de futebol americano do hospital, um dos melhores times da Marinha.

A boa notícia foi que, nos anos seguintes, servi, trabalhei, aprendi e vivi em um ambiente que não era muito diferente de um contexto universitário. Enquanto a Marinha bancava minhas despesas básicas, eu jogava futebol americano, recebia uma educação à altura das melhores universidades e também me divertia muito. Quando cheguei, um coordenador explicou que, como o quartel estava lotado, ainda não havia camas disponíveis. Eu e mais três caras que estavam na mesma situação fomos levados para conhecer o hospital.

Ao entramos em uma ala que não havia sido oficialmente aberta para pacientes, o coordenador anunciou: "Vocês vão ficar aqui."

Em pouco tempo, deixamos o lugar superdescolado. Não era a suíte de cobertura do Palmer House, mas aproveitamos o espaço, convertendo o solário e a sala de TV em nosso apartamento de solteirões e conectando o som em uma potente aparelhagem. De repente, estava tudo bem. O que parecia ser uma maldição acabou se mostrando uma bênção.

O hospital era de última geração, e os funcionários, tanto militares quanto civis, incluíam alguns dos melhores e mais brilhantes do país. Mais uma vez, ao receber minha atribuição, que poderia ser em qualquer área (ortopedia, podologia, proctologia, psiquiatria etc.), tirei a sorte grande e fui designado para trabalhar na ala de cirurgia geral com a capitão-tenente Charlotte Gannon, uma joia rara.

Vestida à risca, com uniforme branco, boina da Marinha e a insígnia de sua patente, Gannon havia trabalhado no Massachusetts General Hospital e administrava sua ala com autoridade, excelência e compaixão. Era um ambiente ideal para aprender, e prosperei sob a supervisão dela. Ao me dedicar a todos os aspectos do meu trabalho, eu queria fazer sempre mais pelos pacientes — principalmente fuzileiros navais e seus familiares, bem como alguns moradores locais que necessitavam de cirurgias especializadas não ofertadas por outros hospitais da região. A essa altura, eu já havia aprendido o poder de fazer perguntas e sabia que os melhores médicos não se importavam em ser questionados.

Gannon apreciava meu foco e meu desejo de aprender cada vez mais, não se importando com o bombardeio de perguntas: "Como se chama isso?"; "Como você faz isso?"; "Por que você faz isso?"; "Você me mostraria?"; "Tudo bem se eu tentar?". Seus ensinamentos foram tão valiosos que me influenciaram em todas as minhas decisões críticas. Graças à minha experiência na Heartside e ao bom aprendizado no Great Lakes Hospital Corps School, eu era muito melhor do que qualquer um no mesmo cargo. Logo me tornei uma das pessoas favoritas de Gannon e também passei a ser respeitado por vários outros médicos, o que era útil sempre que eu me metia em apuros e precisava de alguém para me defender.

Nenhum dos outros médicos parecia se importar com minhas perguntas, sobretudo porque eu costumava entender com apenas uma explicação. Embora eu ainda não soubesse, muitos aspectos do meu trabalho médico se aplicariam em outras áreas, sendo o mais importante a organização do meu tempo. Além disso, eu adorava as minhas tarefas, incluindo trocar curativos, colocar soro, realizar cuidados pós-operatórios, examinar tecidos e desbridar feridas, muitas vezes fazendo vários procedimentos ao mesmo tempo. Além de ser muito bom nessas tarefas específicas, eu sabia que o meu trabalho impactava a cura e o bem-estar geral dos pacientes. Com essa finalidade, eu fazia atualizações detalhadas no prontuário, possibilitando que cirurgiões e enfermeiros acompanhassem os cuidados — horário de troca do curativo, aparência da lesão, estado de cicatrização da ferida, melhora ou queixas do paciente.

Após um curto período de tempo, todo mundo solicitava o "Doc", como me apelidaram. Minha reputação era tamanha que, sempre que alguém levava um tiro, era aconselhado a se certificar de que eu fosse chamado à enfermaria, pois, quando se tratava do cuidado de ferimentos de bala, ninguém era melhor do que eu. Mesmo se eu estivesse ocupado ou ausente, sempre que outra pessoa era designada, o baleado dizia: "Não, vou esperar o Doc." O mesmo acontecia com quem precisava trocar os curativos. Pelo visto, eu havia progredido bastante desde que coloquei um Kotex no meu machucado.

Uma das tarefas mais difíceis envolveu o acidente de uma van que transportava alguns colegas porto-riquenhos, todos fuzileiros navais, a caminho de Nova York para o fim de semana. Além da cena horrível, tive que ajudar a puxar os fuzileiros navais inconscientes e/ou bêbados para fora da van, com estilhaços de vidro por toda parte. Um dos caras, Dominguez, tinha tanto caco de vidro no rosto que precisei usar uma pinça para removê-los. Do contrário, ele teria ficado com cicatrizes horríveis, como um Frankenstein. Foi uma decisão minha, embora outros certamente optariam por suturá-lo sem retirar os cacos. Ele nunca esqueceu o que fiz, e fomos grandes amigos por um bom tempo.

Além de adorar o meu trabalho e sentir gratidão por ajudar as pessoas, era inspirador ver pacientes gravemente feridos se recuperarem. Era incrível perceber que alguns daqueles caipiras branquelos de repente deixavam de lado seus preconceitos. Muitos fuzileiros navais o chamariam de crioulo sem nem hesitar, mas, prostrados ali, com uma dor excruciante, incapazes de se mover, eles se transformavam e simplesmente diziam: "Não, vou esperar o Doc. Que horas ele chega?"

E ficavam à espera de um cara grande e negro como eu para ajudá-los a aliviar a dor em que se encontravam. Eles pareciam realmente mudados, não porque eu os havia mudado, mas porque mudaram a si mesmos ao desafiar as próprias crenças. Por sua vez, minhas próprias suposições sobre quem era diferente de mim foram desafiadas. Pela primeira vez desde

À Procura da Felicidade   137

que descobri que o mundo não era todo negro, comecei realmente a ver as pessoas como pessoas. Por baixo da pele, aprendi, somos todos iguais.

Fora da base, a tolerância ainda tinha um longo caminho a percorrer. Durante a tarefa de atender ao telefone na clínica cirúrgica, recebi muitas ligações parecidas com a de uma mulher que esbravejou: "Meu pé está quebrado. Meu pé está quebrado porque um crioulo de 115kg pisou nele."

"Ok, só pra ver se eu entendi, o seu pé está quebrado?"

"Sim", respondeu ela.

"Quebrou porque o homem pesava 115kg ou porque ele é um crioulo?"

"As duas coisas!", declarou.

Só de vez em quando eu encontrava esse tipo de pessoa cara a cara. Em uma viagem de fim de semana, eu e meu amigo Belo Willie — tão desprovido de beleza que fazia o tio Inseto parecer lindo — tivemos que abastecer em um posto de gasolina local antes de pegar a estrada. Belo Willie, que era de Aiken, Carolina do Sul, avisou que, longe da base, poderíamos nos deparar com certa hostilidade.

O posto de gasolina local não nos recebeu muito bem. Na verdade, assim que chegamos, uma velha branca magricela veio berrando em nossa direção com olhar ameaçador e uma espingarda de cano duplo: "Eu não vendo gasolina para nenhum crioulo! Uma vez vendi e ele tentou incendiar minha casa! Saíam daqui agora mesmo!" Eu nunca havia sofrido um preconceito tão descarado. Até Belo Willie ficou surpreso.

Devido ao meu ativismo na adolescência, eu sabia que a pobreza e o analfabetismo tornavam o racismo muito mais acentuado. E havia muitas pessoas pobres, tanto negras quanto brancas, que moravam perto da base, embora eu tivesse pouco contato com elas. Por agora pertencer a uma instituição, eu não precisava mais vivenciar aquela pobreza, o que me fazia querer ajudar, mesmo sem saber como.

Nesse ínterim, comecei a imaginar um futuro na profissão médica, além da Marinha. Naquele momento, Sherry Dyson não estava mais no primeiro plano, provavelmente porque nossa comunicação não era tão intensa quanto antes, embora ainda conversássemos. Mesmo assim, ela se encaixava na imagem de esposa de médico; e, toda vez que eu pensava nela segurando aquela camiseta na loja de excedentes do Exército-Marinha, realmente não conseguia visualizar um futuro sem ela. Mas por enquanto, já que eu tinha perdido a chance de namorar mulheres em terras estrangeiras, me dei permissão para curtir os prazeres da vida.

Um dos momentos marcantes foi uma viagem que fiz com três amigos para a Universidade Howard em D.C. No Crandall Hall, tivemos uma experiência incrível da coeducação universitária. Em um andar, ficavam os rapazes; no outro, as moças. Jovens e lindas garotas com a liberdade do início dos anos 1970. Quando chegamos ao dormitório e constatamos como era, dissemos, quase em uníssono: "Não vamos voltar para a Carolina do Norte!"

Ao ver todas aquelas belas garotas negras, decidimos nos ausentar da base sem qualquer permissão. Após gastar todo o nosso dinheiro, não tivemos escolha a não ser procurar a Patrulha Costeira. Recebemos a ordem de retornar a Camp Lejeune e nos deram US$50 para a viagem. Em um piscar de olhos, sumimos de novo. Jovens e tolos, a maioria com dezenove anos, não conseguíamos nos conter. Com todas aquelas irmãs em Howard, parecia que tínhamos morrido e ido para o céu! Finalmente, nos despedimos e tivemos que nos entregar à Patrulha Costeira. Dessa vez, não recebemos dinheiro; eles nos levaram direto para a rodoviária e nos escoltaram até o ônibus. Todos chegaram à base intactos, exceto o maluco do Haze, que entrou em uma briga e desapareceu pela terceira vez. Ao voltar, ele foi designado à cozinha, teve uma redução no salário e recebeu severas punições. Os outros dois caras não se deram tão mal, mas definitivamente sofreram algumas consequências.

Enquanto eu esperava a resolução do meu destino, a capitão-tenente Charlotte Gannon passou por mim com um olhar sério e se reuniu com os oficiais encarregados das punições disciplinares. Ela foi direto ao ponto, explicando: "Olha, esse garoto é meu braço direito. É o Gardner. Deixe-o em paz."

Fui poupado. Charlotte Gannon era influente e me protegeu. Assim que voltamos para a nossa ala, é claro, ela me avisou: "Gardner, nunca mais faça isso. Apenas cumpra suas obrigações e fingirei que nada aconteceu!"

A partir daí, consegui me manter na linha. Foi fácil depois que me mudei da base. Após conhecer um marinheiro chamado Leon Webb — destinado a ser um dos meus melhores amigos —, alugamos um trailer barato, percebendo que poderíamos cuidar das nossas próprias vidas e não arranjar mais problemas. Embora eu não tivesse carro, presumi que poderia pegar carona com Leon. Acabou sendo um pouco mais complicado, pois às vezes nossos horários não coincidiam e eu precisava arranjar carona com outras pessoas. Embora a Marinha nos fornecesse dinheiro extra para comida e suprimentos, perdemos o privilégio das refeições na base. Não pensamos que seria como a vida real, ou seja, que, quando o dinheiro acabasse, não teríamos nada para comer. Em uma noite memoravelmente fria — acredite, o frio era insuportável —, tudo o que tínhamos na despensa era uma lata de feijão e um ovo de avestruz. Leon e eu concordamos que foi o melhor ovo de avestruz que já comemos.

Por sorte, em algumas daquelas noites, eu era alimentado e aquecido por uma mulher dez anos mais velha, que morava fora da base, não muito longe do meu trailer. Ela cozinhava bem, tinha um carro e era fantástica na cama, uma garota muito excêntrica que me apresentava coisas novas. Não me incomodava o fato de existir outros homens em sua vida; pelo contrário, isso me possibilitava bancar o motivado aprendiz sem expectativas de relacionamento.

Certa noite, por uma infeliz falta de timing, quando começamos a entrar no clima, ouvi batidas fortes na porta — *bum, bum, bum, bum, bum!* — e alguém dizendo: "Abra! Abra agora!"

Ela ignorou, tentando retomar o que estávamos fazendo.

Bum, bum, bum, bum, bum! Aquele cara não iria embora.

Que saco! Parei e perguntei: "Quem é? Ele não vai sair da porta."

"Ah, é o Leon", respondeu ela.

Eu conhecia a voz do meu colega de quarto. Não era ele. "Leon?" Quem quer que fosse, estava me atrapalhando, então declarei: "Abra a porta. Vou expulsar esse imbecil."

"Não, não, você não vai querer fazer isso. É o *Leon*. Confie em mim, ele é boxeador."

"Qual *Leon*?"

"Leon Spinks!" Ela percebeu minha confusão e explicou: "O campeão peso-pesado da base!"

"Ah", anunciei. *Esse* Leon.

Leon Spinks!? Alocado em Camp Lejeune, no Corpo de Fuzileiros Navais, ele já era campeão de boxe na base e, após treinar para as Olimpíadas, conquistou o título de campeão mundial de peso-pesado.

Leon Spinks estava do lado de fora, bêbado, xingando, querendo entrar porque era a sua "vez". Como eu havia me enfiado naquela situação? Como sairia? Não, eu não arranjaria briga com Leon Spinks.

"Vou derrubar essa porta!", ameaçou ele, parecendo o Lobo Mau da história dos Três Porquinhos. Então, ele começou a bater e chacoalhar, tentando destruir o trailer.

Como sou uma verdadeira enciclopédia ambulante, graças aos meus longos dias passados em bibliotecas públicas, esquematizei a física daquela emergência e cheguei a uma solução que talvez tenha lido em algum livro ou visto em um episódio de *Os Três Patetas*. Quando ele corresse para derrubar a porta, antes que a atingisse, eu a abriria e *bang*! Ele passaria direto para dentro e eu teria tempo de fugir.

Tal como um relógio, cronometrei o tempo exato. Abri a porta e ele voou para dentro, colidindo com a mesa e com a parede. Nocaute. Já que ele estava bebaço, não exigiu muito esforço. Desmaiado no chão, Leon Spinks teria uma boa noite de sono. Minha anfitriã me mandou ir embora, não muito satisfeita por eu pegar seu carro emprestado, mas prometi deixá-lo na base.

Quando nos reencontramos, dessa vez na minha casa, ela falou que queria me amarrar. Comparado com a posição papai e mamãe que eu fazia com outras mulheres, aquilo era muito avançado. Mas, já que era eu quem sempre a amarrava quando ela pedia, fui convencido. Fazendo alguns nós intrincados, ela me prendeu na cama, espalhou talco no meu corpo e colocou um enorme bicho de pelúcia ao meu lado. "Apertei bastante. Tudo bem?", perguntou ela. Como estávamos apenas nos divertindo e considerei que seria rápido, não reclamei.

Lá estava eu, pelado, de pernas e braços abertos, todo coberto de talco e com um panda de pelúcia na cama. Fechei os olhos e esperei a sedução continuar. Nada aconteceu. Abri os olhos e ela havia sumido. Foi embora. Simples assim.

A única coisa que me restava era aguardar meu colega de quarto. Afinal, quem ouviria meus gritos? Talvez a locatária, mas eu não queria que ela me visse daquele jeito. Então, esperei durante horas, o que mais pareceu um dia.

Finalmente, ouvi o carro de Leon estacionando. Senti um breve desespero ao pensar que ele poderia estar acompanhado de Belo Willie, Haze ou, Deus me livre, uma mulher. Absolutamente imóvel, esperei para ver quem entraria com ele pela porta.

Do quarto, eu não tinha visão suficiente. Leon demorou uma eternidade, mexendo em algo na sala. Não aguentei mais e berrei: "Ei, cara, você pode vir aqui e me ajudar rapidinho?"

"Posso, só um minuto."

Vários minutos se passaram. "Não, cara, você tem que vir agora. Vai logo, me ajuda aqui."

"Tá bom, mas antes vou no banheiro, aguenta aí."

A caminho do banheiro, Leon apenas passou pela porta do quarto. Por fim, ele me encontrou naquela situação vergonhosa e começou a gargalhar, perguntando o que diabos eu estava fazendo com um bicho de pelúcia e o corpo cheio de talco.

Também tive uma crise de riso.

Depois que Leon misericordiosamente me desamarrou, nós rimos por três dias seguidos. Eu era o motivo da piada.

––––––

Um dos trabalhos mais difíceis e, ao mesmo tempo, proeminentes para qualquer médico em um hospital repleto de fuzileiros navais insensíveis é a proctologia. Certamente, é uma área que exige um conjunto de habilidades único e envolve princípios que podem ser aplicados em outros campos de atuação. Quem não se beneficiaria com a experiência de trabalhar cercado de bundões?

E assim, da ala de cirurgia geral à clínica cirúrgica, tornei-me o principal especialista em proctologia da base. Isso significava que, toda segunda-feira de manhã, todo bundão com algum tipo de problema aparecia na minha porta. Se o problema era hemorroida, trombose hemorroidária, abscesso anorretal, cisto pilonidal, qualquer coisa relacionada a reto, ânus e afins, eles me procuravam antes de ir ao verdadeiro proctologista. Após um tempo, os médicos me deixavam no comando e iam jogar golfe.

Sem problema. Cheguei ao ponto de conseguir drenar um abscesso e almoçar ao mesmo tempo. Não me incomodava. Minha expertise incluía qualquer tipo de aplicação ou troca de curativo, além de uma variedade de procedimentos para tratar pacientes com cisto pilonidal — basicamente um cisto na região do cóccix, que infecciona devido aos pelos dentro dele. Muito comum, esse cisto pode inflamar e ficar parecendo uma terceira nádega. Eu lancetava, drenava e fazia um curativo, certificando-me de que o pus havia saído e que a gaze estava devidamente colocada para absorver a secreção restante.

Coronéis full, que haviam conquistado todas as medalhas e condecorações, me procuravam com uma série desses problemas. Os oficiais que se consultavam com o médico raramente eram gentis comigo — embora eu fosse o responsável por colocá-los na cadeira de exames.

Um coronel estava posicionado na cadeira, com a bunda para cima, quando o médico entrou e disse: "Ok, vou deixá-lo aqui com o Gardner. Ele vai cuidar de você."

Isso, sim, era poder. O coronel estava totalmente vulnerável, com as nádegas abertas, e eu saí da sala, voltando alguns instantes depois com o anuscópio. De repente, ele se tornou meu melhor amigo, e foi um tal de "Doc" para cá, "por favor" para lá e "há algo em que eu possa ajudá-lo?".

Às vezes, recorrendo a um pouco de humor proctológico, eu dizia que o lubrificante havia acabado.

Os fuzileiros navais se transformavam em covardes: "Ah, Doc, não cara..."

Certa ocasião, quando o médico estava ausente, prescrevi supositórios para um coronel full. Ele ficou desconfiado. "Não se preocupe", afirmei, "vou cuidar de você. Use os supositórios e volte na segunda-feira".

Na segunda-feira, ele e a esposa exigiram falar com meu oficial superior. Ambos me olharam com desdém, como se dissessem: *Quem você pensa que é? Você não é um médico de verdade! E ainda por cima é negro!* Embora eu não soubesse o que tinha feito de errado, percebi que eles queriam me punir. Finalmente, o coronel vociferou: "Você não sabe o que diabos está fazendo! Você é perigoso! Não deveria estar aqui! Esses comprimidos fizeram tanto efeito quanto se eu tivesse os enfiado no traseiro!"

Precisei de todo o meu autocontrole para não cair na gargalhada. Ele havia tomado os supositórios por via oral. Esse coronel pilotava um jato de US$50 milhões e tomou supositórios retais por via oral. Sua bunda continuava doendo e ele ainda se perguntava por quê.

"Senhor," expliquei calmamente, "sabe esses comprimidos que tomou? Eles são feitos para uso retal, é assim que aliviam a dor e o inchaço".

É claro, depois que ficou de bunda para cima na cadeira de exames, sua atitude mudou e ele se tornou um covarde como todos os outros. O coronel também voltou atrás quanto à punição e, depois que sua dor diminuiu, ficou tão grato quanto o restante dos meus casos de sucesso.

Apesar da crescente autoconfiança que adquiri no Centro Médico da Marinha, crises de incerteza surgiam de tempos em tempos, sobretudo por saber que, em seis meses, meu tempo de serviço terminaria. Até então, com uma estrutura institucional que me proporcionava um salário de US$400, assistência médica gratuita e um sentimento de colaboração, eu não tinha preocupações. Mas, de repente, a dúvida do que fazer após esses seis meses começou a me atormentar, evocando o blues de um filho sem pai. Certo ou errado, pareceu-me que, se eu tivesse um pai, ele me daria uma orientação concreta. Meus tios, pais substitutos, haviam me encorajado a servir na Marinha. Mamãe tinha me dito que eu poderia ser bem-sucedido em qualquer coisa que decidisse fazer. O que sentiria meu pai, esse tal de Thomas Turner, de Louisiana — um nome que consegui arrancar de mamãe —, se soubesse que o filho que ele abandonou se tornaria médico? Será que teria vontade de me conhecer?

Alguns dos caras decidiram se realistar, outros resolveram voltar para casa e arrumar um emprego, pois estavam noivos e se preparariam para construir uma família ou já tinham esposa e filhos esperando por eles. Sem dúvida, isso era algo que eu queria alcançar um dia. Mas, independentemente de quão mundano eu achava que me tornaria, ainda havia uma parte de mim que se sentia frustrada por não conhecer outros lugares. No entanto, nesse início da vida adulta, se eu quisesse seguir uma carreira em medicina, precisaria me dedicar a anos de estudo e não teria tempo para viajar.

Certa tarde, na ala de cirurgia geral, muitas das minhas dúvidas foram solucionadas por uma proposta do Dr. Robert Ellis. Ele foi um dos médicos que me ofereceu treinamento após ouvir Charlotte Gannon me elogiar. Verdadeiramente brilhante, Dr. Ellis — ou Buffalo Bob, como alguns de nós, marinheiros, carinhosamente o chamávamos por ele ser intenso e só trabalhar na Marinha porque foi obrigado — havia feito seu treinamento no Texas Children's Hospital, em Houston, com dois dos cirurgiões cardiovasculares mais renomados do mundo, Dr. Denton Cooley e Dr. Michael Debakey.

Agora que seria liberado, Ellis me disse que iria a São Francisco para montar o próprio laboratório de pesquisa no Centro Médico da Universidade da Califórnia e no hospital do Departamento dos Assuntos de Veteranos.

Sabendo o quão merecida e entusiasmante era a sua conquista, eu o parabenizei de todo meu coração — com o perdão do trocadilho.

"E você?", perguntou ele, ciente de que eu tinha mais seis meses pela frente.

Dei de ombros, manifestando minha incerteza do que fazer depois. "Bem", afirmou o Dr. Ellis, de maneira um tanto quanto geral, "se você quiser arriscar na carreira de medicina, eu posso ajudá-lo".

Aguçei os ouvidos. Escutei com atenção enquanto ele descrevia o laboratório que estava montando e a vaga de assistente de pesquisa que precisava preencher.

"Você pode vir me ajudar", propôs, dando a entender que a vaga seria minha se eu quisesse. "Mas o salário é de apenas US$7.500 por ano."

Era bem mais do que eu ganhava na Marinha. Ainda não era um salário dos sonhos, mas eu teria a chance de ser treinado por um dos melhores médicos da área, em São Francisco — o lugar mais distante que eu poderia ir sem sair do país, o que faria eu me sentir em outra parte do mundo.

"Pense a respeito e me avise", disse ele.

Pensei por dois segundos e avisei Bob Ellis: "Pode contar comigo. Estarei lá."

Minha mãe, Bettye Jean Triplett née Gardner.

Eu quando era bebê.

Dia da formatura. Eu no centro com minha turma da Marinha, Companhia 208.

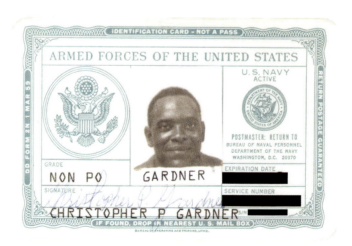

Minha carteira de identidade militar. Um jovem de dezoito anos ansioso para conhecer lugares exóticos.

Meu filho e eu desfrutando de entretenimento gratuito ao ar livre.

Chris Jr. dormindo. A calmaria antes da tempestade.

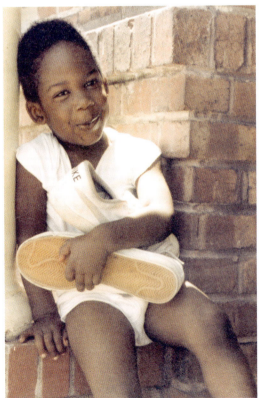

Chris Jr. se preparando para seguir o caminho do pai.

Chris Jr. finalmente em uma nova casa após um ano morando nas ruas.

Natal em São Francisco — Grilo Falante.

Cumprimentando o presidente Clinton na cerimônia do Prêmio Nacional de Professor do Ano, no Jardim das Rosas da Casa Branca.

Tio Henry, que me possibilitou amar um homem pela primeira vez.

Barbara Scott Preiskel:
minha mentora,
minha heroína,
minha padroeira.

Lado a lado com o grande Nelson Mandela.

No comando da minha própria empresa.
(Foto por Leonard Simpson)

Minha mente se concentra nos negócios, mas meu coração sempre está com meus filhos.

CAPÍTULO 7

Retratos de uma Vida

Enquanto eu admirava a Union Square, um empresário de meia-idade, usando óculos e segurando uma maleta, parou ao meu lado e disse: "São Francisco deve ser a Paris do Pacífico." Era a primavera de 1976 — alguns anos depois que eu havia começado a trabalhar com o Dr. Ellis na Universidade da Califórnia e no hospital do Departamento dos Assuntos de Veteranos.

Refletindo sobre o tempo que havia passado desde minha chegada à Região da Baía, comentei: "É, você tem razão."

É claro que, a essa altura, não muito depois do meu 22º aniversário, eu nunca tinha ido a Paris. Mas fiquei tão impressionado com essa observação que comecei a descrever meu novo território como a "Paris do Pacífico", uma frase que acabei tornando minha.

Aquele era um lindo dia. E um lindo dia em São Francisco é algo incomparável. O azul do céu — sem uma única nuvem — é o epítome de "céu azul". Nos parques, uma brisa quente fazia as árvores farfalharem, e, tal como eu, moradores e turistas passeavam pelas ruas sem nada melhor para fazer do que se maravilhar com aquela bela cidade.

Também era empolgante estar em São Francisco naquela época cultural e histórica. Mesmo que não fosse mais o auge dos hippies e do amor livre, na década de 1970, a cidade ainda era a Meca para um cara como eu, que havia sido o primeiro hippie negro dos Estados Unidos. Com as tumultuadas mudanças dos anos 1960, as evidentes conquistas do movimento pelos direitos civis, o escândalo de Nixon e o fim da Guerra do Vietnã, a era dos protestos foi substituída pela época das comemorações. Em nenhum outro lugar isso parecia mais verdadeiro do que na atmosfera livre, experimental e descontraída de São Francisco.

Após sair da Marinha, onde tudo girava em torno de disciplina, processo, ordem e estrutura, desfrutei da cidade que celebrava a individualidade e o não conformismo como se eu estivesse visitando um país estrangeiro. Meu local favorito tornou-se o Haight-Ashbury, o berço do sexo, drogas e rock 'n' roll, ainda agitado com boates, restaurantes, livrarias, tabacarias e um cenário colorido e vivaz.

Naquela época, a Região da Baía era o lugar ideal para explorar e experimentar, e eu estava na idade perfeita para ter experiências inéditas, conhecer novas filosofias, provar sabores diferentes e, assim, decidir que tipo de vida queria construir. À medida que me propiciou a descoberta dos aspectos externos do trabalho, dos relacionamentos e do dinheiro, esse período também me mostrou quem eu era internamente, minha essência, meu verdadeiro ponto de vista.

Não muito tempo depois que cheguei à Costa Oeste, esse fato tornou-se evidente quando alguns amigos me convidaram para uma palestra. Três de nós concordamos em participar por insistência de Bill, um vigarista extremamente articulado. Como éramos os únicos heterossexuais entre os moradores do prédio da ACM no Tenderloin, andávamos sempre juntos, para ir ao banheiro, nos barbear ou tomar banho. Éramos unidos, e se Bill, sempre inteirado, queria ir, achamos melhor comparecer também.

Mas não pude deixar de perguntar: "Qual é o tema?"

Ele me garantiu: "Chris, essa palestra vai mudar sua vida. Veja, cara, todos nós somos condicionados a agir de forma específica — por nossos pais, pela escola, pelo governo. É toda a lavagem cerebral capitalista que nos faz correr atrás de coisas materiais. Estou falando sobre autodeterminação, sobre acabar com o culto ao dinheiro."

"Então esse é o tema?", questionei, lembrando-o de que logo eu precisaria retornar ao trabalho.

"Esse é o problema", continuou Bill, "desejar coisas materiais, querer se tornar classe média, aspirar a ser burguês. Você acha que seu trabalho te define, certo? Não, cara, o que importa é quem você é, e não o que você faz".

Parecia interessante o suficiente. Mesmo assim, no que acabou sendo uma palestra intitulada EST, ministrada por um cara chamado Werner Erhard, ninguém explicava o que era ISSO. Na verdade, você precisava ter ISSO. Do contrário, deveria ser treinado para conseguir ISSO. E era necessário desembolsar uma boa grana para esse treinamento. Sentados no chão, de pernas cruzadas, em uma sala de quase cem pessoas, meus três amigos e eu trocávamos olhares de frustração enquanto Werner Erhard e seus tenentes se revezavam para gritar conosco, tal como nas Forças Armadas, e nos dizer como nossas vidas eram inadequadas e como tínhamos toda essa bagagem pela qual não nos responsabilizávamos. Como mudar? Precisávamos obter ISSO. Mas ninguém nos dizia o que era ISSO! Além do mais, eles não queriam que saíssemos sem conquistar ISSO. Nada de comer ou ir ao banheiro. Com meus três amigos, incluindo Bill, comecei a ficar irritado. Eu queria dizer *Olha, apenas explique o que é ISSO, pois talvez consigamos obtê-lo se soubermos do que se trata. Talvez até já tenhamos ISSO.*

Ocorreu-me que nem mesmo os palestrantes sabiam o que era ISSO. Ao chegar a essa conclusão, após cerca de uma hora ouvindo toda aquela ladainha, eu me levantei e finalmente expressei: "Sim, entendi o que é ISSO." Pouco antes de o exército EST interferir, acrescentei: "Foda-se ISSO. Foda-se ISSO, e fodam-se vocês, e foda-se aquilo."

Começamos a expor nossa opinião. "É, foda-se ISSO!", repetiu um dos caras. "ISSO não vale nada!", gritou outro. Bill berrou: "Não quero ISSO!" Terminei acrescentando: "Fiquem vocês com ISSO."

Sendo os únicos negros na sala, achamos que enfrentaríamos um conflito racial, mas logo a maioria das pessoas brancas começou a nos olhar como se dissessem *Ah, eles, sim, têm ISSO*. O caos se instaurou de vez quando um cara branco se levantou e se juntou a nós, afirmando: "É verdade! Foda-se ISSO!" Foi o estopim para sermos expulsos, pois definitivamente havíamos atrapalhado o esquema. Aquela experiência me mostrou que eu não precisava de outras doutrinas para me guiar. Mas Bill continuou sua busca.

Alguns anos depois, ouvi dizer que ele e a esposa se tornaram seguidores de um líder carismático que convenceu seu rebanho a entregar-lhe todas as suas posses mundanas e deixar os Estados Unidos para morar em Jonestown, na Guiana. Em novembro de 1978, eu ouviria a notícia de que Jim Jones havia persuadido mais de novecentos seguidores a ingerir cianureto em um suicídio coletivo. Bill era um deles. Essa tragédia me fez questionar como alguém tão esperto, capaz de desafiar o status quo, poderia adotar cegamente uma crença tão radical quanto a de Jonestown.

Parte do meu mecanismo de defesa era a necessidade de controle que me acompanhava desde a infância. Foi por esse motivo que continuei evitando o excesso de drogas e álcool naqueles anos experimentais. Claro que provei algumas coisas, como na vez em que usei um pouco de pó de anjo e tive que convencer a mim mesmo de que não poderia voar. Assim que o PCP surtiu efeito, fiz cem flexões de barra, usando um cano do meu prédio — um feito sobrenatural quando parei para pensar que na Marinha eu só conseguia fazer 25 flexões em um dia bom.

Quando olhei pela janela e tentei decidir qual seria o melhor local para aterrissar, algo sensato e sábio dentro de mim sugeriu: *Em vez de voar, que tal dar uma caminhada?*

Saindo do Tenderloin, caminhei sem parar, com facilidade, sentindo que flutuava pelas subidas e descidas, indo de uma ponte à outra. Magicamente, como se estivesse navegando e de repente desembarcasse, cheguei em Chinatown, bem no meio de um desfile suntuoso. Sem ser convidado, juntei-me à multidão, dançando na rua com todas aquelas pessoas fantasiadas e mascaradas, muitas segurando lanternas chinesas e figuras de papel machê. A maioria me olhava, confusa, com certeza se perguntando: *Quem é esse homem feliz? Ele não é chinês.*

Quando o efeito da droga começou a passar, eu me vi em um bar em North Beach, curtindo uma banda eclética, cujos instrumentos eram um tambor e uma gaita. Cara, pensei que eu estivesse no Carnegie Hall. O lado bom foi reconhecer o quão perigoso era ficar chapado daquele jeito. Por si só, a música pode ser uma experiência arrebatadora; no estado em que eu estava, foi simplesmente alucinante. Fiquei descontrolado! Quando chegou a hora de finalmente retornar ao Tenderloin, arrastei-me para casa sem muito esforço, ficando sóbrio rapidamente e concluindo que não usaria mais aquela droga.

A realidade era que, apesar de toda a minha exploração durante as horas de folga, meu foco principal era o trabalho no laboratório, para o qual o Dr. Ellis havia me contratado. Meu amigo Bill, que me levou à palestra EST, me acusou de ter aspirações burguesas, e era verdade — fui seduzido pela ideia de uma possível carreira na medicina. Se fosse um sonho ao qual eu estava disposto a me dedicar, Bob Ellis deposi-

152   Chris Gardner

taria grande confiança em mim, compartilhando seu conhecimento e apresentando-me um mundo inteiramente novo na pesquisa médica, diferente do mundo da Marinha em que trabalhei.

O projeto estava sendo conduzido em conjunto com o hospital do Departamento dos Assuntos de Veteranos — localizado na antiga reserva militar de Fort Mylie, em uma das extremidades de São Francisco, perto da ponte Golden Gate — e com o Centro Médico da Universidade da Califórnia, próximo ao Golden Gate Park e ao Keysar Stadium. No hospital do Departamento dos Assuntos de Veteranos, onde eu passava a maior parte do tempo, o objetivo era criar um laboratório — em uma antiga sala de cirurgia — que reproduzisse o ambiente em que o coração funciona durante a cirurgia de coração aberto. Especificamente, tentaríamos determinar qual concentração de potássio preservava melhor os fosfatos de alta energia nos músculos cardíacos. Faríamos uma série de experimentos com soluções de teor alto, baixo e mínimo de potássio, coletando amostras de tecido cardíaco ao longo do tempo e verificando os resultados. No fim das contas, concluiríamos que a solução de teor alto de potássio era mais propícia à preservação dos fosfatos de alta energia, o que transformaria os transplantes e as cirurgias cardíacas, além de influenciar a ciência cardiovascular. Para uma pessoa como eu, que absorvia tanta informação, esse trabalho era perfeito.

"Gardner", disse o Dr. Ellis em um dos meus primeiros dias de trabalho, "quero que você conheça Rip Jackson".

Virei-me e dei de cara com Rayburn "Rip" Jackson, que Ellis havia trazido de Jacksonville, Carolina do Norte. Tal como o Dr. Ellis personificava o jovem cirurgião brilhante — estatura e porte médios, óculos, calvo, nariz adunco, atento aos detalhes, entusiasmado e às vezes temperamental —, Rip Jackson tinha a intensidade de gênio médico cientista. Magro, baixo e barbeado, com cabelos brancos e pequenos olhos azuis penetrantes, ele estendeu a mão e me cumprimentou com um sotaque típico do interior da Carolina do Norte. "Prazer em conhecê-lo", afirmou, com um sorriso quase imperceptível, "ouvi muito sobre você, Gardner".

Meus instintos me diziam que Rip poderia ter sido um membro da Ku Klux Klan em sua juventude. Algo nele me fazia lembrar daquela velha que nos ameaçou com a espingarda no posto de gasolina. Ele não era tão extremista, mas, com o passar do tempo, certos comentários que deixava escapar confirmavam seu preconceito. Como havia trabalhado para muitos médicos judeus, ele aparentemente tinha o cuidado de não fazer comentários antissemitas. Mas, talvez por ter tido pouco contato com médicos negros, Rip não se censurava, por exemplo, ao ver um casal inter-racial no hospital. Ele balançava a cabeça em desgosto e dizia: "Acho que prefiro ver dois homens juntos do que um homem negro com uma mulher branca."

Curiosamente, devido à nossa relação amistosa, talvez ele não se importasse de fazer comentários assim na minha presença. De qualquer forma, desde o início, Rip percebeu que eu queria aprender com ele e que eu era rápido em alcançar ISSO, tratando-me com muito respeito. A princípio, ele permaneceria por um mês, treinando-me para supervisionar tudo o que o Dr. Ellis precisaria nos seis meses seguintes, e, depois, voltaria conforme necessário.

Apesar de seu preconceito, Rip Jackson era tão bom em construir um laboratório e me ensinar como gerenciá-lo que acabou conquistando o meu respeito. Mesmo não sendo um médico licenciado, sua experiência técnica se igualava à de um cirurgião de primeira linha, e ele me treinou nessa área altamente especializada para ajudar o Dr. Ellis no que fosse preciso. Nossas responsabilidades incluíam excisão do coração, cateterismo cardíaco, sutura, solicitação de equipamentos e suprimentos para anestesia, realização de biópsias em tecidos cardíacos de pacientes e análise dos resultados.

Além dos extraordinários ensinamentos de Bob Ellis e Rip Jackson, no laboratório, havia a genialidade de um terceiro cientista — um cara chamado Gary Campagna. Gary também não era formado em medicina, mas fizera para o Dr. Jerry Goldstein, um cirurgião vascular, o mesmo que Rip fazia para o Dr. Ellis. Nascido em São Francisco, Gary era engenhoso e descolado, um cavalheiro ítalo-americano. Ele me acolheu, ensinando-me a técnica e a importância da diligência. Agora eu percebia que não bastava saber o que se estava fazendo; era preciso ter mãos hábeis, o toque certo.

Gary usava frases memoráveis para enfatizar certas técnicas. No enxerto de veias, por exemplo, a precisão era obrigatória para, primeiro, controlar o fluxo sanguíneo — estancá-lo, basicamente, como uma torneira — a fim de excisar a parte onde iria o enxerto e, depois, suturá-lo sem quaisquer obstruções. No ambiente clínico, aprendi a determinar o corte para a excisão da artéria, o tipo de fio de sutura, o ponto a ser usado e o enxerto adequado. Gary me alertou sobre o manuseio brusco da veia, um erro muito comum: "Devagar, sem cutucar."

Gary, Rip e Bob Ellis me propiciavam ensinamentos equivalentes aos de uma faculdade de medicina, pelo menos nessa especialidade. À medida que eu refletia, imaginava que, assim que concluíssemos nosso trabalho e sobrasse tempo de buscar uma educação universitária, eu seria um excelente candidato para qualquer faculdade da Ivy League. A expectativa era entusiasmante. Eu realmente conseguiria? Poderia chegar tão longe? As palavras de mamãe ecoaram — *Se quiser, você pode.*

A empolgação não vinha apenas do status e do dinheiro que a carreira de cirurgião prometia. Para mim, vinha também do desafio, da busca por conhecimento, da oportunidade de me concentrar em algo que exigiria o mesmo esforço de aprender uma língua estrangeira. Comecei a perceber que havia uma linguagem específica para todas as coisas e que a capacidade de aprender a linguagem de uma área — fosse música, medicina ou finanças — poderia ser utilizada para acelerar o aprendizado em outras áreas. A linguagem científica era interessante — não apenas as palavras e os significados médicos, mas o estilo da escrita, com seu ritmo premente e sua precisão em descrever fenômenos e processos. Essa compreensão do processo — como passar de um ponto a outro — foi o que me fisgou e me fez querer aprender mais. Com minha motivação e curiosidade natural, o aprendizado parecia fácil.

Assim que aprendi a linguagem, as portas do hospital do Departamento dos Assuntos de Veteranos e do Centro Médico da Universidade da Califórnia literalmente se abriram quando o Dr. Ellis me levou para conversar com seus renomados colegas médicos. No ambiente de trabalho, poucos percebiam que eu não havia cursado medicina, muito menos que não tinha curso superior e que mal havia completado o ensino médio. Claro, em alguns momentos, eu sentia falta de uma instrução formal, mas descobri que, em vez de fingir saber algo, era melhor perguntar: "Não estou entendendo, você pode explicar?", e a maioria dos médicos se mostrava mais do que disposta em esclarecer.

Com o tempo, Bob Ellis adquiriu tanta confiança na forma como eu conduzia nossa pesquisa que me tornei coautor de seus muitos artigos sobre a preservação de fosfatos miocárdicos de alta energia — artigos publicados em várias revistas e livros de medicina. Mesmo alguns graduados da Harvard Medical School não tinham tantas publicações quanto eu.

"Onde você cursou medicina?" era uma pergunta constante, principalmente por parte dos residentes que trabalhavam com o Dr. Ellis e o Dr. Goldstein. Ellis ficava perplexo ao ver que muitos dos residentes em cirurgia tinham pouca noção prática. Eles careciam de mãos hábeis e desconheciam os comandos ou os procedimentos. Alguns não sabiam nem manejar os instrumentos. Em vez de desperdiçar seu tempo explicando esses conceitos básicos, Ellis pedia que eu os ensinasse. De repente, todas aquelas perguntas que eu fazia — "Como se chama isso?"; "Como você faz isso?"; "Por que você faz isso?"; "Você me mostraria?"; "Tudo bem se eu tentar?" — estavam sendo respondidas por mim.

Os residentes eram inteligentes e sabiam anatomia, fisiologia, biologia e química. Mas apenas alguns tinham mãos hábeis. Muitas vezes eu parecia tão intenso quanto o Dr. Ellis, Rip e Gary juntos. Durante testes que envolviam cirurgia de coração aberto em cães, era enlouquecedor testemunhar o manuseio brusco, como costumava ser o caso, das artérias e dos órgãos frágeis do paciente canino. No meu laboratório, como o Dr. Ellis o chamava, eu era livre para dizer: "Não aperte. Pressione gradualmente."

Quando um residente me dava um olhar do tipo *Quem você pensa que é para me dizer o que fazer?*, eu me tornava ainda mais inflexível, levantando a voz e reiterando: "Não é assim. Você não está mexendo no motor do seu carro."

Talvez fosse preconceito, dado o fato de que os residentes, todos homens brancos oriundos da Ivy League, tinham que ouvir um cara negro sem diploma de medicina dizer: "Não! Nada disso. Me dá essa tesoura!" Mas o que realmente parecia irritá-los era a obrigação de me obedecer. O Dr. Ellis deixava claro para cada residente: "Este é o território de Gardner. O que ele disser está certo. Quem manda é ele."

Minha sensação era que, se alguém quisesse aprender ou estivesse disposto a tentar, eu me esforçaria para contribuir. Mas alguns residentes eram tão arrogantes que rejeitavam minha ajuda, algo evidenciado não por suas palavras, mas por sua linguagem corporal. Nessas situações, eu só precisava dizer ao Dr. Ellis: "Sabe de uma coisa? Não estou conseguindo ajudar aquele tal de Steve." Pronto, resolvido. Depois disso, eu nunca mais via o residente. Às vezes, eu era ainda mais específico: "Aquele tal de Richard não quer me ouvir. Não me faça perder mais tempo, peça para que ele não volte ao meu laboratório." O Dr. Ellis apenas assentia, respeitando minha opinião e admirando meu ímpeto, semelhante ao dele.

Os residentes em cirurgia vascular, supervisionados pelo Dr. Goldstein, representavam um dos meus desafios mais difíceis, pois demonstravam certa relutância quando eu questionava a falta de diligência, lembrando-os das palavras de Gary Campagna: "Devagar, sem cutucar."

Certa vez, um residente indignado interpelou alto e bom som: "Quais são as suas qualificações?"

Fui curto e grosso: "Não tenho diploma, mas este é o meu laboratório. Você foi convidado. Você é uma visita. Estou fazendo meu trabalho. Terei o maior prazer em ajudá-lo, mas você precisa me ouvir."

Em certos casos, suas expressões de ressentimento revelavam que aquela era a primeira vez que se submetiam à autoridade de uma pessoa negra — eles nunca tinham visto um negro no comando. Alguns conseguiam superar esse obstáculo; outros não. De minha parte, precisei aprender a não levar para o lado pessoal algumas das atitudes arrogantes, assim como não considerava minha posição de autoridade um favor pessoal de meus mentores. Eu me apegava à lição que mamãe me ensinou quando eu era mais jovem: reivindicar sua legitimidade só depende de você, de mais ninguém.

Antes de partir para a Marinha, pedi desculpas à mamãe, pois achava que ela ficaria mais orgulhosa se eu cursasse uma universidade. Mamãe me surpreendeu ao dizer: "Rapaz, é melhor ter um diploma divino do que um diploma universitário. Se receber um diploma de Deus, você não precisa de nenhum outro."

Na língua de minha mãe, isso não significava um conhecimento aprofundado da Bíblia. Na verdade, ela estava falando sobre autoconhecimento, sobre um sistema de crenças autêntico, um senso interior inabalável. Algumas pessoas podem questionar sua experiência, suas qualificações, seus diplomas. Outras podem fazer de tudo para menosprezá-lo. Mas elas não podem atingir a sua essência. Esse é o seu valor, quem você realmente é, sua verdadeira formação, aquela que você sempre carrega, aquela que não pode ser manipulada ou afetada. Sem esse senso de identidade, nenhum diploma, nenhuma linhagem, nenhuma qualificação é capaz de torná-lo legítimo. Independentemente de qualquer coisa, o primeiro passo é sentir-se legítimo.

Naquele período, eu me identificava bastante com o ponto de vista da minha mãe, não apenas por ser questionado, mas por me questionar. Em algumas reuniões, com mais de cem médicos presentes — alguns deles gênios da medicina —, eu olhava ao redor e percebia que era o único negro. Mas, se não era um problema para mim, não precisava ser um problema para os outros. Minha cor de pele integrava a minha essência, porém, quanto mais confortável e seguro eu ficava com minha expertise, menos minha cor de pele me definia ou me distinguia e mais à vontade eu me sentia com pessoas brancas que eram superiores ou inferiores na hierarquia. O que me distinguia era meu conhecimento, o domínio da pesquisa que Robert Ellis estava fazendo. Essa consciência me deu a certeza de que eu poderia ter sucesso na área, e ter sucesso era tudo para mim. Por essa razão, eu estava disposto a persistir por um longo período, mesmo que levasse quinze anos para eu me tornar médico. Valeria a pena, do mesmo modo que o esforço de estudar e aprender também valia, dia após dia, repetindo os testes, como um ferreiro que forja o metal quotidianamente.

Havia apenas dois problemas no horizonte — dinheiro e sexo. Embora o Dr. Ellis continuasse aumentando meu salário, até cerca de US$13 mil por ano no início de 1976, ele não poderia extrair muito de seu orçamento geral para o projeto. Mesmo para alguém disposto a abdicar de qualquer luxo, São Francisco tinha um custo de vida alto. Acredite, meu apartamento na Rua Turk, nº 381, no Tenderloin — mesmo bairro da ACM —, definitivamente era um muquifo. Meu salário era contado, ainda que eu não pagasse parcelas de carro ou seguro. Como não sobrava dinheiro para comprar um carro, eu ainda não tinha carteira de motorista, embora soubesse dirigir e às vezes realizasse serviços com a van do hospital. Logo eu precisaria arranjar um segundo emprego, ocupando todo o tempo livre para uma possível vida social.

Eu conseguia lidar com a incessante crise financeira, mas a interrupção repentina da minha busca até então satisfatória pelo sexo oposto era intolerável. O que estava acontecendo? Em uma cidade como São Francisco, repleta de lindas mulheres solteiras, eu não conseguia entender meu fiasco. Não que eu quisesse me apaixonar, mas o que eu realmente queria — transar — não estava dando muito certo. Comecei a sair com uma médica, uma das poucas mulheres afro-americanas do hospital. Ela era atraente, esperta e ambiciosa, mas tímida em relação a sexo. Nunca tivemos química.

No hospital, havia outra mulher negra em que todo mundo estava interessado. Meiga e curvilínea, com cabelos longos e um belo rosto, ela finalmente aceitou meu convite para ir ao cinema. Após vários encontros, ela me chamou para entrar em sua casa, mas, em uma cruel reviravolta do destino, eu estava tão cansado naquele dia que deitei na cama e imediatamente caí no sono.

Só sei que essa linda mulher se sentiu desprezada, me acordou e apontou para a porta. Desolado, me levantei, pedindo desculpas.

Quando saí, uma rajada de vento me atingiu com desdém. "Está muito frio aqui fora", comentei, esperando que ela mudasse de ideia.

"Que pena!", retrucou ela, "Aqui dentro está quente". E bateu a porta na minha cara.

Essa era a triste situação da minha vida extracurricular naquele lindo dia de primavera memorável, quando eu admirava a Union Square e o empresário de meia-idade comentou sobre São Francisco ser a Paris do Pacífico.

Como o fim de tarde estava próximo, seu convite não foi nada incomum: "Ei, vou ali tomar uma bebida. Quer ir comigo?"

Ainda que eu não bebesse muito, pensei *Por que não?* Ainda estava conhecendo a cidade e não sabia onde as mulheres costumavam se reunir, então o acompanhei com entusiasmo. O bar, um lugar chamado Sutter's Mill, não era um local frequentado por mulheres. De fato, quando entramos, tentei perscrutar o ambiente escuro e vi apenas homens. Dois deles estavam em um canto, se beijando. Dei-me conta de que era um bar gay.

"Sabe", afirmei, como se tivesse acabado de conferir o relógio, "preciso trabalhar amanhã cedo. Foi ótimo conhecê-lo, mas tenho que ir".

Antes que ele pudesse dizer uma palavra, fui embora.

Não foi a primeira vez que um gay me paquerou em São Francisco. Nunca me importei de explicar que não jogo no mesmo time. Na verdade, em comparação com as atitudes na Marinha, considero-me extremamente tolerante. No entanto, com meu blues de um homem sem mulher, eu nem sequer fui simpático.

Incapaz de estabelecer um relacionamento em São Francisco, acabei telefonando para Sherry Dyson, minha ex-namorada das ligações interurbanas, uma mulher que habitava meus pensamentos desde a primeira vez que a vi segurando a camiseta na loja de excedentes do Exército-Marinha. Naquela época, depois de finalizar a pós-graduação, ela retornou à Virgínia e começou a trabalhar como especialista em educação matemática. Além de nosso contato regular por telefone, Sherry me visitava algumas vezes, embora nenhum de nós indicasse que a relação deveria ficar mais séria.

Então, certa noite, enquanto conversávamos, ocorreu-me que ninguém me entendia como Sherry, que ninguém mais dizia: "Chris, você só fala besteira" quando eu me gabava e que ninguém mais se encaixava na vida que eu me esforçava tanto para conquistar. Em um ímpeto romântico, quase que falando comigo mesmo, mudei de assunto e perguntei: "Certo, então quando vamos nos casar?"

Sem nem hesitar, Sherry respondeu: "Que tal 18 de junho?"

Foi o fim da minha jornada de explorar e experimentar. Sem ter certeza do que eu tinha acabado de fazer, me despedi do blues de um homem sem mulher e me preparei para adentrar a instituição do casamento.

––––––

Nos três anos seguintes, vivi o que poderia ser chamado, em alguns aspectos, de um conto de fadas. O casamento, ocorrido em 18 de junho de 1977, conforme planejado, foi como um sonho: lindo, elegante e realizado em um parque próximo à casa dos pais de Sherry — um lugar que, para mim, tornou-se sinônimo de estabilidade e segurança.

Mamãe estava lá, cheia de orgulho. Ela e Sherry se adoravam desde o início. Meu amigo da Marinha Leon Webb, prestes a mudar para São Francisco, foi meu padrinho, e ele não poderia estar mais feliz por mim. Todos nós ficamos impressionados com a casa dos Dyson, que parecia ter saído de uma revista — primorosamente decorada com o típico charme sulista, obras de arte raras, lustres em todos os cômodos, comida gourmet em abundância e um bar com vinhos e destilados importados.

O estilo de vida dos Dyson representava o ideal de lar com o qual eu sonhava desde criança, quando assisti a O *Mágico de Oz*. Por um tempo, até sonhei em me mudar para o Kansas quando crescesse por causa daquela impressão de segurança e serenidade. Em Oz, havia bruxas, macacos voadores e a mesma sensação de insanidade iminente que havia em nossa casa. No Kansas, as pessoas eram normais e gentis, e não existia a angústia da incerteza, de não saber se conseguiria chegar ao orelhão, se a polícia viria a tempo, se sua mãe e suas irmãs seriam mortas.

Sem dúvida, parte da minha atração por Sherry se originava do desejo de pertencer ao seu mundo — um mundo no qual ela era a amada filha única, morando sempre na mesma casa, com a mãe e o pai juntos, o apoio incondicional, sem a desordem e a violência que afligiram minha infância. Seus pais não pareciam se importar com o fato de o meu mundo ser diferente e foram muito gentis ao me receberem em sua família. Certamente, tal como Sherry, eles perceberam meu potencial e meu esforço para ser médico, mesmo que ainda houvesse um longo caminho a percorrer.

Ainda assim, desde o instante em que pedi Sherry em casamento, passei a ter dúvidas sobre a minha decisão, as quais atribuí ao típico nervosismo pré-cerimônia.

Em São Francisco, o Dr. Ellis foi a primeira pessoa a quem contei sobre o noivado. Se eu queria alguém para me fazer repensar, Robert Ellis não era essa pessoa. Genuinamente feliz por mim, ele me emprestou os cem dólares que eu precisava para comprar um terno e, então, me chocou ainda mais ao sugerir: "Tire um dia extra de folga." Para um cara tão obcecado por trabalho quanto Buffalo Bob, isso era inédito.

Minha parada seguinte foram as joalherias na Market Street, onde milagrosamente encontrei um solitário por US$900, o qual comprei parcelado. Era clássico, com pequenos pontos de diamante em formato de flor e um aro de ouro branco. No avião, a caminho da Virgínia, com o anel de diamante no bolso, eu estava tão ansioso que o apalpava a cada cinco minutos para me certificar de que não havia sido misteriosamente roubado. Foi a coisa mais bonita que já comprei para alguém, e eu tinha certeza de que Sherry gostaria.

Quando cheguei, assim que nos abraçamos, minhas dúvidas se dissiparam. Compartilhávamos uma conexão profunda, sentíamos conforto um com o outro e nutríamos um imenso carinho, e era isso que importava. Ver Sherry organizar o casamento me fez admirá-la ainda mais. Ela cuidou dos preparativos, seu pai bancou tudo, e eu só precisava comparecer. Eu adorava como ela se portava, a confiança, a inteligência, o humor, a vivacidade que encantava todos ao seu redor. Ela tinha uma beleza única e pernas maravilhosas. Eu admirava sua personalidade forte e suas opiniões claras sobre o que gostava ou não. Portanto, não me incomodei quando Sherry demonstrou pouco entusiasmo pelo anel.

"É lindo!", assegurou. "Só não é o tipo de lapidação que imaginei."

Eu não fazia ideia do que isso significava, mas queria satisfazer seus desejos, então combinamos de trocar o anel assim que voltássemos a São Francisco. Pelo visto, ele poderia ser de zircônia, e não de diamante. Ensinar-me as coisas boas da vida era outra característica que eu apreciava em Sherry. Ocupados com as festividades, em meio a todo aquele alvoroço, só tivemos a chance de ficar sozinhos como recém-casados na manhã seguinte, após um brunch de despedida. Não conversamos muito, mas sentimos a realidade finalmente se instaurar.

Provavelmente, ela também estava se perguntando se tínhamos feito a escolha certa.

Não obstante, com nossa vida conjunta pela frente, colocamos todos os pertences de Sherry em seu Datsun B210 azul e pegamos a longa estrada para São Francisco. Embora minha sogra tenha me feito tirar a carteira de motorista enquanto estava em Richmond, Sherry dirigiu a maior parte do tempo. Apesar do calor de verão que nos assolou por toda a Interstate 80, da falta de ar-condicionado no Datsun e dos meus cochilos frequentes, colocamos os assuntos em dia e fizemos planos, o que tornou a viagem um pouco menos árdua.

Como Sherry já havia me visitado no Tenderloin, a atmosfera decadente não a surpreendeu, mas ela foi categórica ao afirmar que nos mudaríamos da Rua Turk o mais rápido possível. Em um piscar de olhos, Sherry conseguiu um emprego como corretora de seguros e, pouco depois, me recebeu com uma notícia entusiasmante: "Encontrei um lugar no Hayes. Fiquei apaixonada. É no terceiro andar de um prédio sem elevador, tem piso de madeira, janelas salientes e portas duplas!"

Aquela situação ainda era estranha para mim, mas, se fazia Sherry feliz, eu ficava feliz. A área era conhecida como Hayes Valley e tinha uma comunidade negra vibrante, sem mencionar que não era nada parecida com o Tenderloin. Ao nos mudarmos, adentramos uma fase de adaptação, e Sherry transformou nosso novo apartamento em um ambiente aconchegante e acolhedor. Ela conseguiu fazer milagre com nosso orçamento — vasos de plantas como Ficus benjamina e tradescantia adornando prateleiras e pendendo do teto, uma bela cama em metal, uma cadeira de balanço de vime, um sofá estiloso, peças de jantar e utensílios de cozinha novos. Assim como Sherry, eu estava disposto a transformar nosso apartamento em um lar.

Sherry era uma cozinheira de mão cheia. Cara, ela sabia fazer soul food, incluindo o melhor frango frito do mundo, massas de todos os tipos e pratos gourmet que ficavam à altura dos grandes chefs de São Francisco. Ela sempre criava as próprias receitas. "Lembra-se daquele prato no restaurante vietnamita?", dizia ela. "Vou tentar fazer algo parecido." E o resultado era ainda melhor.

Nosso status progrediu um pouco mais quando, certa noite, Sherry me recebeu na porta e anunciou: "Você precisa ver o lugar que encontrei em Baker. Fica em um daqueles edifícios vitorianos que eu estava de olho. Chris, você vai adorar! Tem cinco cômodos e ótima luz solar."

Eu apenas ri e concordei com o plano, pensando não apenas no quanto ela gostava de recriar em São Francisco a vida que tinha na Virgínia, mas também no quanto eu era sortudo por ela estar me ensinando, enriquecendo meu senso de cultura e estilo. Sherry não estava apenas me dando uma noção do que era um edifício vitoriano, algo que eu nunca soube, mas me apresentando um estilo de vida que incluía teatro, comédia e encontros sociais com conversas intelectuais e fascinantes. Em minhas poucas noites de folga, íamos a clubes de comédia para ver grandes talentos como Richard Pryor ou a jantares com pessoas sérias e criativas na casa do primo de Sherry, Robert Alexander, um escritor. Nesses jantares, eu sempre interagia com o mesmo grupo de três caras, muito espertos, descolados e ativos nas artes — Barry "Shabaka" Henley, Danny Glover e Samuel L. Jackson. Mal sabia eu que eles se tornariam famosos atores de cinema e teatro.

Porém, após alguns anos, mesmo quando nosso retrato de um casamento feliz parecia um desejo compartilhado, comecei a enfrentar uma profunda sensação de ausência. Se eu tivesse expressado meus sentimentos ou me esforçado para resolver o que não estava funcionando, teria sido muito melhor do que ignorar e fugir dos problemas.

Alguns desses problemas se originavam das discrepâncias entre nossos mundos e entre nossas preferências. Sherry gostava dos melhores restaurantes do Fisherman's Wharf; eu gostava do ambiente contracultural do Haight. Para mim, os melhores restaurantes eram previsíveis; para ela, a descontraída atmosfera hippie do Haight era extravagante demais. Bastante conservadora, Sherry frequentava a igreja episcopal. Essa mentalidade era diferente da que aprendi, a da igreja batista. Os episcopais me lembravam dos católicos, sempre fazendo ginástica — levantando-se, ajoelhando-se, levantando-se, ajoelhando-se, enquanto recitavam frases em uníssono. Eram discretos, dignos, submissos. Expressar sentimentos não parecia adequado. As lágrimas eram enxugadas ou simplesmente reprimidas. A igreja batista, onde as pessoas gritavam à vontade, era o oposto. Não havia comparação. Na igreja batista que frequentávamos, quando minha irmã mais velha e eu acompanhávamos a tia TT, as pessoas cantavam, dançavam, choravam, falavam em línguas, dialogavam com o pastor e Deus ao mesmo tempo, e recebiam o Espírito nas formas mais dramáticas possíveis. As mulheres erguiam os braços, gritavam e desmaiavam! Homens pulavam e berravam! Todo domingo alguém precisava sair carregado. Quando criança, eu não entendia o que estava acontecendo, mas era emocionante e real. E também fazia muito calor. As igrejas episcopais eram arejadas, mal se via uma gota de suor. Na igreja onde cresci, você ficava encharcado. Os ventiladores não faziam nem cócegas.

Claro, eu gostava de ir à igreja com Sherry, pois isso ampliava minhas perspectivas. Mas faltava certa intensidade, certa agitação. No fundo, eu estava começando a encarar a verdade de que não queria apenas retratos de uma vida, fosse como médico, fosse como marido. Sherry devia ter preocupações semelhantes, sobretudo quando passamos a receber vários hóspedes em nossa casa.

Quando meu melhor amigo, Leon Webb, chegou a São Francisco para trabalhar em radiologia, uma profissão que iniciou na Marinha, tudo correu bem, embora ele tenha ficado em nossa casa por três ou quatro meses. Sherry e Leon tinham uma relação amistosa. Mas, quando Garvin, meu amigo de infância, hospedou-se conosco por um tempo, eles se desentenderam. A casa também era dela, então precisei incentivá-lo a encontrar outro lugar, o que infelizmente prejudicou nossa amizade. É claro que, se as coisas estivessem ótimas com Sherry em outros aspectos, não teria sido um problema.

O verdadeiro impasse, que levei uma eternidade para admitir, era a nossa vida sexual. Nós nos amávamos profundamente. Nós nos admirávamos e torcíamos pelo sucesso um do outro mais do que qualquer pessoa. Mas nossa vida sexual era morna, previsível, tranquila. Nada inovadora. Eu queria compensar o fato de não ter viajado ao redor do mundo e conhecido todas aquelas mulheres estrangeiras e exóticas. Eu havia tido uma ou duas experiências ousadas e queria mais. Porém, em vez de expressar meus desejos ou tomar a iniciativa, eu me distanciei.

Talvez estivéssemos condenados ao fracasso desde o início. Afinal, construímos nosso relacionamento amoroso por meio de telefonemas e cartas, sempre com aquela música-tema de *Verão de 42* tocando ao fundo. No começo, era entusiasmante ser o homem mais jovem com a mulher mais experiente, formada na universidade. Agora eu esperava que ela apimentasse a relação. Mas ela não sabia disso, e eu não sabia como sair da rotina.

Ironicamente, o lar seguro e estável que eu queria desde a infância acabou sendo muito organizado, muito metódico, muito rígido. Mais tarde, ao analisar a situação, pude perceber que passei de uma instituição, a Marinha, para outra, o casamento, sem nem sequer uma pausa. Na época, não refleti, apenas concluí que talvez tivesse aprendido a clássica lição: *Cuidado com o que você deseja, pois pode se tornar realidade!*

Obviamente, eu tinha sérios conflitos internos sobre o que realmente era uma vida boa para mim. Essas dúvidas foram deixadas em segundo plano quando Sherry engravidou, algo que era, ao mesmo tempo, empolgante, diferente e assustador. Em vez de questionar meu casamento, coloquei essas dúvidas em segundo plano e, pela primeira vez, passei a me perguntar o quanto eu estava comprometido com a ideia de me tornar médico. Meu salário era de 16 mil dólares por ano, mas não seria o bastante para sustentar uma família e pagar a minha faculdade. Então arranjei um segundo emprego.

Antes de completar o primeiro trimestre de gravidez, Sherry sofreu um aborto espontâneo. Ficamos arrasados, mas nos resignamos. Como eu já havia reconhecido a necessidade de ganhar mais, permaneci no segundo emprego, trabalhando como guarda à noite e nos fins de semana, o que era bem tranquilo. Quer dizer, isso até que precisei cobrir um turno no píer, vigiando um velho navio inutilizado. Com nada além de uma lanterna, assumi meu posto em uma cadeira, assustado com os rangidos de filme de terror, mas exausto demais para ficar acordado. Voltei à consciência ao sentir algo arranhar a minha perna. Primeiro, achei que fosse um daqueles gatos que habitavam meus pesadelos sobre a casa da bruxa em Milwaukee. Quando senti outro arranhão, olhei para baixo e vi um rato do tamanho de um gato, com a mandíbula aberta, pronto para me morder. Juro por Deus, apesar do meu tempo na Marinha, eu nunca tinha entrado em um navio, então não sabia que havia ratos e que eles pudessem ser tão grandes. Gritando a plenos pulmões, pulei da minha cadeira. O rato guinchou e correu, e eu também corri, um para cada lado. Foi o bastante para encerrar meu período como guarda.

Daí em diante, comecei a fazer alguns bicos nas minhas horas de folga — pintava casas e trabalhava para empresas de mudanças.

Embora não dissesse nada, Sherry deve ter notado que eu estava passando menos tempo em casa, não apenas por causa desses trabalhos extras, mas porque queria fazer coisas diferentes. Em algumas noites, eu ia sozinho ouvir música na Haight Street; às vezes, saía com alguns caras que conheci no bairro para assistir a jogos de futebol americano, fumar maconha e passar o tempo. Sherry não simpatizava muito com esses caras, principalmente com os que ganhavam dinheiro de uma forma duvidosa. Em um dos meus atos velados de rebelião contra toda aquela vida sistemática, cheguei ao ponto de tentar conseguir uma renda extra com alguns negócios escusos. Além do fato de ser um fracasso total, quase fui morto quando uns gângsteres armados reivindicaram um dinheiro que eu não tinha. Acabei conseguindo a grana bem rápido. Eram apenas trezentos dólares, mas, para um garoto do gueto como eu, entregar esse dinheiro foi doído. Quando alguns de meus amigos me convidaram para participar de uma fraude de seguros, recusei educadamente.

Minha breve vida de crime acarretou a gratidão pelo que eu tinha em casa e no trabalho. Também me ensinou o importante princípio de que não existe dinheiro fácil. O jeito era forjar o metal quotidianamente. Mesmo assim, era frustrante não ter conseguido comprar um carro depois de cinco anos. O Datsun B210 de Sherry ainda era nosso único meio de transporte compartilhado, mas, felizmente, tínhamos o excelente sistema de transporte público de São Francisco. E eu também ia para o trabalho de carona com minha amiga Latrell Hammond.

Todas as manhãs, quando eu entrava em seu velho Ford Falcon verde-limão, ano 1961, ela dizia: "Chris, me escute", iniciando algum conselho novo e, geralmente, útil. De personalidade forte, Latrell tinha o dom da eloquência e era uma das mulheres mais tagarelas e intensas que já conheci, com a capacidade de lhe vender qualquer coisa, incluindo os sapatos que você estava usando no momento.

Nossa relação se restringia à amizade. Latrell e Sherry eram próximas, então ela queria que nosso casamento desse certo. Entretanto, considerando sua direção agressiva, às vezes eu me perguntava se ela queria que eu sobrevivesse. Quando chegávamos atrasados no trabalho — e Latrell sempre estava atrasada —, devido à sua eloquência, ela conseguia contornar a situação. No carro, enquanto eu tentava acompanhar sua linha de raciocínio e nós dois deslizávamos pelos bancos sem cinto de segurança, Latrell tagarelava, passava maquiagem, tomava café, fumava e acelerava para não perder o sinal verde, tudo ao mesmo tempo.

Ela fingia nem ouvir quando eu dizia em voz alta: "Oh, meu Deus, por favor, não me deixe morrer neste Ford Falcon verde-limão."

Se pegássemos todos os sinais verdes, chegávamos ao trabalho em quinze, dezesseis minutos. Não era um tempo bom quando já se estava atrasado. Porém, às vezes tínhamos o azar de pegar um sinal vermelho. Notavelmente, embora eu nem me incomodasse em dar explicações a uma sala cheia de residentes me esperando, em seu departamento, Latrell inventava uma desculpa mirabolante todos os dias, e seus superiores nunca a questionavam.

Sherry era o oposto, sempre organizada. Houve uma única manhã em que ela saiu de casa atrasada. Nesse mesmo dia, quando voltou do trabalho, ela admitiu que algo estava errado.

Teríamos a conversa que eu tanto esperava e temia? "O que está errado?", perguntei.

"Acho que algo está errado com meus tornozelos."

"Seus tornozelos?"

"Andei de um jeito estranho o dia todo", explicou ela. "Não sei o que está acontecendo."

Como eu era curioso, sugeri: "Deixe-me dar uma olhada." A princípio, não vi nada. Então percebi, aos risos, que ela havia se tornado uma vítima de sua grande coleção de sapatos. Sherry os organizava em um cesto em nosso quarto. Mas, de alguma forma, na pressa de chegar ao trabalho a tempo, ela pegou pés de sapatos diferentes.

Ao se dar conta, ela também caiu na risada. Esse deslize era atípico para alguém como ela, cuja rotina costumava ser metódica.

Pouco tempo depois desse incidente, uma apresentação de Richard Pryor ilustrou o meu grande desejo de inovar nossa vida sexual. Ele estava falando sobre os efeitos da cocaína. Na época, eu só tinha experimentado uma vez e não entendia qual era a graça. Então, Pryor comentou que a cocaína aumentava a libido e contou uma história de quando ele ficou ligadão e teve uma ideia maluca, dizendo à esposa: "Amor, quero que você suba no telhado. Vou correr ao redor da casa três vezes e, na terceira, você pula na minha cara."

Sherry não riu. Eu também não. Apenas pensei: *É, isso seria legal.*

Era esse tipo de coisa que surgia em minha mente. Então, quando conheci uma mulher bonita, atarracada, descolada, com cabelo cacheado curto, que morava em um lugar agradável e que por acaso me disse: "Quero fazer um boquete em você", eu não recusei. E, quando assenti e essa garota se mostrou uma especialista em sexo oral, comecei a pisar na bola. De verdade. Trair para receber um boquete já era estúpido o bastante, mas, ainda pior, levei essa mulher para a minha casa enquanto Sherry estava no trabalho.

Durante o ato, eu me sentia bem, mas, no instante em que chegava ao orgasmo, recobrava o juízo e reconhecia que era um dos meus maiores erros. Não apenas porque era impróprio em todos os sentidos, mas porque, nas últimas vezes em que nos encontramos, percebi que aquela mulher era totalmente pirada. Quando fui à casa dela, expliquei que, embora fosse ótimo, não deveríamos mais nos encontrar.

"O que você está tentando me dizer?", perguntou ela, com um olhar furioso.

"Bem, eu não quero mais te ver."

"Você está terminando comigo?"

Ao perceber sua confusão, tentei lembrá-la de que não éramos um casal: "Olha, você é ótima e nunca esquecerei nossos momentos, mas não podemos ficar juntos. Vamos ser apenas amigos."

Não sei se ela ficou insatisfeita com a forma como terminei ou se era apenas doida mesmo, mas, alguns dias depois, ao acordar, vi que o carro de Sherry tinha sido vandalizado. Uma lata de tinta branca foi arremessada no Datsun B210, sujando as janelas e o para-brisa. Os pneus estavam furados, tinha açúcar no tanque de gasolina e, na lataria, havia uma mensagem escrita com o dedo: VAI SE FODER!

Eu sabia quem era a culpada, mas não tinha como provar. Sherry não podia descobrir. Parado ali, irritado comigo mesmo, decidi que mentiria, dizendo que não fazia ideia de quem havia feito aquele estrago. Um ato aleatório, sem dúvida.

Um colega da vizinhança se aproximou, como se quisesse puxar conversa: "Ei, cara, preciso falar com você rapidinho."

Eu não estava a fim, então tentei me livrar dele: "Tá bom, a gente conversa mais tarde."

Dando de ombros, ele insistiu: "Estou apenas tentando lhe contar quem fez isso com o carro."

"Ah..." O que mais eu poderia dizer?

"Foi aquela putinha gorda de cabelo curto", disse ele, com um sorriso de deboche.

Bem, eu sabia quem era a culpada, a vizinhança sabia quem era a culpada, mas, felizmente, Sherry não sabia. O funcionário da seguradora que cobriria o sinistro questionou: "Sr. Gardner, o que aconteceu?"

"Eu não sei", respondi, o mais indignado possível. "Encontrei o carro assim. Alguém deve estar com raiva de mim, mas não sei quem é. Ou talvez tenha sido apenas um acidente. Simplesmente não sei." O funcionário da seguradora ressaltou que mensagens como aquela costumavam ser pessoais, e não um ato aleatório ou um acidente, mas ele deixou por isso mesmo.

Nos dias que se seguiram, os cochichos e os olhares deixaram claro que a notícia havia se espalhado. O incidente foi logo esquecido, mas se tornou uma lembrança horrível para mim. Sherry nunca insinuou que sabia de algo, mas parecia captar minha insatisfação, perguntando para onde eu estava indo ou por que havia chegado tarde na noite anterior.

Quando finalmente tivemos uma conversa séria, no final de 1979, perto do meu 26º aniversário, o assunto foi uma mudança de planos profissionais. Eu havia decidido que não me tornaria médico.

Perplexa, Sherry quase ficou sem palavras. "Como assim?" Ela apenas me encarou. "Não era esse o seu objetivo?"

Ela sabia que, para mim, não era mais um desafio. Já havíamos conversado sobre isso. Eu já era um excelente profissional. Seriam mais dez anos de estudo até que eu pudesse fazer oficialmente o que já fazia. Mas esse não era o único motivo, como expliquei a Sherry. Meu mentor, Dr. Ellis, expressou suas preocupações, alertando-me sobre algumas das tendências que estavam prestes a mudar radicalmente a área da saúde. Em síntese, ele disse: "Chris, você precisa repensar sua decisão de ser médico, pois a profissão será muito diferente do que é hoje."

Na época, estavam surgindo versões de medicina socializada, precursoras do que se tornariam os planos de saúde. Como o Dr. Ellis sabiamente previu, isso significava que um cirurgião renomado, que ganhava milhares de dólares por cirurgia na época, receberia apenas centenas de dólares pelo mesmo serviço nas décadas seguintes. Os novos planos de saúde não apenas pagariam menos, mas também privilegiariam procedimentos não invasivos e instituiriam taxas. Bob Ellis deixou claro que acreditava em mim, que eu tinha talento e determinação para ter sucesso e, ainda mais importante, para ajudar os outros.

Exceto pela vez em que mamãe me explicou que eu não poderia ser Miles Davis, ninguém mais havia me orientado. Eu precisava acatar aquele conselho. Conforme expliquei a Sherry, havia muitas opções para mim na área médica, talvez em administração, vendas, farmacêutica ou no ramo de seguros. Eu verificaria essas opções assim que possível.

O alívio foi imediato, pois eu não precisava mais desempenhar o papel de futuro médico. Mas Sherry não estava nem um pouco aliviada. Esse futuro fazia parte do pacote matrimonial: Chris Gardner, estudante de medicina e, depois, médico. Ela tinha motivos para ficar decepcionada, embora apoiasse todas as minhas decisões.

Depois de traí-la, eu estava determinado a nunca repetir esse erro. Porém começamos a nos distanciar, e nossas diferenças eram cada vez mais gritantes.

A situação piorou em um sábado, quando saímos para passear e fazer compras no Fisherman's Wharf. Ao avistar uma bela mulher, eu não tinha a intenção de cobiçá-la, mas meu pênis ficou duro feito uma pedra. Todas as pessoas ao redor perceberam a saliência nas minhas calças.

Um cara passou e comentou: "Ainda firme e forte, hein?!"

O que eu poderia fazer? Envergonhado, olhei para Sherry e fiquei chocado ao ver sua expressão de raiva. "Isso é nojento", afirmou ela, furiosa.

Parte de mim queria ficar furiosa também e dizer que não era nojento, mas normal. E outra parte de mim estava arrependida por eu não ter ficado solteiro e curtido a vida um pouco mais.

É engraçado como a vida pode mudar com um acontecimento tão pequeno e inesperado quanto uma ereção espontânea ou um comentário impensado. Naquele momento, o fim de nosso matrimônio ficou ainda mais próximo. Eu amaria Sherry Dyson para sempre. O que ela me proporcionou foi muito mais do que o retrato de uma vida que eu tanto ansiava, talvez mais do que qualquer outra mulher tenha me proporcionado, exceto mamãe. Sherry me deu o dom de acreditar em mim mesmo, de me esforçar para elevar meus padrões, de me fazer enxergar o meu valor, quando às vezes eu o esquecia. Quer estivesse pronta para admitir ou não, antes de nos casarmos, ela também sentiu certa ambivalência quanto às nossas perspectivas de longo prazo, mas seu amor sempre foi incondicional. Nos anos seguintes, ainda que tenha sofrido por minha culpa, Sherry acabaria se tornando minha melhor amiga.

A gota d'água para o fim de nosso casamento e para a mudança em nossas vidas aconteceu logo depois daquele dia no Fisherman's Wharf, quando fomos a uma festa, e meu futuro — na forma de uma deusa negra chamada Jackie — me viu olhando e retribuiu o olhar. Ela tinha cerca de 1,75m, corpo escultural, seios fartos e usava um vestido justo e cintilante, emanando energia sexual. Sem qualquer hesitação ou premeditação, estendi a mão, sorrindo, e apertei sua bunda. Era meu tipo favorito de bunda, redonda como uma bola de basquete. Deixei minha mão ali. Ela não me deu um tapa, não recuou. Apenas levantou a sobrancelha e sorriu, como se dissesse: *Por que você demorou tanto para me encontrar?*

Mergulhei de cabeça em um mundo que prometia prazeres sexuais que eu nem sequer imaginava, um mundo que também estava destinado a se transformar em um pesadelo tenebroso, para dizer o mínimo.

CAPÍTULO 8

Queda Livre
(introdução)

Pela segunda vez na minha vida adulta, eu estava prestes a reaprender a lição sobre ter cuidado com o que se deseja. Nos trinta dias seguintes, me esqueci de tudo o que eu era e de tudo o que esperava me tornar. Eu mal sabia meu nome. Após 26 anos em conflito com o sentimento de impotência e a necessidade de controle, a necessidade da clareza de visão, impulsivamente abdiquei de qualquer bom senso e me joguei em um abismo inexplorado. Em alguma parte da minha mente, lembrei-me de *A Ilíada* e *A Odisseia*, graças ao gosto pela mitologia que me fez começar a ler desde cedo. E, mesmo ao relembrar a história de Ulisses — que tentou resistir ao chamado das sereias, aquelas ninfas do mar cujo canto irresistível atraía os marinheiros e seus navios às costas rochosas do Egeu —, eu ignorei os sinais de alerta.

Poucos dias após conhecer Jackie — que morava a cinco quarteirões de meu apartamento com Sherry —, o navio que eu conduzia naufragou quando assumi uma nova embarcação para destinos desconhecidos. Foi o fim de tudo o que havia antes e o começo de tudo o que aconteceria a partir de então.

No apartamento de Jackie, em sua cama dobrável, no chão, na cozinha, encostados na parede, embaixo do chuveiro, às vezes em todos esses lugares na mesma noite, fazíamos amor como se não houvesse amanhã. Por trinta dias seguidos, depois ou antes do trabalho, por horas à noite ou de manhã, o dia inteiro quando eu faltava no serviço, mesmo tentando manter a aparência de normalidade ao encontrar Sherry em nosso apartamento ou mesmo tentando recuperar o foco no laboratório, minha vida se tornou um borrão. Uma névoa sexual hipnotizante. Em meu estado fervoroso de excitação, eu pensava que acabaria chegando a um limite, que o frenesi passaria, mas Jackie continuava me surpreendendo, me fazendo ir além. Quando seus parentes foram visitá-la e se hospedaram em seu apartamento, ela me convidou para subir ao terraço do prédio, onde abriu o casaco, revelando que usava apenas salto alto, meia arrastão e cinta-liga. Atordoado, hipnotizado, em transe, eu mal podia esperar pelo que viria a seguir. Parecia que tudo se encaixava, como em *O Mágico de Oz*, quando o filme passa de preto e branco para colorido. O sexo era tão extraordinário, tão inacreditável, que eu dizia a mim mesmo: *Chris, você não está mais no Kansas!*

Estávamos na década de 1980, e a droga do momento, subitamente tão norte-americana quanto a Coca-Cola, era sua prima ilegal, a cocaína. A primeira vez que experimentei, não achei nada demais. Mas usei um pouco antes de transar com Jackie e, quando ela começou a fazer sexo oral em mim, usando língua, boca, lábios, mãos e dedos de uma forma que merecia um Prêmio Pulitzer de poesia, eu entendi toda aquela obsessão pela cocaína. Isso, sim, era excitante, intenso e selvagem. Isso, sim, era estar em queda livre. Com Jackie, eu era um caso perdido. Ela me desvirtuou de todas as maneiras possíveis.

Naqueles trinta dias, a razão e a racionalidade, minhas velhas amigas, simplesmente desapareceram. Minha bússola moral, como dizem, parou de funcionar. Após aquele mês insano, quando voltamos à realidade,

Jackie começou a me questionar sobre minhas intenções de longo prazo. Eu esperava que nossa aventura seguisse seu curso, pois, honestamente, eu não queria me divorciar. Mas era evidente que eu não estava nem perto de terminar minha relação com Jackie.

A certa altura, ela me convenceu a acompanhá-la em uma visita a seus parentes. Tivemos um momento agradável conhecendo todos e passeando pela cidade de Nova York, que, para mim, era como a Cidade das Esmeraldas de Oz, mágica e perigosa, como se você precisasse de uma senha para entrar. Porém, a presença dos parentes atrapalhou nossa odisseia sexual. Depois de fazer amor a qualquer hora e em qualquer lugar por trinta dias e trinta noites, eu estava sofrendo com a falta de privacidade. Quando finalmente fomos ao JFK pegar o voo de volta para a Califórnia, eu não via a hora de chegar ao apartamento dela.

Jackie não queria esperar. No aeroporto, quando estávamos passando por um corredor vazio próximo a uma esteira de bagagens, ela levantou a sobrancelha, me deu aquele olhar que eu conhecia bem e me puxou em sua direção, enquanto se inclinava em um pilar. Ela ergueu o vestido, deslizou a mão por baixo e começou a se masturbar, exigindo em uma voz baixa e impaciente: "Quero transar aqui, agora!"

O fato de Jackie ser dominadora era o que me excitava e, ao mesmo tempo, me assustava. Eu tentava ficar no mesmo patamar, mas era ela quem quase sempre tomava a iniciativa, determinando quando e onde transaríamos. Eu já tinha ouvido falar de sexo no banheiro do avião e cheguei a cogitar a ideia, mas um corredor vazio no JFK nunca havia me ocorrido. Como estávamos sozinhos e tínhamos tempo de sobra antes do voo, eu obedeci.

Em meio aos gemidos crescentes de prazer, é claro que eu estava envergonhado e receoso, porém, quanto mais ela se contorcia, mais empolgado eu ficava, e a excitação da cena — ela de costas, apoiada naquele pilar, eu de pé, mandando ver — me fez esquecer onde estávamos. Então, quando

Jackie mudou de posição, envolvendo as pernas em volta da minha cintura, perdemos de vez a noção. Movimentos rápidos, suor e gemidos — aquilo era mais do que bom, era algo que ia além da fantasia sexual mais extravagante.

Ofegante, olhei de soslaio e vi, para meu horror, um carregador de bagagem, incrédulo, que tinha saído de sua sala para assistir ao show. Em vez de continuar olhando, ele deu meia-volta, o que me fez inferir que convidaria uma multidão, talvez até cobraria entrada.

Jackie estava de olhos fechados, e eu não podia parar, pois logo teria um orgasmo. Só sei que chegaram mais quatro carregadores de bagagem, que ficaram sorrindo enquanto nos observavam, boquiabertos. A situação piorou quando um deles apertou o botão para que a esteira de bagagens começasse a girar e um outro decidiu me incentivar, gritando: "Manda ver, cara! Acaba logo com isso!"

Como se não bastasse, as malas começaram a aparecer na esteira. E logo vieram as pessoas! Isso, sim, foi um coito interrompido! Com um sorriso malicioso e ligeiramente satisfeita, Jackie abaixou o vestido bem rápido. Também me recompus o mais depressa possível, muito mais irritado do que envergonhado, mas ainda tentando evitar os rostos chocados dos passageiros, que certamente viram alguma coisa. Até hoje, não gosto de carregadores de bagagem.

A hora da verdade estava se aproximando. Em um mundo perfeito, meu desejo por aventuras sexuais teria seguido seu curso. Mas o mundo não era perfeito, o que eu estava começando a perceber de uma forma muito clara. Não se pode ter tudo. Infelizmente, acabei me precipitando, o que acrescentou mais um arrependimento à terrível culpa que senti no final da primavera de 1980, quando contei a Sherry que sairia de casa. O que fiz e disse, como fiz e disse, simplesmente a destruiu, e a forma como estraguei um dos relacionamentos mais importantes da minha vida será uma mágoa eterna. Sherry logo se mudou para Oakland e, embora tivéssemos pouco contato, só nos divorciamos nove anos depois, em parte por causa do sofrimento e em parte por causa de outra situação.

Ainda que, dezenove dias após a aventura no aeroporto, Jackie não tivesse descoberto sua gravidez — o fator determinante para morarmos juntos, pois eu sentia que essa era a minha responsabilidade —, eu provavelmente teria tomado a mesma decisão. Tudo girava em torno do sexo. Eu estava em queda livre, e não havia como voltar.

———

Recorri ao treinamento prático enquanto me preparava para a paternidade. A chegada de Christopher Jarrett Medina Gardner Jr., em 28 de janeiro de 1981, ao San Francisco General Hospital mudou todo o meu foco, todas as minhas prioridades. Ele era o bebê mais bonito, mais esperto, mais ágil, mais intuitivo, mais musical, mais emotivo, mais forte da enfermaria do hospital. Desde o primeiro dia, sem dúvida, ele carregava dentro de si sabedoria e grandeza. Quando o segurei em meus braços pela primeira vez, tive uma estranha sensação de familiaridade, como se nos conhecêssemos de uma vida anterior. Em silêncio, jurei por tudo e por todos que mais amava neste mundo que eu cumpriria minha promessa: sempre cuidaria dele e seria presente em sua vida.

Chris Jr. olhou para mim, como se dissesse: *Tudo bem, papai, conto com você.* Então ele me examinou, de um modo que eu não sabia que bebês eram capazes de fazer, como se visse em mim o garotinho que não conhecia o pai e não sabia onde a mãe estava. Era minha imaginação, é claro, mas ele parecia estar dizendo: *E você pode contar comigo também.* Meu filho me tornou uma pessoa melhor, trazendo propósito e significado à minha vida, de uma forma que nunca experienciei antes e que eu só valorizaria mais tarde.

Nos meses que antecederam o nascimento de Chris Jr., fiz alguns treinamentos práticos com Jackie, que, nesse meio-tempo, revelou aspectos até então desconhecidos de sua personalidade. Quando nos conhecemos, ela estava terminando a faculdade de odontologia na Universidade da Califórnia. Após se formar, ela queria tirar uma folga, relaxar por um tempo e depois estudar para obter a licença de dentista. Agora que a fumaça de nossos fogos de artifício havia se dissipado um pouco, era evidente que ela tinha um plano definido, com uma visão bastante ambiciosa de progredir na vida. No começo, Jackie não me pressionava, mas insinuava que havia chegado o momento de cortar os laços com o hospital do Departamento dos Assuntos de Veteranos, algo que adiei durante o período de turbulência em minha vida pessoal. Como andávamos com um grupo de promissores jovens negros — médicos, advogados, empreendedores —, o fato de eu já trabalhar na área médica agradava Jackie. Ainda assim, embora reconhecesse meu significativo trabalho de pesquisa com o Dr. Ellis, ela fazia questão de mencionar que o salário não chegava nem perto do que seus amigos e seus respectivos cônjuges ganhavam.

Esses comentários não me chateavam, pois eu já sabia que não ganhava o suficiente para sustentar uma família. As publicações em várias revistas médicas de prestígio eram entusiasmantes, mas não pagavam minhas contas, parafraseando o grande Berry Gordy — um dos meus heróis e um dos únicos empresários negros que eu conhecia, que escreveu a música "Money: That's What I Want". Não era a conversa sobre dinheiro que me incomodava, mas, sim, a pergunta que Jackie começou a fazer com mais frequência na metade da gravidez, uma observação que pareceu surgir do nada certa noite, durante o jantar.

"Sabe, Chris", disse ela, e seu tom de voz me fez perceber que eu não gostaria do que estava prestes a ouvir, "preciso perguntar, como você vai ser pai se nunca teve um? Como você sabe o que significa ser pai?".

Sem dizer uma palavra, com o coração disparado, eu a encarei. Como ela teve coragem de me perguntar isso? Desde o início, Jackie sabia que, para mim, não ter um pai era uma mágoa profunda. Ela sabia que eu faria qualquer coisa para ser o pai que nunca tive. Fiquei sem chão.

"E aí?", questionou ela. Percebi que Jackie estava tentando me provocar, mas eu não sabia o motivo. Seria um teste para se certificar de que eu não a deixaria? Se sim, foi cruel, pois ela sabia pela minha história que eu nunca abandonaria um filho. Nunca.

Mudamos de assunto e a tensão passou. Quando ela refez a pergunta, usando exatamente as mesmas palavras — "Como você vai ser pai se nunca teve um? Como você sabe o que significa ser pai?" —, constatei que Jackie estava tentando me estimular. Claro, eu gostava quando ela me estimulava sexualmente, mas esse outro tipo de estímulo me deixava ressentido, embora, em sua defesa, ela estivesse expressando preocupações práticas com o futuro.

Na terceira ou quarta vez que ela tocou no assunto, eu retruquei: "Você não acha que já é tarde demais para questionar minha capacidade de ser pai?"

"Como assim?"

"Talvez você devesse ter pensado nisso antes de engravidar. Você sabia que eu não tinha um pai!"

Jackie ficou calada e indiferente.

Apesar dessa dinâmica inquietante, ela me fez refletir sobre o que realmente significava ser pai — uma parte teórica da equação que foi solucionada assim que Christopher nasceu. Agora que tínhamos um bebê, nós nos tornamos uma família e eu precisava aprender o que significava ser um bom pai — de forma prática e imediata. Não havia outra opção. Se eu não conseguisse sustentá-lo, quebraria a promessa que havia feito para mim mesmo anos atrás.

Um grande problema logístico era o espaço, pois nosso apartamento de um quarto logo foi ocupado por um berço enorme, um trocador de fraldas e todos os itens infantis que eu nem sabia que existiam. Outro problema a ser resolvido era encontrar uma creche para o bebê enquanto Jackie estava na faculdade e eu, no trabalho. Essa procura revelou a complexa disparidade da hierarquia de cuidados infantis — no topo, estavam as babás em tempo integral, as au pairs de meio período e as babás que cobravam por hora (com uma ampla gama de valores e vários níveis de qualificação); depois, vinham as creches particulares de alto custo, com enormes listas de espera, e as creches um pouco mais baratas, mas ainda credenciadas, mantidas pela prefeitura; na base, estava a opção menos cara: mulheres que recebiam crianças em suas casas por uma taxa diária. Felizmente, conseguimos pagar a penúltima opção e matriculamos Christopher na creche do Parent-Infant Neighborhood Center, não muito longe de onde morávamos.

A creche era ótima, mas cheguei a comentar com Jackie que eu queria algo mais sofisticado para nosso filho.

"Sabe, Cris...", começou ela. Eu já conhecia aquele tom de voz. Sua paciência estava se esgotando quanto à minha insistência em continuar no hospital do Departamento dos Assuntos de Veteranos. Antes de o bebê nascer, Jackie não era incisiva quando se tratava desse assunto. Agora, era pressão total. "O que você está esperando? Seu salário não vai aumentar. Ellis já disse isso." Verdade. Os Institutos Nacionais da Saúde, que financiavam nossa pesquisa, haviam recusado os pedidos de subsídio para aumentar meu salário.

"Eu sei", afirmei, tentando me esquivar.

"Pare de dizer que você sabe e faça alguma coisa! Admita. Você não pretende ser médico, certo? Você já decidiu, não é? Você tem um bebê para sustentar e precisa ganhar mais dinheiro. Então arranje um emprego com um salário melhor!"

Ela tinha razão, mas não seria fácil encontrar um novo trabalho. Seria muito difícil abdicar do meu status de líder no laboratório e recomeçar do zero. Mesmo assim, comecei a procurar outro emprego. Jackie tinha todos os motivos para se sentir frustrada. Como estava estudando para tirar sua licença de dentista, é claro que ela tinha as próprias dificuldades com a maternidade não planejada. Todas as suas amigas da faculdade de odontologia já haviam conseguido a licença e estavam montando clínicas ou se casando com homens que já eram profissionais bem-sucedidos. Mesmo que tivesse potencial, eu ainda não havia alcançado esse patamar. Eu entendia o lado de Jackie e precisava manter a confiança, acreditando que minha hora chegaria.

Trilhas sonoras distintas tocavam ao fundo. A primeira era estável, compassando a família, o trabalho, a rotina, minha procura por outro emprego. A segunda era inconstante, às vezes quase inaudível, outras vezes estrondosa, com o som assustador da discórdia. Pequenas discussões surgiam, pois o dinheiro não era suficiente. Às vezes, era eu quem ficava frustrado; outras vezes, era ela. Jackie oscilava, cedendo e contestando. Ela me provocava; eu rebatia. Eu me fechava; ela ficava na defensiva. Eu gritava; ela me punia. Quando o mal-estar passava, fazíamos amor, seguíamos em frente. Tudo ficava bem até a discussão recomeçar.

Certo dia, a dinâmica se alterou radicalmente, quando cheguei em casa e Jackie anunciou: "Chris, não está dando certo e acho que nunca vai dar. Talvez você deva se mudar."

Chocado, eu a encarei, pensando: *Que porra é essa?*

"Você deveria se mudar. Não pode mais morar aqui."

Eu disse a Jackie que não me mudaria. Eu precisava estar com meu filho. Ela sabia disso. Ao olhar em volta, não vi Christopher. "Onde está o bebê?", entrei em pânico.

"Você não pode mais vê-lo."

EU NÃO PODERIA MAIS VÊ-LO? Fiquei enfurecido. O que, até então, era um típico filme familiar, com alguns conflitos, mas sobretudo senso de humor e carinho, se transformou em um filme de terror. Uma sensação sombria de medo e abandono tomou conta de mim. Sem saber o que fazer, eu sentia uma raiva que não conseguia mensurar ou verbalizar. Então, as nuvens de tempestade se dissiparam tão rápido quanto surgiram. Sem nenhuma resolução. Sem nenhum pedido de desculpas. Quase como se fosse algum tipo de teste.

A tempestade passou. Jackie se acalmou. Voltamos à normalidade. Mas fiquei apreensivo, sem saber se da próxima vez ela, de fato, levaria meu filho. Todos os meus antigos medos voltaram a me assombrar. Freddie estava do outro lado do país, envelhecendo, doente demais para machucar mamãe, mas eu ainda carregava o receio de que uma tragédia acontecesse, ainda carregava a incerteza do que eu encontraria ao chegar em casa. Certo dia, havíamos combinado de sair com alguns amigos e esperei Jackie e Christopher, na época com seis meses, do lado de fora do apartamento. Ao perceber que eles estavam demorando, entrei em desespero e comecei a gritar, chamando-a.

Assim que ela saiu com o carrinho de bebê, eu me surpreendi com minha atitude. Corri até eles e agarrei o carrinho, tentando tirá-lo das mãos dela enquanto declarava: "Você não vai tirar meu filho de mim!"

Talvez tenha sido a coisa mais vergonhosa que já fiz na vida, um ato pelo qual nunca me perdoarei. Não há nem palavras para explicar a ela, ao meu filho ou a mim mesmo o quanto eu estava errado. Mas havia muita mágoa acumulada. Tudo o que eu conseguia ouvir era aquela trilha sonora da discórdia. Arranquei o carrinho de bebê das mãos de Jackie e o empurrei por vários quarteirões até avistar uma igreja e me sentar nos degraus. Desabafei com meu filho: "Cara, que droga! Vai ser assim para sempre?"

À Procura da Felicidade   187

Christopher franziu a testa, como se tentasse entender, balbuciando sons incompreensíveis.

Eu expliquei: "Não posso deixar ninguém tirar você de mim."

Ele entendeu, eu acho, pois piscou em sinal de compreensão. Ou talvez apenas estivesse exausto e precisasse dormir.

Em todo caso, a realidade era que eu amava meu filho e jamais o abandonaria, independentemente do que acontecesse.

Após um tempo, eu o levei de volta para casa, enfrentando a sensação de medo, o peso do desconhecido, sentindo a necessidade de vingança. Enquanto analisava o problema, assim como fazia quando criança, tentei encontrar uma solução pragmática. *Dinheiro é o remédio*, concluí.

Nos meses que se seguiram, eu complementava meu salário com bicos, qualquer coisa extra que surgisse, como havia feito no passado. Para economizar no aluguel e ter mais espaço, nos mudamos para Berkeley, onde encontramos uma casinha com um canteiro de rosas na frente. Com a situação financeira mais tranquila, compramos um sedã econômico, nada extravagante, a fim de que pudéssemos nos deslocar até São Francisco para trabalhar e estudar.

Ainda procurando um emprego melhor, que me mantivesse na área médica, eu tentava me animar, imaginando que, se conseguisse o cargo certo, o dinheiro seria suficiente e a pressão diminuiria. As coisas não estavam tão bem com Jackie, mas, naquele momento, a necessidade de ganhar mais era uma percepção minha, não dela. Como o único provedor, responsável por nós três, eu controlava muito mais os gastos. No passado, quando eu basicamente só tinha que pensar em mim — mesmo quando Sherry e eu juntávamos nossos recursos —, a dinâmica era bem diferente. Agora eu precisava alimentar meu filho, Jackie e eu. Mais importante, tratava-se de estabelecer um plano para sustentá-los no futuro, para que não tivéssemos que viver de salário em salário.

Eu estava otimista, determinado, focado. Mas algo me atrapalhava, um peso que eu me recusava a reconhecer, mesmo com os questionamentos de Jackie sobre o meu entendimento do que significava ser pai. Se não fosse por Christopher e um livro que eu estava lendo para ele na varanda certa tarde, pouco depois de seu primeiro aniversário, talvez eu nunca admitisse o quanto o blues de um filho sem pai ainda me atormentava.

Mais cedo, nesse mesmo dia, estávamos sentados à sombra, brincando com uma bola, nos divertindo juntos, aproveitando a brisa refrescante da Califórnia, e senti uma alegria imensa só de olhar para Christopher. Ainda não tínhamos cortado o seu cabelo; estava comprido e balançava como uma bandeira ao vento enquanto ele brincava despreocupadamente. O pensamento que me veio à mente foi: *Deus, o paraíso deve ser assim.* A única coisa que importava era estar ali, com aquele garotinho lindo, que eu tanto amava. Ocorreu-me que aquele momento deveria ser passado de geração em geração, pais brincando de bola com os filhos, sentados lado a lado para ler livros juntos. Eu não vivenciei essa experiência como filho.

Mas agora eu tinha um filho que adorava livros e queria ver um de seus favoritos, de ilustrações.

Em seu balbucio ligeiramente compreensível, Christopher apontou para a ilustração de um potro com sua família e perguntou: "Que isso, papai?" ou algo nesse sentido.

Para lhe explicar o conceito de família, também apontei para a ilustração, mostrando-lhe o potro, o cavalo e a égua: "Este é o cavalinho, este é o pai do cavalinho e esta é a mãe do cavalinho."

Com os olhos brilhando, Christopher assentiu, apontando junto comigo enquanto eu repetia quem eram os membros da família de cavalos.

"Muito bem! E, Christopher, você tem um papai e uma mamãe. O cavalinho tem uma mamãe e um papai. Assim como você."

Como se tivesse entendido, ele apontou e disse: "Mamãe" e "Papai".

Aquilo era incrível. Então fui mais longe, dizendo a ele que todos no mundo tinham uma mãe e um pai como aquele cavalinho. "Mamãe tem um papai e uma mamãe", comecei, pensando na melhor forma de explicar o conceito de avós para uma criança de um ano.

Nesse momento, Christopher me encarou e, com um olhar questionador, apontou para mim, como se esperasse que eu dissesse que também tinha mãe e pai.

Seu olhar me desestruturou. A ironia era que eu sempre imaginei que conheceria meu pai, mesmo que fosse apenas para confrontá-lo. Mas ali estava eu, com quase 28 anos, sem conhecê-lo. Como eu poderia encontrá-lo? Eu não sabia. Ele estava vivo? Eu também não sabia. Eu desconhecia seu paradeiro e seu rosto. Mas, no momento em que meu filho me olhou, eu soube que havia chegado a hora.

No dia seguinte, no laboratório, liguei para o serviço de auxílio à lista telefônica e pedi o número de Thomas Turner, de Monroe, Louisiana. Era a única informação que eu tinha conseguido tirar de mamãe.

A telefonista encontrou cinco números. Eu pedi todos eles, pois tentaria um de cada vez.

Quando fiz a primeira chamada, perguntei ao idoso que atendeu: "Thomas Turner está?"

"Thomas Turner morreu", respondeu o idoso, a quem pedi desculpas.

Na esperança de não ter perdido minha chance, fiz a ligação seguinte, explicando à mulher que atendeu que eu estava procurando por um Thomas Turner que talvez conhecesse uma Bettye Gardner.

A mulher se sentiu à vontade para me dizer: "Eu me lembro de dois Thomas Turner. Um é beberrão, o outro bebia, mas parou."

Seguindo meu instinto, perguntei como eu poderia contatar o sóbrio Thomas Turner, e ela revelou onde ele morava. Passei o endereço a uma telefonista para confirmar o número de telefone.

Olhando para aquele número, respirei fundo, sem saber o que dizer caso o verdadeiro Thomas Turner atendesse. Disquei e esperei até que uma voz masculina atendeu: "Alô?"

A única coisa que consegui dizer foi: "Você conhece Bettye Gardner? Sou Chris, filho dela, e estou tentando encontrar meu pai. Você..." Antes que eu pudesse terminar, fui interrompido.

"Sim", meu pai disse. "Estou esperando a sua ligação há muito tempo."

———

Por ter solucionado um mistério de quase 28 anos, uma mudança radical ocorreu em minha vida da noite para o dia. O homem com quem conversei ao telefone era apenas uma voz, mas ele me incentivou a ir a Louisiana para encontrá-lo pessoalmente e conhecer vários meios-irmãos que eu nem sabia que tinha. Eu prometi que os visitaria assim que pudesse.

De repente, a missão impossível de encontrar um novo trabalho se tornou uma tarefa fácil. Com o objetivo de entrar no mundo dos negócios, logo consegui um emprego como representante de vendas na CMS, uma empresa de equipamentos e suprimentos médicos. Com sede em San Bruno, cidade próxima ao Vale do Silício, até então em desenvolvimento, a CMS atendia principalmente laboratórios e hospitais. O salário inicial era cerca de US$30 mil por ano, quase o dobro do que eu ganhava na área de pesquisa, com a possibilidade de duplicar esse valor — algo que os melhores representantes de vendas conseguiam.

É claro que esses representantes estavam na batalha há vinte anos — construindo seus territórios, suas carteiras de clientes e suas relações —, e eu nunca me considerei um vendedor nato. Então, mais uma vez, nas palavras de Will Rogers, tentei aprender com todas as pessoas que conheci, figuras incríveis que conseguiam vender até gotas de chuva. Eu era um bom aprendiz. Além disso, conhecia o poder da informação e sabia como identificar os líderes e observar o que eles faziam e como faziam para ter sucesso. Para aumentar ainda mais a minha confiança, havia o fato de que, embora não conhecesse o jargão dos negócios, eu era extremamente proficiente em linguagem médica e entendia a mentalidade dos compradores, bem como dos veteranos de vendas da CMS.

Adeus ao futuro Dr. Chris Gardner, adeus ao uso de jalecos. Eu apenas lamentava porque, de fato, tinha mãos hábeis. Mas, ao me olhar no espelho com meu traje de negócios — um paletó elegante, uma gravata bonita —, fiquei entusiasmado. Era algo totalmente novo, um desafio. A sensação de possibilidade reacendeu meu otimismo.

Como novato em vendas, eu teria que enfrentar três obstáculos: construir relações em um novo território, representar uma empresa que ainda estava se estabelecendo nesse território e ser o único negro contratado pela CMS. A essa altura, eu já estava acostumado a ser o único afro-americano em um time de profissionais brancos, então essa não era a questão. O problema principal era que eu estava começando do zero, algo que constatei ao assimilar alguns fundamentos sobre vendas: (a) os compradores gostam de comprar de conhecidos e (b) os compradores gostam de comprar produtos estabelecidos.

Em vez de me desanimar, a concorrência me incentivava. Estava muito feliz por ter uma chance, então, em vez de me concentrar nos desafios, foquei as perguntas: como obter mais negócios? Quais informações preciso para expandir minhas oportunidades e construir relações? No passado, eu havia encontrado uma especialista que respondeu às minhas perguntas, mas na CMS esse não era o caso. Os gerentes de vendas — que ganhavam uma porcentagem dos lucros dos representantes — passavam a maior parte do tempo apoiando seus melhores vendedores. Como eu era novato, o gerente apenas me entregou a carteira de clientes, me deu um tapinha no ombro e disse: "Boa sorte!"

Mais uma vez, recorri ao treinamento prático, rodando centenas de quilômetros por semana em meu novo Nissan marrom, repleto de folhetos, amostras de suprimentos e equipamentos para demonstração, saindo de Berkeley e indo para todos os cantos do Vale do Silício, descarregando e carregando materiais de vendas inúmeras vezes ao dia. Com base na filosofia de forjar o metal quotidianamente, percebi que, de fato, o sucesso nas vendas se resumia a um jogo de números. Ao fazer uma ligação atrás da outra, aprendi que quanto mais pragmático, gentil e respeitoso eu fosse, lembrando nomes de secretárias e pequenos detalhes sobre os compradores, maiores eram as minhas chances. Minhas vendas começaram a decolar.

O lado negativo era que a atmosfera competitiva continuava depois do expediente, quando gerentes e representantes saíam para ver quem conseguia beber mais. A bajulação e a bebedeira faziam parte do jogo, mas não combinavam comigo. Agora que eu estava no negócio, meu foco era aumentar minhas vendas, ganhar dinheiro. Ninguém na CMS reconheceu meu esforço, mas os caras da Van Waters & Rogers, uma concorrente mais estabelecida na área de equipamentos e suprimentos médicos, ficaram impressionados com minha ambição e me contrataram.

Não muito tempo depois de começar o novo emprego, consegui comprar uma passagem de avião para Monroe, Louisiana, e Christopher viajou comigo. Durante o voo longo e estressante de São Francisco para Memphis e, depois, para Monroe — com Christopher excepcionalmente calmo, sentado no meu colo o tempo todo —, lembrei-me das humilhações da minha infância, de Freddie Triplett afirmando que eu não tinha um "maldito papai". O que eu diria ao meu pai biológico? No telefone, não cheguei a perguntar por que ele nunca me ligou ou por que nunca tentou me encontrar, mesmo quando mencionou que meus irmãos e irmãs tinham ouvido falar muito de mim. O que eu faria se me sentisse desconfortável e quisesse ir embora? E se Christopher ficasse agitado?

Sem saber o que esperar, o momento da verdade chegou quando desci com meu filho do avião e avistei meu pai. Negro, quase 2m de altura, uns 125kg. Um homem do interior que nunca saiu da Louisiana, ele estava ali e era bem diferente do que eu imaginava.

A primeira coisa que me passou pela cabeça foi: *Bem, acho que não vou dar um soco nele*, algo que eu sempre quis fazer quando criança.

Sua presença é marcante, surpreendente. Ele estava com duas de suas filhas, minhas meias-irmãs. Éramos todos parecidos — meu pai, elas, eu e Christopher. Concluí que, sem dúvidas, eu era o xerox de Thomas Turner.

Por mais estranho que fosse aquele encontro, meu pai parecia bastante confortável. Isso porque, eu soube mais tarde, ele já tinha vivido aquela cena outras vezes. Minhas irmãs brincaram dizendo que era como os Jogos Olímpicos: a cada quatro anos, um filho aparecia. Não havia o que questionar, bastava olhar para eles, observar a semelhança, abrir a porta e deixá-los entrar.

Mesmo com minha experiência na área científica, até hoje me surpreendo com o milagre da genética. Eu e minhas irmãs Deborah e Janice parecíamos trigêmeos. Quando chegamos à casa de Thomas Turner e nos sentamos para conversar, Deb disse: "Quer saber? Você é quem mais se parece com o papai. Suas mãos são iguais às dele."

Rindo, eu não podia acreditar que eles estavam me examinando daquele jeito. Olhei para minhas mãos e para as dele. Eram idênticas!

Ao longo dos quatro dias seguintes, conheci o elenco de personagens daquela versão de uma *Happy Days* estrelada por negros, bem diferente, no estilo Louisiana. O calor e a umidade eram terríveis, ainda piores do que na Marinha em Orlando, deixando nossas roupas encharcadas, como se tivessem acabado de sair da máquina de lavar. Até os cabelos e as mãos transpiravam.

Com o passar dos dias, liguei para mamãe e avisei que tinha chegado a Rayville, sua cidade natal, e que estava passando um tempo com meu pai. Antes de viajar, contei a ela que iria para a Louisiana — não apenas para encontrá-lo, mas para que Christopher conhecesse o avô. Agora que estava ali, era importante esclarecer que eu havia juntado as peças do quebra-cabeça. Ela ficou feliz por mim. Mas, quando perguntei: "Você quer falar com papai?", mamãe nem sequer hesitou antes de responder: "Não." Sua resposta categórica não revelou muito sobre o relacionamento deles, se é que foi um relacionamento, e colocou um ponto-final inapelável do assunto. Eu nunca saberia. Era a nossa tradição familiar de "não pergunte, não conte".

Conhecer a origem da minha família incluiu uma viagem até Delhi, cidade vizinha, onde a ausência de luzes, letreiros, placas de trânsito e carros tornava a noite mais escura; as estrelas pareciam lâmpadas, e as constelações famosas eram nítidas. Impressionado, eu não conseguia tirar os olhos do céu, imaginando como minha vida teria sido se eu tivesse crescido ali. Conhecemos a matriarca da família, minha avó, uma mulher negra pequena e delicada chamada Ora Turner. Embora não me conhecesse, ela me abraçou forte. Eu era o neto dela.

"Eu vivia perguntando ao seu pai onde você estava", disse minha avó, me observando e balançando a cabeça em aprovação. "Eu sempre perguntava, mas ele não sabia me dizer."

Então ela perguntou onde eu havia sido batizado. Eu não conseguia lembrar.

Preocupada, minha avó, uma fervorosa cristã, propôs: "Rapaz, vamos batizá-lo naquele riacho agora mesmo. Senhor, tenha piedade!"

Fiquei apavorado. Uma noite escura como breu, nada além da luz das estrelas e da lua, e eu sendo mergulhado em um riacho? Foi o suficiente para me fazer lembrar que, aos seis anos de idade, fui batizado na igreja de TT. Senhor teve piedade e minha avó ficou satisfeita.

Além de Deb e Jan, conheci meus outros meios-irmãos — Mary, que morava em Shreveport, Junior e Dale. Havia tios e primos também — uma das primas era tão linda que lamentei sermos parentes. Aonde quer que fôssemos, todos eram generosos e hospitaleiros, tratando-me como uma celebridade. Os hábitos sociais e o ritmo de vida eram diferentes de Milwaukee. Porém, quanto mais interagíamos, com histórias de família e piadas, menos eu sentia as diferenças. Por mais que eu me considerasse um Gardner, constatei que certos aspectos da minha personalidade vinham dos Turner.

O momento mais marcante da viagem aconteceu quase no fim, quando meu pai nos levou à estação para pegarmos o trem até Shreveport, onde conheceríamos minha irmã Mary. Não era muito tarde, mas o céu já estava bem escuro. Era uma noite típica do interior, com as estrelas e a lua nos iluminando enquanto esperávamos na parte de trás da estação. Ao lado, havia alguns trilhos que chamaram a atenção de Christopher. Como havíamos chegado cedo, deixei meu filho passear por ali com o avô, principalmente porque os dois se deram bem desde o início.

Fiquei emocionado ao observá-los caminhando pelos trilhos. Lá estava meu pai, com cinquenta e poucos anos, um homem imponente, o patriarca de uma extensa prole, andando com meu filho, uma criança de quatorze meses, dinâmico e tagarela. Orgulhoso, meu pai segurava a mãozinha de Christopher de forma protetora.

Como uma daquelas memórias que permanecem nítidas ao longo dos anos, a imagem dos dois caminhando naquela noite desencadeava um sentimento inesperado sempre que eu pensava nela. Os pensamentos que me vinham à mente eram: *Por que não pude viver isso? Por que nunca tive essa chance?*

Com o passar do tempo, percebi que não era raiva, é claro. Eu estava com inveja do meu filho, por mais ridículo que fosse. Em um lugar mais profundo, no âmago do meu ser, havia mágoa. A barragem que segurava o sofrimento de todos aqueles anos de abandono foi rompida, e a dor era insuportável.

No aeroporto, toda a minha família da Louisiana foi se despedir e minhas irmãs me fizeram prometer que não perderíamos contato. Olhando para Christopher, fiquei maravilhado ao pensar que aquele momento que tivemos juntos, lendo o livro do cavalinho, me levou até ali. Tive uma sensação de missão cumprida. Embora eu não soubesse ainda, aquele rancor de quase 28 anos seria superado. Finalmente, eu me livraria do blues de um filho sem pai. Mesmo que não o conhecesse a fundo, eu tinha um pai e não carregaria mais a dor daquela criança ressentida.

Christopher e eu voltamos para a Califórnia — uma viagem que pareceu bem mais rápida do que a ida à Louisiana. Definitivamente, um ciclo havia se fechado. Não era um ciclo perfeito, mas as lacunas foram preenchidas, proporcionando-me uma compreensão satisfatória de quem eu era e de onde eu vinha. Eu me perguntava como a vida teria sido se minha infância fosse diferente, mas essa parte do meu passado já não era mais o que me incomodava. Sim, naquele avião, a mágoa ainda me corroía enquanto eu pensava em meu pai andando de mãos dadas com meu filho naqueles trilhos. A pergunta que martelava minha mente era: *Por que não pude viver isso?*

Porém, quando o avião pousou, a mágoa começou a diminuir e eu me senti renovado — pronto para conquistar o mundo, com uma confiança e uma clareza de visão inéditas. Grandes coisas estavam por vir. Eu pressentia.

CAPÍTULO 9

Queda Livre
(avançado)

Bob Russell — o melhor funcionário da Van Waters & Rogers — agia como se fosse o Deus todo-poderoso, o maioral.

Eu não entendia o que o tornava um vendedor tão fantástico, mas, quando descobri que ele não apenas fechava todos os negócios, mas faturava US$80 mil por ano — enquanto meu salário anual era de US$30 mil —, tive que descobrir qual era seu segredo.

Embora eu achasse que a viagem para conhecer meu pai daria a mim e Jackie a pausa necessária para que refletíssemos e nos valorizássemos mais, o estresse continuou — os mesmos padrões, as mesmas brigas. Na minha mente, o motivo para a sua frustração comigo, consigo mesma e com seus sonhos era a necessidade de mais dinheiro. Então, ao descobrir que Bob Russell ganhava US$80 mil, esse valor se tornou meu objetivo. *Tudo o que preciso é lucrar o mesmo*, pensei. Naquela época, eu não conseguia sonhar mais alto. Porém, se Bob Russell era capaz, eu também era.

Pelo visto, minha confiança não impressionava Patrick, meu gerente de vendas, que parecia não ter apoiado a minha contratação. Talvez o fato de eu ser um negro alto fosse um problema, visto que ele era bem baixinho.

Um irlandês-americano exigente, Patrick era o "Sr. Caneta". A cada frase que proferia, ele apertava sua caneta — *clic-clic* —, enfatizando todos os seus comentários — que eram vários, já que ele sabia de tudo e os novos caras como eu não sabiam de nada — com cliques adicionais.

Em vez de aprender a como ser um vendedor melhor, o que mais aprendi foi como não ser intimidado. Quando o Sr. Caneta dava a entender que não simpatizava comigo, eu deixava claro que também não simpatizava com ele. Se ele fazia um comentário maldoso, em vez de retrucar, eu me abaixava, lembrando-o sutilmente de que eu era alto e ele, baixo, e afirmava com sarcasmo: "Desculpe. O que você disse?"

O rosto de Patrick enrubescia. Claro, quando ele realmente me irritava, eu era menos sutil — colocava a mão em uma das minhas orelhas, me inclinava e dizia: "O quê? Não consigo ouvi-lo aí embaixo."

Nesses casos, sua única reação era se afastar, apertando sua caneta. De alguma forma, nossa rivalidade o fez me ensinar uma coisa ou outra sobre vender os produtos da Van Waters & Rogers. Durante uma venda, quando eu já estava anotando o pedido, ele me interrompeu, lembrando que era importante enfatizar que, embora os concorrentes oferecessem os mesmos produtos, a Van Waters & Rogers tinha produtos superiores a um preço mais baixo. Em outra ocasião, ele comentou: "Gardner, e as amostras? Você deveria ter mencionado as amostras antes de anotar o pedido."

Em situações como essa, eu não podia esbravejar e questionar por que ele não esperou em vez de me constranger na frente de um cliente. Por mais irritante que fosse, aprendi que era essencial exaltar o produto que eu estava vendendo como melhor e mais barato do que o da concorrência. Além disso, aprendi que existiam etapas de vendas e vários aspectos subjetivos. Algumas das habilidades poderiam ser desenvolvidas, mas logo percebi que os melhores vendedores tinham um talento inato. Nem todo mundo conseguia vender, nem todo mundo deveria vender. Eu tinha o necessário? Eu ainda não sabia. Mas, caramba, US$80 mil? Qual era o diferencial de Bob Russell?

Independentemente do que fosse, eu não desanimaria, mesmo tendo que dirigir inúmeros quilômetros de Berkeley a cada parada no Vale do Silício, de San Mateo a San Jose, seguindo pela estrada além do aeroporto de São Francisco. Mas a visita mais importante que já fiz foi ao San Francisco General Hospital, onde entreguei amostras e um catálogo para Lars Nielson, que administrava um laboratório com o qual queríamos fazer negócios. Embora a visita tenha corrido bem e eu esperasse voltar para fechar o pedido, quando saí do prédio, algo me disse que eu ainda percorreria um longo caminho até estar à altura de Bob Russell. Mas que opções eu tinha?

Então, após o clarão do sol ofuscar minha vista, deparei-me com a Ferrari 308 vermelha no estacionamento. O dono do carro, que usava um terno sob medida e estacionaria na minha vaga após responder às minhas perguntas — "O que você faz?" e "Como você faz isso?" —, era um cavalheiro chamado Bob Bridges. Ele era corretor da bolsa, trabalhava na Donaldson, Lufkin & Jenrette e ganhava um salário de US$80 mil *por mês*!

Inacreditável. Não era preciso ser um gênio da matemática para comparar esse valor com os US$80 mil anuais de Bob Russell. Foda-se Bob Russell!

Nessa fase da minha vida, eu sabia tanto sobre Wall Street, ações, títulos, mercados de capitais e altas finanças quanto a maioria das pessoas sabia sobre a preservação de fosfatos miocárdicos de alta energia. Porém, mesmo antes de sair para almoçar com Bob Bridges e entender o que exatamente um corretor fazia e como fazia, comecei a me imaginar nessa área. Como poderia ser diferente dos meus empregos anteriores? Na Heartside Nursing Home, nas alas de cirurgia geral e proctologia do Hospital da Marinha em Camp Lejeune, no laboratório do hospital do Departamento dos Assuntos de Veteranos e do Centro Médico da Universidade da Califórnia, na Van Waters & Rogers, assumi cargos sem experiência prévia, mas tive sucesso e me saí bem. Não apenas me saí bem. Eu me saí fabulosamente bem. Apesar de os meus ganhos financeiros não terem sido extraordinários, eu me superei quanto ao crescimento profissional e ao desenvolvimento de habilidades.

Era o bastante para eu acreditar que poderia fazer o mesmo como corretor. Era a primeira vez que a ideia me passava pela cabeça, mas eu não tinha dúvidas de que havia encontrado minha vocação e que faria de tudo para construir uma carreira nessa área. Por razões que não sei explicar, bem no fundo, eu sentia que era ISSO.

Para qualquer outra pessoa, essa certeza podia parecer loucura. Além de não ter formação acadêmica, eu não tinha conexões ou privilégios que pudessem me ajudar no início. Quer dizer, exceto por Bob Bridges, que só conheci por ter lhe cedido minha vaga de estacionamento.

Quando saímos para almoçar e perguntei: "O que um corretor faz?", ele foi solícito, descrevendo pacientemente sua rotina.

Bob explicou que ia para o seu agradável escritório, sentava-se em sua cadeira, atendia telefonemas e fazia anotações.

"Deixe-me ver se entendi", afirmei. "Você atende telefonemas e faz anotações. É isso?"

Bob continuou. "Bem, sim. E também telefono para meus clientes, converso com eles. Conto histórias sobre empresas e eles me enviam dinheiro."

De repente, me dei conta de que aquele cara, com um lindo terno sob medida, que provavelmente custou milhares de dólares, era um vendedor, assim como eu. Mas, em vez de dirigir por quilômetros para visitar prédios e laboratórios obscuros, com o porta-malas do carro cheio de tranqueiras, ele ia a um escritório, sentava-se lá e falava ao telefone.

Eu queria dizer *Caramba, você deve estar brincando*, mas apenas escutei atentamente enquanto ele revelava o segredo do seu sucesso.

Bob falou que era motivado, que definia as próprias metas. "Todos os dias, quando estou ao telefone, digo a mim mesmo: *Só vou embora quando fizer 4 ou 5 mil dólares.*"

De novo, os valores eram surpreendentes. Ele se sentava lá e conversava com as pessoas até ganhar 4 ou 5 mil dólares por *dia*. E eu estava me matando para lucrar 4 ou 5 mil por *mês*! Para me certificar de que havia entendido, perguntei: "Bob, você conversa com as pessoas, algumas das quais você conhece, algumas das quais você não conhece, algumas das quais você precisa conhecer, e conta histórias sobre essas empresas, menciona ideias e oportunidades de investimento, e elas te enviam dinheiro?"

"É isso mesmo", respondeu ele, com sinceridade.

E, com sinceridade, anunciei: "Eu posso fazer isso." Apenas para enfatizar, acrescentei: "Sim, eu posso fazer isso. E sabe de uma coisa? Eu *quero* fazer isso!"

Não sei se ele acreditou, mas, aos risos, Bob se ofereceu para me apresentar a alguns gerentes de diferentes corretoras da cidade. Ele me explicou que a falta de formação acadêmica poderia ser uma desvantagem. Porém, disse que nessas empresas existiam programas de treinamento para os quais eu poderia me candidatar, mesmo sem um diploma, e aprender todos os aspectos do trabalho — princípios de investimento, planejamento financeiro, todo o espectro da economia e das altas finanças — enquanto estudava para tirar a licença de corretor, pois ela era obrigatória para contratações em regime integral.

Negócio fechado, pensei. Chris Gardner, corretor da bolsa de valores. Era o meu destino. Ponto-final. Apesar do pesadelo logístico que sucedeu aquele almoço, eu sabia que valeria a pena.

A locomoção se tornou meu primeiro grande obstáculo. Quando Bob começou a marcar entrevistas para mim, a maioria delas era no distrito financeiro, no centro de São Francisco, no período das 9h às 17h, em dias úteis — sempre depois do café da manhã e antes do happy hour. Como minhas visitas para a Van Waters & Rogers eram quase todas no Vale, no mesmo horário, isso significava que eu chegava atrasado ou perdia as reuniões que Patrick, meu chefe, agendava para mim.

A maioria das minhas entrevistas era em empresas maiores com programas de treinamento, como Merrill Lynch, Paine Webber, E. F. Hutton, Dean Witter e Smith Barney, empresas onde Bob conhecia os gerentes. Se havia algum indício de desânimo, ele desapareceu assim que pus os pés na primeira corretora. Isso, sim, era excitante! Uma dose e fiquei viciado. Algo naquele ambiente era revigorante.

Enquanto aguardava, senti uma grande euforia, a adrenalina correndo por minhas veias, só de observar a agitação: telefones tocando, teleimpressores funcionando, corretores gritando ordens de compra e venda e batendo cartões de ponto. Era como visitar um país estrangeiro e voltar para casa, tudo ao mesmo tempo.

Foi o mesmo impacto que senti ao ouvir Miles Davis pela primeira vez e perceber como sua música era capaz de mudar a energia do ambiente. O pregão tinha um poder parecido, interligado aos acontecimentos e aos feitos de milhões de outras pessoas em todo o mundo. Simplesmente eletrizante! Adrenalina contínua, intensidade pura.

Esperar pela entrevista não me incomodou, pois quanto mais eu absorvia a agitação, mais certeza eu tinha de que poderia fazer aquilo. Eu não vi nenhum outro negro no escritório, mas isso não abalou minha confiança. Afinal, existia a possibilidade de ganhar US$80 mil por mês!

Claro, posso ter sido ingênuo em pensar que esse era o lucro da maioria dos corretores. Ainda assim, era uma motivação. Mamãe havia me dito que, se eu quisesse, poderia ganhar US$1 milhão. Ao fazer as contas — US$80 mil vezes doze, com algumas horas extras e bônus —, concluí que, em um ano, conseguiria chegar a esse valor! Se Bob Bridges era capaz, eu também era.

Agora que havia encontrado os meios e o local para fazer o que eu acreditava que poderia fazer, só faltava ser contratado por uma empresa com um programa de treinamento. Uma tarefa nada fácil. Entrevista após entrevista, as respostas variavam, mas todas se resumiam a "não". E a cada rejeição, como se fosse um presente de despedida, eu me deparava com uma multa de estacionamento no para-brisa do meu carro. Outros US$15 a US$25 que eu não tinha, outro lembrete de que eu precisaria tirar uma folga do trabalho e ir ao departamento de trânsito solicitar isenção ou desconto. Ainda assim, eu não desistiria.

O racismo não era o problema principal, embora fosse parte dele. Acabei percebendo que o motivo das rejeições era a minha "procedência". Tudo se resumia a conexões, contatos. Qual era a minha ligação com o mercado? Qual era a minha conexão com meus futuros colegas, já que não havia cursado a faculdade? Meu currículo mostrava ampla experiência, mas eu era questionado sobre o que faltava nele. Você não é de uma família com ligações políticas. Você não tem dinheiro. Quem vai fazer negócios com você? Qual é a sua conexão com o dinheiro?

Procedência. Fazia sentido. Mas continuei dizendo a mim mesmo: *Você consegue.*

No escritório da Dean Witter em São Francisco, um amigável corretor chamado Marty se colocou à disposição. Ele era alguém a quem eu podia pedir conselhos de vez em quando, mesmo sem hora marcada. Quando ele me indicou para a Dean Witter em Oakland, localizada em uma região majoritariamente habitada por negros, presumi que era pelo fato de eu ser negro, embora lá também não houvesse funcionários negros. A essa altura, eu só queria conseguir uma vaga em seu programa de treinamento. Já fazia alguns meses e nenhuma outra empresa havia manifestado interesse em me contratar. O trabalho que eu tinha estava em risco, com o Sr. Caneta me pressionando. A realidade era que eu estava ficando sem saída. Determinado a conseguir a vaga, fui até o escritório de Oakland conversar com o gerente.

Na pior entrevista de emprego de todos os tempos, sentei-me na sala com vista para o lago Merritt e, enquanto eu falava, o gerente olhou por cima do meu ombro e me interrompeu: "Olha só, que interessante! Um cavalo pulou no lago."

Eu queria responder: *Foda-se o cavalo!* Afinal, o lago Merritt não era fundo, então ele não se afogaria. Mas ficou claro que o gerente não estava nem aí para mim. Com o maior profissionalismo possível, levantei-me e disse: "Acho que não é um bom momento. Que tal remarcamos a entrevista?"

Ele concordou. Pedi licença, corri até o carro, arranquei a multa de estacionamento do para-brisa e dirigi até o Vale, onde eu deveria buscar Patrick para visitar um cliente. Na pressa, esqueci de tirar a pilha de relatórios anuais das corretoras — Dean Witter, Paine Webber, E. F. Hutton — que estavam no banco do passageiro.

Só percebi o equívoco quando Patrick abriu a porta do carro. Disfarçando o pânico, tentei esconder os papéis e, nesse exato instante, ele disse: "Gardner?"

"Sim...", afirmei, certo de que havia sido pego.

Desconfiado, ele me encarou, questionando: "Você vai abrir uma conta de investimento?"

"Ah, sim...", respondi, tentando parecer calmo. "Sim, estou pensando em abrir uma conta."

Então, só para demonstrar que não havia acreditado, Patrick me olhou de soslaio e apertou sua caneta. Nos dias que se seguiram, ele começou a me vigiar. Embora não soubesse das entrevistas, ele começou a suspeitar, principalmente quando descobriu que eu estava cancelando compromissos e chegando atrasado às visitas.

Para piorar a situação, Jackie insinuava que eu estava me enganando ao pensar que conseguiria uma carreira em Wall Street. Seu ponto de vista, bastante válido, era: "A maioria desses caras não tem MBAs?"

Não importava quantas vezes eu explicasse sobre os programas de treinamento e dissesse que não era necessário ter uma pós-graduação, ela não se convencia. O amigo dela em tal firma tinha MBA, e o marido da amiga dela em outra firma tinha MBA. "Chris, você nem tem graduação. Você não precisa ser formado para trabalhar nessa área?"

De novo o argumento do diploma: "Você não tem formação." Isso vindo da mulher com quem eu vivia, a mãe do meu filho.

Tenha paciência, continuei dizendo a mim mesmo, *você vai conseguir*. Eu pressentia. Mesmo com o dinheiro mais apertado do que nunca, o baixinho irlandês querendo me ferrar e Jackie preocupada, eu sabia que algo de bom aconteceria.

Justo quando pensei que todas as minhas opções haviam se esgotado, fiz uma entrevista na E. F. Hutton. Após várias conversas, em vez de me descartar, o gerente declarou: "Vamos te dar uma chance." Ele me acompanhou até a porta, apertou minha mão e disse que me veria duas semanas depois, às 7h, para iniciar o programa de treinamento.

Senti vontade de dançar, estilo Gene Kelly, na chuva de verão de São Francisco. Feliz da vida, beijei a multa de estacionamento deixada no para-brisa do carro como se fosse um bilhete da sorte, prometendo a mim mesmo que tiraria um dia de folga para ir ao departamento de trânsito.

Finalmente, eu podia provar que não estava louco! Imaginei minha conta bancária aumentando com as comissões de corretor.

Embora eu pretendesse fechar algumas vendas pendentes da Van Waters & Rogers nas duas semanas seguintes, houve uma reviravolta inesperada quando Patrick anunciou: "Gardner, não está dando certo. Estamos tentando progredir, e você não está acompanhando."

Aliviado, admiti que era recíproco e que eu tinha outras oportunidades me aguardando. *Grande erro.* Assim que eu disse isso, mesmo antes de concluir, Patrick me interrompeu com um *clic*, apressando-me para ir embora. Só para esclarecer, perguntei-lhe se era um aviso-prévio de duas semanas. Ele explicou que nosso acordo estava rescindido e que o cheque de pagamento seria enviado pelo correio.

Maravilha. O plano perfeito: ir para casa, esperar as duas semanas, receber o seguro-desemprego, passar algum tempo com a família e depois começar em Wall Street, onde eu ganharia mais do que Bob Russell, bem mais do que Patrick.

Ao receber o cheque da rescisão, percebi que o valor não batia com o meu tempo de trabalho. Como eu havia me "demitido", eles descontaram as duas últimas semanas e eu não tinha direito ao seguro-desemprego. Era um problema, mas, já que eu planejava conquistar o mercado de ações, não me preocupei muito.

Após duas semanas de folga — durante as quais não resolvi as multas de estacionamento —, acabei constatando que, de fato, a vida nos prega peças. Naquela manhã de segunda-feira, para causar uma boa impressão, cheguei trinta minutos antes da hora marcada, e ninguém sabia quem eu era.

Surpreso com a falta de organização, pedi para falar com meu novo chefe, o gerente que havia me contratado, a pessoa que havia me dito: "Vamos te dar uma chance."

"Ah", disse um dos corretores. "Ele foi demitido na sexta-feira."

Parado ali, na recepção, senti um desespero inexplicável. Para alguns, aquele acontecimento poderia ser motivo de ironia, até mesmo de humor. Mas não para mim. Não achei a mínima graça. Fiquei tão atordoado que, ao sair do prédio, deparei-me com uma chuva forte e nem sequer abri o guarda-chuva. Como aquilo era possível? O emprego pelo qual larguei outro emprego não existia. Eu estava sem renda. Teria problemas com minha mulher. Não sabia o que diabos faria.

Eu tinha consciência de que o desemprego era o que mais prejudicava um relacionamento. Pelo menos, era assim no mundo onde cresci e no mundo em que vivia. Na infância, aprendi que um homem sem emprego não era digno. Afinal, a obrigação de um homem era sustentar sua família. Até mesmo o velhote beberrão tinha um trabalho. Portanto, seria inaceitável para mim acordar pela manhã e ficar em casa, ainda mais quando tive tanta certeza de que conseguiria uma carreira em Wall Street, uma decisão que eu havia tomado por minha conta e risco. Não queria nem pensar em como Jackie reagiria.

Mais tarde, eu me referiria aos acontecimentos que se sucederam como uma série de incidentes e circunstâncias que, considerados em conjunto, poderiam ser um exemplo perfeito da Lei de Murphy. Para complicar, meu relacionamento com Jackie estava desmoronando. Quando cheguei em casa e contei o que havia acontecido, ela não disse absolutamente nada. O que poderia ter dito? "Sinto muito, querido, seja forte", mas permaneceu em silêncio. Não tínhamos poupança, não tínhamos renda, somente contas. Nenhum luxo, apenas despesas comuns: mercado, aluguel, parcelas do carro, creche, fraldas.

Minha prioridade imediata era arranjar algum dinheiro. Recorri aos bicos que fazia para complementar o salário do hospital do Departamento dos Assuntos de Veteranos e, naquele mesmo dia, ganhei cinquenta dólares pintando casas para um amigo empreiteiro. Ótimo. Teríamos o que comer naquela noite e pagaríamos a conta do gás. No dia seguinte, meu amigo me chamou para colocar telhas em uma casa; no outro dia, limpei um porão; e, no terceiro dia, fiz um serviço de jardinagem. Mesmo que não me agradasse, mesmo que eu não tivesse experiência, eu aceitava tudo o que aparecia, sem reclamar.

A meu ver, aquela situação era um retrocesso, uma pedra no meio do caminho, mas não era, de forma alguma, o fim da jornada. Na verdade, enquanto fazia aqueles serviços, eu só pensava em me reerguer, encontrar uma porta aberta, conseguir a oportunidade certa.

Em meio às discussões por dinheiro, à crescente tensão em casa e aos bicos que apareciam, defini uma espécie de estratégia. A única possibilidade que me restava era ir até a Dean Witter, onde não haviam dito sim, mas também não haviam dito não. O grande desafio era superar o problema da procedência: qual era a minha ligação com o mercado? Um desafio ainda maior era explicar que eu estava desempregado. Minha ideia era conseguir alguém que intercedesse a meu favor, alguém como Joe Dutton, um empresário afro-americano da alta tecnologia que eu havia conhecido em um seminário de negócios.

Quando liguei para Joe e lhe pedi esse favor, ele ficou feliz em ajudar um irmão e consegui marcar a entrevista na Dean Witter. Se me descartassem, eu não sabia o que faria em seguida. Era como se a minha vida dependesse daquela entrevista.

Mais tarde, eu me perguntaria como as coisas teriam sido se o primeiro programa de treinamento tivesse dado certo ou se o gerente que me contratou não tivesse sido demitido. Será que enfrentaríamos todos aqueles conflitos em casa? A falta de dinheiro piorava tudo, mas havia outros problemas. Na opinião de Jackie, minhas críticas e o fato de eu fumar maconha para relaxar eram insuportáveis. Na minha opinião, ela não confiava em mim, e isso me revoltava. Meu instinto dizia que ela seria capaz de usar Christopher para me atingir.

A gota d'água aconteceu em uma noite de quinta-feira, depois de sabermos que Sebastian, filho da minha amiga Latrell, morreu atropelado enquanto andava de triciclo. A trágica notícia nos deixou à flor da pele e começamos uma discussão homérica, tão desgastante que acabamos dormindo sem resolver. Na manhã de sexta-feira, assim que acordamos, retomamos a briga.

Quando Jackie começou a se trocar, entrei em pânico. Na minha cabeça, isso significava que, como eu estava desempregado, era minha obrigação arrumar Christopher e levá-lo à creche, onde precisávamos mantê-lo, mesmo sem condições, para o caso de ambos arranjarem um trabalho. Apressada, ela se dirigiu à porta e eu a segui, exigindo saber: "Aonde você vai? Você não vai sair até resolvermos essa situação!"

Jackie me ignorou e começou a descer as escadas. Corri atrás dela e tentei puxá-la em minha direção. Enquanto ela tentava se esquivar, eu segurava seus braços. Horrorizado por ter me rebaixado a esse nível, eu a soltei e ela caiu no canteiro de rosas.

Enquanto Jackie se levantava, com alguns arranhões, tentei engolir meu maldito orgulho para pedir desculpas, mas ela explodiu: "Vá embora dessa casa!"

Minha irritação voltou. "Não. Não vou embora. Não vou a lugar nenhum!" Entrei na casa, bati a porta e fui dar banho em Christopher.

Depois, sucedeu-se uma série de acontecimentos caóticos, resultando em complicações legais que até hoje são ambíguas, visto que Jackie acabou desistindo de me acusar formalmente. No início, porém, esse era o seu objetivo. Uns dez minutos depois que ela havia saído, ouvi uma batida na porta e, segurando Christopher enrolado em uma toalha, abri e me deparei com dois policiais de Berkeley. Jackie estava atrás deles, na calçada.

Um dos policiais me perguntou: "Você é Chris Gardner?"

"Sim", respondi, demonstrando confusão.

O segundo policial explicou: "Recebemos uma queixa da mulher que mora aqui. Ela disse que você a agrediu."

O quê? "Não, eu não a agredi", afirmei.

O primeiro policial questionou os arranhões que ela tinha pelo corpo, então eu apontei para as roseiras e expliquei como Jackie havia caído. Mas o outro policial retrucou: "Não, ela disse que você a agrediu. No estado da Califórnia, violência doméstica é crime."

Quando eu estava prestes a perder a paciência, pronto para dizer que eu sabia que violência doméstica era crime, que já tinha visto uma mulher espancada e que me entregaria à polícia antes de cometer tal atrocidade, o primeiro policial rondou o meu carro e anotou a placa.

Após verificarem que o carro era realmente meu, eles anunciaram que me levariam à delegacia.

Quando protestei: "Não. Preciso arrumar meu filho e deixá-lo na creche", os policiais disseram que o bebê ficaria com a mãe e que ela faria isso. Em choque, observei eles entregarem meu filho para Jackie, que entrou na casa e fechou a porta sem nem sequer me olhar. Nesse ínterim, fui algemado e colocado no banco de trás da viatura.

Perplexo, amaldiçoei Jackie durante todo o trajeto para a delegacia. Eu assumiria a responsabilidade por qualquer mágoa que tivesse causado nela, mas ficar longe de Christopher era inadmissível. Para piorar, descobri que, além da possibilidade de ser acusado por lesão corporal, eu devia US$1.200 em multas de estacionamento. Eu mal conseguia pensar; minha raiva deu lugar ao medo e à devastadora sensação de impotência — sentimentos que ficavam à espreita, prontos para voltar à tona quando tudo saísse do controle.

Após me ficharem e colherem minhas impressões digitais, os policiais me levaram até uma cela provisória, onde me disseram que a queixa de Jackie não era o motivo da detenção. Se fosse apenas isso, eu poderia pres-

À Procura da Felicidade   211

tar esclarecimentos e ir embora. O problema eram as multas. A menos que eu pagasse o que devia, teria que comparecer em juízo. Era sexta-feira. E as horas foram passando. Andando de um lado para o outro em minha cela, fui abordado por um dos caras da recepção, que explicou: "O juiz disse que já está tarde. Ele vai vê-lo na segunda-feira." Após uma pausa, ele acrescentou: "Você vai ter que ficar aqui. Só pode ir embora depois que falar com o juiz."

"VOCÊ ESTÁ ME DIZENDO QUE VOU ESPERAR AQUI ATÉ SEGUNDA-FEIRA?"

Como se eu o tivesse ofendido, o cara da recepção respondeu: "Você deve dinheiro ao estado da Califórnia. Mantê-lo aqui é uma garantia de que resolveremos isso."

Segundo a Lei de Murphy, as coisas têm que piorar. E foi exatamente o que aconteceu quando fui escoltado para outra cela, junto com três dos caras mais desprezíveis, feios e esquisitos que já vi na vida: um assassino, um estuprador e um piromaníaco. E eu estava ali por causa de multas de estacionamento. Relembrando a única vez em que fui detido, por furtar calças na Discount Center, e o quanto fui ridicularizado por esperar lendo um livro, fiquei quieto enquanto ouvia os outros três contarem suas histórias de prisão e por que foram parar ali. Claro, a primeira lição que aprendi foi: ninguém cometeu o crime pelo qual foi acusado. Todos os casos envolviam erros de identificação ou alguém que estava mentindo. Cada um daqueles canalhas disse as mesmas três palavras: "Não fui eu."

Depois, eles me encararam, curiosos, querendo saber por que eu estava ali. Sem querer revelar o verdadeiro motivo, semicerrei os olhos e falei em tom ameaçador: "Por tentativa de homicídio e acho que vou tentar de novo." Para marcar território, apontei para onde queria dormir e avisei: "E aquela ali é a minha cama."

Eu estava irritado e era o maior da cela. Meu truque funcionou, pois consegui obter o bem mais valioso em uma prisão: cigarros.

Ironicamente, eu havia voltado a fumar na Marinha, quando fazia longos turnos no hospital. A essa altura, tinha parado por falta de dinheiro, mas tudo indicava que a detenção me faria retomar o vício. Fumar era, de longe, muito melhor do que o pão amanhecido e o café frio que me serviram no mais longo e torturante fim de semana da minha vida.

Demorou uma eternidade até segunda-feira de manhã. Quando me apresentei perante o juiz, ele afirmou, mal tirando os olhos de sua papelada: "Sr. Gardner, você deve US$1.200 ao estado da Califórnia. Como pretende resolver isso?"

Ele me perguntou se eu trabalhava e balancei a cabeça, indicando que não. Então ele me perguntou se eu tinha como pagar aquele valor e balancei a cabeça de novo, indicando que não.

Pela primeira vez nesse suplício, mais do que medo e raiva, senti uma profunda tristeza ao me deparar com a realidade das circunstâncias. "Não tenho esse dinheiro", murmurei, desnorteado.

"Bem, Sr. Gardner, então terei que condená-lo a dez dias em Santa Rita." Após bater seu martelo, ele gritou: "Próximo!"

Imediatamente, um guarda me algemou e me conduziu ao ônibus que me levaria em direção ao norte do Vale Central, para a Casa de Detenção do Condado de Santa Rita, a superlotada e decadente prisão cujo detento mais notório era Juan Corona, o Assassino da Machete. Chocado, observei os criminosos ao meu lado no ônibus. Meu crime? Não era violência doméstica, a queixa inicial de Jackie, que ela ainda não havia decidido se levaria adiante. Eram as multas. Não havia o que contestar. Elas eram um fato, uma evidência documentada de meu desrespeito à lei ao tentar subir na vida. Se não havia como pagar, preso eu teria que ficar. Por *dez dias*. Ponto-final.

Onde estava meu advogado? Todo mundo tinha um defensor público. *É isso*, pensei. Meu recurso, minha saída. Eles não haviam me oferecido nenhum advogado. Então, quando chegou a hora de descer do ônibus, tentei explicar ao motorista afro-americano, que me parecia amigável, que ele precisava me levar de volta ao tribunal. Ou talvez, o que eu realmente queria, me deixar ir embora. Assim que saí da fila, os guardas da prisão puxaram minha corrente, colocando-me de volta.

Se alguma coisa me ajudou a sobreviver ao efeito desumanizador da prisão, foi o tempo que passei no serviço militar. Não era apenas o macacão laranja e os sapatos de borracha, mas o rígido controle, as refeições horríveis e a temperatura parecida com a de um forno. Nenhuma brisa do Pacífico, nada de vento. Calor. Calor. Calor. A receita perfeita para eu ter uma discussão com um dos guardas, quando percebi que minhas lentes de contato novas estavam machucando meus olhos como se fossem escamas de peixe, já que não havia nenhuma solução salina. Certo de que ficaria cego, exigi uma consulta médica. Ao ser ignorado pelo guarda, murmurei algo brilhante, do tipo: "Vá se foder."

Fui presenteado com uma estada na solitária, uma estrutura de tijolo sem teto, do tamanho de um banheiro, onde não dava nem para se deitar, razão pela qual era chamada de "caixa quente". Sozinho ali, de repente senti falta das conversas de prisão que antes me deixavam irritado. Ainda bem que eu já estava acostumado a conversar comigo mesmo, pois comecei a puxar papo, dizendo em voz alta: "Cara, a situação vai de mal a pior."

"Nem me fale", lamentei.

"Por que eles dizem que você precisa esfriar a cabeça na caixa quente? Isso é um paradoxo." Com o sol escaldante, o calor era infernal. Por outro lado, poderia chover e só me restaria ficar molhado.

Quando cansei de conversar comigo mesmo, comecei a cantar e, depois, apenas a fazer barulhos, tudo na tentativa de afugentar o medo: Como foi que isso aconteceu? O que vai acontecer agora?

A caixa quente até que esfriou minha cabeça, pois mantive a calma ao solicitar uma autorização para ir ao funeral de Sebastian, sabendo o quanto minha presença era importante para Latrell. Mas meu pedido foi negado.

Após cumprir meus dez dias, as multas deixaram de ser um problema. Exausto, enquanto esperava a minha transferência para a prisão de Berkeley, onde descobriria o resultado da denúncia de Jackie, enfrentei o maior impasse de todo esse suplício: a entrevista na Dean Witter estava marcada para a manhã seguinte. Todos aqueles meses de esforço dependiam daquela última oportunidade de conversar com o sujeito que decidiria meu futuro como corretor da bolsa de valores. Porém, ao chegar à prisão de Berkeley, fiquei sabendo que minha audiência com o juiz só seria na manhã seguinte. O que eu faria? Como iria à entrevista na Dean Witter se ainda estaria na cadeia?

A resposta veio na figura de um guarda, um latino que deve ter levantado com o pé direito naquela manhã, pois ele me deixou fazer uma ligação para tentar remarcar a entrevista. Talvez tenha sido por eu ter implorado. Talvez tenha sido por eu ter explicado o quanto precisava daquele emprego.

Independentemente do motivo, o guarda discou o número e me passou o telefone pela grade da cela. Lá estava eu, encarcerado, ligando para o Sr. Albanese, na Dean Witter. Quando ele atendeu, tentei ser cordial: "Olá, Sr. Albanese, tudo bem? Quem fala é Chris Gardner."

"Tudo bem", respondeu ele.

Continuei: "Tenho uma entrevista com o senhor amanhã, mas surgiu um problema. Podemos remarcar para o dia seguinte?"

Senti que era um milagre quando ele afirmou: "Ok, sem problema. Esteja aqui às 6h30."

"Obrigado, meu Deus", agradeci na frente do guarda após desligar o telefone. O Sr. Albanese havia dito que estava ansioso para me conhecer. Garanti a ele que nos veríamos no dia seguinte.

Minha provação jurídica com Jackie continuou na manhã seguinte, quando nos vimos no tribunal. Eu tinha a intenção de me redimir, pedir desculpas e encontrar uma forma justa de dividirmos a guarda de Christopher. Obviamente, nossa relação havia acabado. Meu plano era passar em casa, pegar minhas coisas e procurar um lugar para morar. Mas, aparentemente, Jackie estava disposta a me punir, o que resultou em uma nova audiência, marcada para semanas mais tarde. Quando a vi saindo do tribunal naquele dia, apesar de seu desprezo, eu ainda tinha esperança de que a audiência não fosse necessária.

O que também me confortava era a expectativa de que a entrevista abrisse a porta para meu futuro. Quando peguei o trem de volta para casa, planejando fazer as malas rapidamente, brincar um pouco com Christopher e arranjar uma forma de levá-lo para morar comigo, onde quer que fosse, eu me senti tão animado que ignorei minha intuição quanto ao comportamento de Jackie naquele dia. Era um pressentimento ruim. Mas, depois de tudo o que ela me fez passar, não parecia plausível, então deixei pra lá.

Ao me aproximar da casa, tudo parecia normal. Só percebi algo incomum quando não vi as cortinas. O que havia de errado? A ficha caiu quando olhei pela janela e constatei que a casa estava vazia. Deserta. Nada de Jackie. Nada de Christopher. Nada de móveis, som, utensílios, roupas. O carro não estava na garagem. A fechadura havia sido trocada.

Aturdido e desesperado, abordei as pessoas na rua: "Onde está o meu filho?", perguntei a vizinhos e desconhecidos. "Onde está Jackie?"

Uma amiga dela se recusou a me dizer. "Quem mandou você agredi-la?", repreendeu-me. "Nem adianta perguntar, não sei de nada."

É claro que ela sabia de tudo. Na verdade, eu me senti humilhado, pois todos pareciam saber, menos eu. Já não adiantava me defender do que Jackie havia dito a meu respeito. Eu só me importava com o fato de que ela e Christopher haviam desaparecido. Eu tinha que encontrá-los.

Primeiro, eu precisava de um lugar para dormir e lavar as únicas roupas que eu tinha para a entrevista — uma calça jeans boca de sino, uma camiseta, uma jaqueta marrom (que combinava com o Nissan) e um par de tênis respingado de tinta (que eu usava para fazer bicos). Era a mesma roupa com que fui para a prisão e que usei lá a maior parte do tempo, além do macacão laranja e dos sapatos de borracha.

Alguns dias depois do enterro de seu filho, uma Latrell Hammonds abatida atendeu à minha ligação e disse que eu poderia lavar minhas roupas na casa dela e dormir no sofá. Cair no sono foi difícil, principalmente quando me ocorreu que aqueles dias e aquelas noites, desde que os policiais haviam me levado para a delegacia, marcaram a primeira vez que Christopher e eu ficamos longe. Finalmente, consegui dormir, mas não sonhei, pois minha mente continuou martelando a mesma pergunta: *Onde está o meu filho?*

CAPÍTULO 10

Sonho Californiano

Na manhã seguinte, às 6h15, quando me aproximei de sua mesa, o Sr. Albanese me olhou por cima de sua xícara de café e de seu *Wall Street Journal* e afirmou: "Entrega é pela porta dos fundos."

Felizmente, não havia ninguém nessa parte do escritório, então não precisei passar por mais constrangimento devido às minhas roupas. Minha calça jeans estava limpa e meu paletó não estava muito amassado, mas o par de tênis respingado de tinta me fazia parecer exatamente o que o Sr. Albanese pensou — um entregador ou algum morador de rua.

"Sr. Albanese", expliquei, "sou Chris Gardner. Marcamos uma entrevista às 6h30. Peço desculpas por ter chegado antes".

"Tudo bem", disse ele. "Eu acordo cedo."

"Eu também", assenti, com firmeza. O Sr. Albanese me examinou mais atentamente, uma oportunidade para eu explicar minhas roupas inapropriadas: "Hoje é o dia mais importante da minha vida profissional, mas, tenho que admitir, estou malvestido para a ocasião."

Sem achar graça do meu comentário descontraído, ele disse: "Percebi. O que aconteceu?"

Nenhuma das mentiras que eu poderia inventar parecia convincente, então contei a verdade, exceto a parte da prisão, explicando que Jackie tinha esvaziado a casa, levando até o meu carro, e que ela e meu filho haviam desaparecido.

Ouvindo com atenção, o Sr. Albanese interrompeu-me: "Você acha que a sua situação é difícil? Imagine passar por isso com três mulheres diferentes!" Ele havia se divorciado três vezes e elas pegaram todo o seu dinheiro. Em seguida, ele contou várias histórias sobre as ex-esposas, desabafando por uns vinte minutos. Quando achei que poderíamos voltar a discutir o meu futuro, ele se lembrou de outra coisa: "E depois conheci uma mulher que comecei a namorar. Vou te contar o que ela fez."

O fato é que eu estava ali para convencê-lo de que merecia participar do programa de treinamento da Dean Witter, e não para ficar ouvindo lamentações. Mas ele era um cara legal, então dei atenção e expressei interesse comentando nos momentos apropriados: "Nossa!"

Finalmente, o Sr. Albanese concluiu suas histórias. Em vez de continuar a entrevista, ele se levantou, tomou um gole de café e disse: "Esteja aqui na segunda de manhã e o acompanharei pessoalmente ao treinamento."

Simples assim. Os portões de Wall Street, até então fechados, abriram-se. Eu havia conseguido! Não era 1 milhão de dólares, nem a minha própria Ferrari vermelha, mas a oportunidade significava reconhecimento. A parte engraçada foi que, depois de me preocupar com minhas roupas e descobrir que Jackie havia aprendido como dirigir nosso carro manual, que nunca mais vi, para levar Christopher à Costa Leste, junto com a chave do depósito onde ela guardou todas as minhas coisas, o motivo de eu estar malvestido me conectou com Albanese. Realmente, Deus escreve certo por linhas tortas.

É claro que não havia nenhuma garantia. Como estagiário, eu ganharia um salário de mil dólares por mês e, entre me dedicar ao treinamento, ajudar os corretores no escritório e estudar para o exame, não sobraria tempo livre para fazer uma renda extra. Ou seja, minha situação financeira seria apertada e, até receber meu primeiro salário, eu teria que me virar.

Quando chegou a segunda-feira seguinte, eu havia dormido no sofá de vários amigos, descolado algumas refeições, pegado dinheiro emprestado para ir até o trabalho e encontrado um amigo disposto a me arranjar um terno e um par de sapatos. O terno era dois números abaixo do meu, e o sapato, dois acima. Mesmo assim, fui de cabeça erguida para o meu primeiro dia, surpreso de ver um rosto que eu havia visto lá vários meses antes. Era um irmão chamado Bob — ou "Bob Gravata-borboleta", como o apelidei devido à típica gravata, aos óculos com armação grossa e à timidez —, que havia estudado em Stanford e tinha sido o primeiro afro-americano a ser admitido no programa de treinamento. Após reencontrá-lo, fiquei ansioso para conversar e me senti feliz por ver outro irmão ali. Apresentei-me e lhe disse: "Nossa, que bom vê-lo aqui! Como conseguiu? O que preciso fazer? O que você fez?"

Na época dessas primeiras conversas, Bob Gravata-borboleta havia começado o programa de treinamento pouco antes e parecia mais interessado em falar sobre Stanford, onde jogou no time de golfe, do que sobre como havia quebrado a barreira racial no mundo financeiro. Já que era evidente que eu não tinha curso superior, não pertencia a clube algum e não jogava golfe, ele não tinha muitos motivos para conversar comigo, embora a maneira como me olhava refletisse o questionamento: *De onde você veio?*

Pelo que eu sabia, Bob Gravata-borboleta cresceu em Watts, mas foi para Stanford — uma universidade que eu nem sequer consideraria —, onde parecia que toda a sua história havia começado e terminado. Ele era o negro mais branco que já conheci. Pelo menos foi a minha impressão inicial.

Em uma reviravolta interessante, descobri que Bob ainda estava no mesmo nível do programa de treinamento, pois não tinha passado no exame — após três tentativas. Então, ele deixou de ser o engomadinho Bob Gravata-borboleta e se transformou em um radical Bobby Seale. Em vez de me dar as boas-vindas, ele esclareceu os desafios que eu enfrentaria e revelou que o exame era culturalmente tendencioso.

"Sério?", comentei, perguntando-me se era verdade.

"O exame é foda, cara", advertiu. "Vai te destruir."

Desde o começo, ficou claro para mim que eu precisava passar na primeira tentativa. Negócios eram negócios. Não importava quanto a empresa quisesse promover oportunidades iguais, ela não continuaria pagando dois negros reprovados. Diante dessas circunstâncias, eu teria apenas uma chance. Por esse motivo, resolvi não me aproximar de Bob, como se o problema dele, independentemente de qual fosse, pudesse ser contagioso. Após suas inúmeras reclamações sobre o exame ser culturalmente tendencioso, acabei contestando em tom de brincadeira: "Bob, você não foi para Stanford? Culturalmente tendencioso? Fala sério! Lá eles ensinam tudo o que você precisa saber." Esse foi o contato mais próximo que tivemos.

Devido ao meu costume de procurar indivíduos com quem pudesse aprender, eu me aproximei de Andy Cooper, um dos melhores vendedores de esquemas para abrigos fiscais — antes de a legislação tributária ser alterada. Esses negócios — geralmente imóveis, petróleo ou gás natural — acarretavam consideráveis reduções de impostos. O método básico de venda desses esquemas era ligar para os possíveis investidores e convidá-los para uma reunião. Seguindo o conselho de Bob Bridges, estabeleci uma meta diária de duzentos telefonemas, independentemente do quão desanimadoras fossem as respostas. Ao notar minha disciplina, Cooper me encarregou de convencer os investidores. Então, ele apresentava a proposta, fechava os negócios e ganhava toda a comissão. Como estagiário,

À Procura da Felicidade 221

eu fazia o trabalho pesado de graça, mas não me importava, pois queria prosperar, aprender tudo que pudesse e adquirir experiência.

Quando não estava trabalhando ou estudando, eu só pensava em encontrar Christopher e trazê-lo para morar comigo. Mas o grande problema era que eu não tinha um lar. Eu alternava entre a casa de Latrell — nos fundos da casa de sua mãe —, onde eu tinha um quarto; a casa de Leon Webb, onde eu dormia no chão; o apartamento de Garvin, meu amigo de infância; e a casa de diferentes mulheres que não se importavam em compartilhar a cama e a comida, embora eu não tivesse muito para retribuir, exceto minha eterna gratidão.

Eu ainda não sabia, mas a capacidade de me mudar se tornaria essencial. Após receber meu primeiro salário, imediatamente comprei um terno melhor. Com um terno no corpo, o outro em um cabide dentro da sacola de roupas pendurada no ombro, alguns itens de higiene pessoal e meus livros, eu era autossuficiente. Em vez de deixar minhas coisas na casa de alguém, adquiri o hábito de carregar tudo. Certa noite, quando ainda não tinha arranjado um lugar, ocorreu-me que, como eu era um dos primeiros a chegar e um dos últimos a sair do escritório, ninguém perceberia se eu dormisse debaixo da minha mesa de trabalho.

A primeira noite foi estranha, pois havia o risco de todos descobrirem que eu não tinha onde morar. De fato, eu não era como Bob Gravata-borboleta, que sempre recebia uma nova chance, nem como Donald Turner, que também estava no programa de treinamento e cujo irmão era uma das estrelas da empresa. Os outros caras tinham uma base que eu não tinha. Donald era um cara tenso e estava determinado a passar no exame, mas, caso não conseguisse, seu irmão daria um jeito. Não que eu sentisse pena de mim mesmo, pois isso seria inútil, mas eu precisava encarar a verdade: não havia nenhum plano B, nenhuma rede de segurança e ninguém que se beneficiaria do meu sucesso. Eu estava sozinho. Se fosse necessário dormir debaixo da minha mesa, era isso o que eu faria.

Depois de algumas noites, descobri que dormir no trabalho não era apenas conveniente, mas econômico e prático, pois eu não precisava gastar com transporte nem arrumar a cama. Era só deitar, dormir, acordar antes que alguém chegasse, lavar o rosto, escovar os dentes, ajeitar o cabelo, tomar banho com a água da pia, me enxugar com papel-toalha e passar desodorante. Eu ficava com a mesma roupa ou colocava o terno e a camisa que estavam guardados na sacola. Quando os outros funcionários chegavam, eu já havia iniciado meus duzentos telefonemas diários. Eu atingia minha meta relativamente cedo, certificando-me de não telefonar muito tarde, e começava a estudar para o exame.

Nas semanas seguintes, sempre que alguma preocupação me atormentava, eu recorria ao meu foco. Ao me concentrar nos telefonemas — sendo otimista, simpático, produtivo e eficiente — e ao manter a disciplina de atingir minha meta, eu conseguia sobreviver até a noite, quando lia os livros, extremamente técnicos, mas, conforme me convenci, tão fascinantes quanto as melhores histórias já escritas. Por anos, ouvi mamãe dizer que a biblioteca pública era o lugar mais perigoso do mundo, pois é possível entrar lá e descobrir qualquer coisa. Isso me fez acreditar que todo o conhecimento adquirido em meus estudos seria o diferencial para que eu passasse de primeira.

Quando pensava em desistir, eu adotava a atitude de um prisioneiro que precisava de conhecimento para obter poder e liberdade. Eu me inspirava em Malcolm X, que, na prisão, estudou sozinho usando um dicionário.

Porém, com a situação de estar sempre me mudando, eu ainda não tinha encontrado Jackie e meu filho. Na verdade, foi ela quem me encontrou. Sua primeira ligação atormentadora foi para a casa de Latrell. Quando atendi, Jackie ficou em silêncio e ouvi os gritos de Christopher ao fundo. Também permaneci em silêncio, e meu estômago embrulhou. Por coincidência ou não, sempre que ela telefonava para onde quer que eu estivesse, Christopher gritava ao fundo. Eu sentia uma intensa angústia, mas meu treinamento na Marinha e a impassibilidade que aprendi com mamãe quando ela era agredida me ajudavam a permanecer em silêncio. Como não conseguia me provocar, Jackie acabava desligando, e o barulho do telefone no gancho ecoava por um longo tempo.

Eu tentava afastar a preocupação, concentrando-me nos estudos. Às vezes, pensar em Bob Gravata-borboleta era um estímulo, pois me fazia lembrar dos requisitos do exame. Com uma taxa de 60% ou mais de reprovação, o exame cobrava os conceitos de Wall Street — instrumentos financeiros, produtos, ações, títulos (públicos e privados), debêntures conversíveis, ações preferenciais e regulamentações —, com uma profundidade encontrada em poucos cursos de administração ou programas de MBA. O exame era composto de 250 questões de múltipla escolha, divididas em diferentes temas — opções, finanças, legislação, normas. Se eu não acertasse pelo menos 70%, seria automaticamente reprovado.

Com meu salário, consegui alugar um quarto em Oakland, não muito distante do centro e do lago Merritt. Para todos os efeitos, era uma pensão barata, mas organizada, e incluía três refeições por dia. Era um mundo totalmente diferente, com pessoas marginalizadas que mal conseguiam sobreviver; algumas tinham transtornos mentais, outras eram adictas. Não que estivesse julgando, mas eu não me encaixava ali. Era algo temporário, um lugar para dormir, estudar e comer — quando eu chegava a tempo para o jantar.

Por um tempo, eu conseguia comer durante o dia, quando me mandavam arrumar a sala de conferência para Andy Cooper. Como estagiários, Donald Turner e eu éramos responsáveis não apenas pelos telefonemas e e-mails, mas também por organizar os lanches e as bebidas para as reuniões. Se ninguém aparecesse, a comida não era desperdiçada. Sempre faminto, eu não me importava em dar um jeito.

Ao mesmo tempo, comecei a pensar no meu futuro após o exame, na possibilidade de crescimento na Dean Witter, e não achava uma boa ideia integrar a equipe de Andy Cooper. Para Donald Turner, cujo irmão já tinha estabelecido uma parceria com Cooper, não havia muita escolha. Meu colega era tenso, pois sofria enorme pressão para atingir o mesmo desempenho excelente de seu irmão.

Donald precisava mostrar resultados, principalmente quando se tratava de contatos do seu irmão. Já naturalmente pálido, a expectativa o deixava ainda mais branco. Mais ou menos da minha idade, com barba feita e cabelo ruivo penteado impecavelmente, ele tinha uma voz baixa e fina, e finalizava suas ligações dizendo: "Tchau, tchau."

Eu tinha vontade de perguntar: "É sério que você falou *tchau, tchau*?"

E era ele quem tinha os melhores contatos, enquanto eu ficava com os telefonemas iniciais. Eu não conhecia os possíveis clientes, mas eles reconheciam o nome da empresa e atendiam minha ligação. O treinamento prático me fez desenvolver três habilidades importantes: atingir minha meta de ligações; avaliar se a pessoa do outro lado da linha estava realmente interessada; e identificar o momento certo de encerrar a ligação. Para mim, era como um jogo — descobrir se o cliente recusaria a oferta ou desligaria na minha cara. Eu pensava *Vou desligar antes*, mas apenas dizia "Obrigadoetenhaumbomdia", como se fosse uma palavra só.

Era uma forma de sair vitorioso, independentemente do resultado. Para não parecer rude, eu sempre dizia "Obrigado e tenha um bom dia" da maneira mais rápida possível. Ao ser educado e profissional, eu não precisava ouvir a recusa do cliente ou o som raivoso do telefone batendo no gancho; a ligação não deixava uma impressão ruim, e eu podia passar para a próxima — discando os números como se estivesse girando uma roleta da sorte.

Ao finalizar as tarefas, sem mais nada para ocupar a mente, eu só pensava na minha incapacidade de encontrar Christopher.

Os outros estagiários sabiam que eu era intenso, é claro. Mas eu não tinha motivos para contar onde estava morando ou para falar sobre o drama da minha vida pessoal. Isso me fez refletir sobre algo que mamãe havia me dito anos atrás, quando eu queria ser ator e lhe pedi cinco dólares. Ao sugerir que eu fingisse que tinha o dinheiro, ela me fez desistir da ideia. Mas algo naquela mensagem se mostrou relevante. Independentemente do quanto eu tinha no bolso, do quanto havia pagado no meu terno, eu podia *fingir* que era um vencedor. Eu podia *fingir* que meus problemas tinham solução. O fingimento se tornou tão convincente que logo passei a acreditar. Comecei a visualizar meu futuro, como se já tivesse sido aprovado no exame, imaginando o que aconteceria em seguida.

Ao pegar o trem do BART, todo dia, toda noite, era isso o que eu me perguntava. O sistema de troca de favores me obrigava a ser cauteloso. Concluí que, associando-me a Andy Cooper, eu acabaria trabalhando para ele. Era uma opção, talvez a mais segura, mas a menos lucrativa. A alternativa mais arriscada era conquistar meu espaço e construir minha própria base. Para um novato, que ainda nem tinha passado no exame, seguir esse caminho era um tanto quanto pretensioso e imprudente. Ainda assim, pelo que eu via no escritório, os melhores corretores eram os poucos que faziam as coisas do seu jeito, pesquisando e mesclando meios tradicionais e não tradicionais de garantir os maiores lucros para seus clientes e para eles mesmos.

Dave Terrace era um desses caras. Com uma das maiores salas da empresa, ele trabalhava no andar dos mais influentes. Sempre que podia, eu observava suas negociações. Profissionalismo puro — objetividade e consistência, sem ostentação. Talvez ele ganhasse menos do que Andy Cooper, mas trabalhava sozinho. Aquilo me agradava. Eu havia tomado minha decisão. Como se comprovou mais tarde, se tivesse seguido os rentáveis esquemas para paraísos fiscais de Andy e sua equipe, eu teria enfrentado um desastre quando a legislação tributária mudou.

O dia do exame chegou. Donald Turner, mais tenso do que nunca, parecia tão estressado que achei que ele se mataria se não passasse. Bob Gravata-borboleta não faria o exame novamente, talvez porque estivesse ocupado registrando sua reclamação sobre o viés cultural. Talvez para Donald e alguns dos outros estagiários, eu parecesse irritantemente calmo. Era apenas impressão, pois eu estava eufórico e sentia a tensão de um guerreiro partindo para a batalha, um gladiador prestes a lutar com seu adversário mais perigoso. Mas eu estava preparado. Não havia pegadinhas. Nem viés cultural. Eu sabia as respostas. O exame foi fácil. Para dizer a verdade, terminei a primeira parte bem rápido, aproveitei o intervalo e finalizei a segunda parte com a mesma rapidez.

Os resultados demorariam três dias, tempo suficiente para que o pânico surgisse. E se só eu tivesse achado o exame fácil? E se eu não tivesse notado as pegadinhas ou o viés cultural? E se eu fosse reprovado? Tentei me acalmar, repetindo para mim mesmo que eu sabia as respostas.

Recebi a ligação na hora certa. Quando atendi o telefone em minha sala, era um dos gerentes. "Acabou o suspense", afirmou ele, aguardando a minha reação. Também fiquei esperando, sem dizer nada.

O gerente revelou: "Você passou, Gardner" e deu uma gargalhada, talvez percebendo meu suspiro de alívio. "No total, você acertou 88%. Um ótimo resultado."

Nem surpreso, nem contente, eu me sentia agradecido. Na pensão, sentado em minha cama, desanuviei a mente e respirei fundo. Não havia com quem comemorar, ninguém entendia o que aquilo significava. Eu não sabia se Donald Turner havia passado no exame, mas sabia que Bob Gravata-borboleta não ficaria entusiasmado.

O que tudo aquilo significava? Que eu havia sido aprovado no exame, e nada mais. Era como a fase classificatória das Olimpíadas. Meu treinamento havia acabado e eu estava pronto para competir. Eu voltaria à estaca zero, faria telefonemas iniciais para a minha própria lista. Construiria minha carteira de clientes, não importava como. Faria minhas propostas, fecharia negócios e conquistaria meu espaço. De certa forma, os riscos haviam se tornado maiores do que antes, quando a empresa investia no meu treinamento. Essa etapa estava concluída. Agora eu tinha que gerar resultados. Mas algo havia mudado. Eu não precisava mais provar nada. Minha confiança era infinita. Eu havia sido aprovado. Finalmente, eu tinha uma formação legítima.

———

Cerca de um mês depois, em uma tarde de sexta-feira, Jackie estava sentada à minha frente em uma cafeteria em Berkeley, jogando coisas na minha cara enquanto eu tentava não me irritar.

Já haviam se passado quatro meses desde que ela tinha fugido com o meu filho e o nosso carro, deixando-me sem casa. Isso já era bizarro, mas tínhamos acabado de sair do tribunal, onde as coisas tomaram um rumo ainda mais estranho.

Nos dias anteriores à audiência, Jackie havia me telefonado. Sem me deixar falar com Christopher e sem me dar qualquer informação de seu paradeiro, ela apenas me provocou, dizendo que tinha aprendido a dirigir o carro manual para viajar pelo país e que estava bem representada judicialmente. Eu achava que o advogado era seu irmão, a quem apelidei de "sabichão", um cara inofensivo e sem graça, mas, quando entrei na sala de audiência com meu advogado — cujos honorários me custaram quase todo o salário do meu primeiro mês como corretor —, vi que ela estava acompanhada de um promotor e do policial que me prendeu.

A surpresa seguinte foi que Jackie desistiu de me acusar formalmente. Simples assim. A meu ver, ela havia feito tudo aquilo para manter contato comigo, o que ficou ainda mais evidente quando ela me convidou para conversar na cafeteria.

E ali estávamos. Jackie parecia saber onde eu morava, como se estivesse me vigiando, o que era um indício de que também sabia da minha aprovação no exame. Mas não falou nada a respeito. Talvez ela estivesse se remoendo, afinal, nunca acreditou que eu conseguiria sem um diploma; ou talvez estivesse projetando a própria insegurança; ou talvez achasse que estava deixando seu sonho morrer enquanto eu perseguia o meu. Qualquer que fosse o motivo, é claro que ela não me parabenizou. Mas Jackie tinha um trunfo que eu não tinha — nosso filho. E todas as minhas coisas. Nada que eu precisasse naquele momento, considerando meu alojamento temporário, uma situação que não mudaria tão cedo.

No início, minha decisão de não integrar o Clã Cooper não foi a mais prática. Em termos de comissão, eu recebia cerca de US$1.200 por mês, embora pudesse ganhar mais se ajudasse Andy a fechar negócios maiores para que ele me passasse suas operações menores à medida que ficassem disponíveis. Mas eu preferia fechar todos os negócios sem ter que dividir, mesmo sabendo que não havia garantia. Era a minha escolha — ainda que não tivesse uma base, as possibilidades de ganho eram mais altas. Eu encarava o jogo de números com os olhos abertos, sabendo muito bem que era uma equação de telefonemas, potenciais clientes, vendas e comissões. De duzentas ligações, uma boa média era fidelizar dez clientes. Fazendo as coisas do meu jeito, eu alcançava meus próprios resultados, discando e sorrindo. E eu era bom, tão bom que vários corretores experientes me pediam para ajudá-los a aumentar seus lucros. Quando recebia esse tipo de proposta, sem ser ingrato, eu respondia: "Não posso aceitar, pois prefiro construir minha própria carteira. De qualquer forma, agradeço por ter pensado em mim."

Minha atitude fez com que eu ganhasse o título de "Corretor do Dia". A princípio, considerei uma honra, um progresso. O Corretor do Dia era encarregado de atender pessoas que ainda não tinham um corretor ou uma conta na empresa. Elas buscavam informações específicas ou chegavam com uma vaga ideia de investimento. No entanto, em São Francisco, onde a paz e o amor livre imperavam até poucos anos antes, ainda existia preconceito racial em 1982, e logo ficou evidente que aquelas pessoas não esperavam encontrar um corretor negro. Era mais um desafio, porém eu fingia que não era um problema e oferecia minha ajuda. "Olá, tudo bem? O senhor quer um título hipotecário, certo?" ou "O senhor deseja fazer uma poupança para seus netos? Tenho algumas sugestões".

Algumas vezes, após ter feito todo o trabalho, eu não recebia a comissão. Por quê? "Bem", explicava o gerente, "eles queriam alguém mais experiente".

Na primeira vez que isso aconteceu, fiquei furioso. Na segunda vez, confrontei meu chefe: "Deixe-me ver se entendi. Eles compraram ações da Commonwealth Edison, certo? Os lucros serão os mesmos, independentemente de quem receber a comissão. Mesmas ações, mesma empresa. Mas eles queriam alguém mais experiente? Outro corretor vai ganhar a comissão por um negócio que eu fechei?"

Não era difícil compreender. A realidade era que as pessoas nunca tinham feito negócios com um negro antes, nem queriam fazer, mesmo que eu fosse bom e ganhasse dinheiro para elas. Mas aprendi que eu poderia recusar a função de Corretor do Dia. Então, voltei a discar e a sorrir. Percebi que eu me dava melhor fazendo telefonemas, uma lição que nem sempre se aplicava a outros caras. O segredo era estabelecer uma conexão com alguém entusiasmado em ganhar dinheiro. Ao telefone, ninguém percebia que eu era negro, talvez por causa da minha facilidade em transitar por outros assuntos — música, medicina, finanças, línguas anglo-saxônicas etc. E o nome Chris Gardner era neutro. Podia ser qualquer um, de qualquer origem.

O telefone virou minha proteção contra o preconceito racial. Na verdade, eu desencorajava clientes novos a irem ao escritório, diferentemente dos outros corretores, que gostavam de fechar negócios pessoalmente. "Ok, então vamos fazer o seguinte", dizia eu. "Abro a conta, você me manda o cheque e lhe dou a confirmação. O senhor pretende enviar o cheque hoje ou prefere fazer uma transferência?"

Quando as pessoas queriam ir ao escritório, eu me esquivava: "Não, fique tranquilo, está uma loucura aqui. Podemos fazer tudo por telefone."

Quatro meses depois que Jackie foi embora com Christopher, as coisas estavam começando a acontecer, mas eu ainda não havia alcançado um aumento substancial na minha renda. Eu precisaria esperar para esfregar meu sucesso na cara de Jackie.

As informações que eu dava a ela eram tão escassas quanto as informações que ela me dava sobre o meu filho. Finalmente, ela me entregou a chave do depósito onde estavam as minhas coisas, mas se negou a me entregar o que eu mais queria — Christopher. Fazendo o possível para não reagir, peguei a chave e fui embora, totalmente abalado.

Eu não tinha onde colocar minhas coisas, mas, antes de voltar para Oakland, decidi pegar algumas roupas e a minha maleta, que havia comprado quase um ano antes, quando me aventurei pela primeira vez no mundo dos negócios.

Naquela noite, já na pensão, quando deixei meu terno arejando e comecei a polir os sapatos que peguei no depósito, contemplei minha moderna maleta de couro marrom, na qual paguei cem dólares, um valor exorbitante na época. Então, fui surpreendido por três batidas fortes na porta. O ritmo das batidas — curta, curta, *longa* — era característico de Jackie, mas era bem improvável que fosse ela.

Ainda assim, minha suspeita foi comprovada. Quando abri a porta, ali estava Jackie, segurando Christopher. Meu filho, meu bebê! Ele estava com dezenove ou vinte meses — mais parecendo uma criança de três anos e ainda mais bonito do que eu lembrava. Chocado e eufórico, eu não soube o que dizer.

Fiquei ainda mais chocado e eufórico quando Jackie o entregou para mim e afirmou: "Toma." Depois, ela pegou uma enorme mochila e o pequeno carrinho azul de Christopher e disse novamente: "Toma."

Segurando Christopher no colo, abraçando-o com força, eu não conseguia entender o que estava acontecendo.

De repente, me dei conta de que não era uma visita; Jackie deixaria Christopher comigo. Embora ela tenha falado pouco, eu a conhecia bem o suficiente para perceber que ela havia chegado ao limite.

Nossa breve conversa deixou claro que Jackie sentiu a pressão de criar um filho como mãe solo enquanto tentava construir sua carreira. Também tive a impressão de que ela se arrependia de ter levado Christopher para longe e de não ter cogitado uma solução conjunta, mas nada disso foi verbalizado. Ela me disse o que havia na mochila, incluindo um gigantesco pacote de fraldas, uma lista do que ele precisava comer e com que frequência e do que ele não podia comer — "nada de doces". Então, Jackie se despediu de Christopher e foi embora.

"Filho, senti muita saudade! Senti muita saudade!", fiquei repetindo para ele.

"Eu também, papai", afirmou ele de forma clara e com uma expressão sábia, como se já fosse vivido e soubesse que passaríamos por maus bocados.

Ou talvez fosse eu quem soubesse disso. Independentemente do que acontecesse, havia dois fatos. Primeiro, meu filho estava comigo e nunca mais eu me separaria dele. Era uma regra incontestável. Segundo, de uma hora para outra, Christopher e eu nos tornamos sem-teto.

———

O tempo muda quando se é um sem-teto. As estações não seguem uma ordem. Principalmente em São Francisco, que tem as quatro estações em um dia. Nos dias úteis, o tempo parece acelerar, apressado; mas, nos fins de semana, parece rastejar, vagaroso.

As memórias mudam quando se é um sem-teto. Sempre vagando, sem qualquer endereço, sem uma casa para voltar. Fica difícil lembrar se algo aconteceu uma semana ou um mês antes, ontem ou três dias atrás.

Por que me tornei um morador de rua, ainda mais quando tinha um emprego de corretor na Dean Witter? Porque a pensão não permitia crianças. Dormir no sofá de amigos também não era uma opção. Eu já havia incomodado o bastante quando estava no programa de treinamento, e levar meu filho junto seria insensato. As mulheres com quem eu saía podiam até querer dividir a cama, mas não ficariam nada contentes de me ver chegando com um bebê esperto e curioso.

A única sorte que tive enquanto tentava descobrir o que fazer nessa situação inusitada foi o fato de Jackie ter aparecido com Christopher em uma sexta-feira. Tive pelo menos uma noite na pensão antes de ser expulso no dia seguinte, e aproveitei o final de semana para encontrar uma creche para meu filho e um lugar para ficarmos.

No sábado, fomos para a rua com todas as nossas coisas. Christopher ficou no carrinho enquanto eu tentava carregar tudo, um novo tipo de malabarismo que se tornaria bastante comum. A caminho de uns hotéis decadentes para verificar os preços, eu me martirizava com questionamentos: *O que* vou fazer? *Como* vou lidar com isso? Eu pensava: *Meu filho está comigo, não vou abandoná-lo, essa não é uma opção.* E outra voz dizia: *Não há a quem recorrer, ninguém vai te ajudar.*

A creche em São Francisco por US$400 mensais foi descartada. Um aluguel de pelo menos US$600 consumiria quase todo o meu salário e não sobraria nada para comida, transporte e fraldas. De um orelhão, liguei para uns amigos e perguntei se eles conheciam alguma creche em East Bay.

Fui conhecer uma das indicações. O lugar parecia ótimo, mas estava acima do meu orçamento e eles não aceitavam crianças que não usavam o troninho. "Ok, Christopher", disse a ele quando estávamos saindo, "então vamos aprender, certo?".

Ao olhar em volta, esperando que eu logo conseguisse matriculá-lo naquela creche, notei um quadro na parede, anunciando que ali era um lugar de "FELISSIDADE".

Por um momento, questionei como aquela creche poderia ser boa se não sabia nem escrever "felicidade". Eu já tinha preocupações demais para pensar nisso. Mesmo assim, de volta à rua, senti a necessidade de dizer ao meu filho que a palavra se escrevia com *C*, e não com *SS*. F-E-L-I-C-I-D-A-D-E.

"Entendi, papai", respondeu Christopher, repetindo a palavra.

"É uma palavra grande", eu o encorajei, desejando garantir felicidade para Christopher e para mim no futuro imediato.

A capacidade de soletrar não era um requisito quando liguei para a senhorita Luellen, para a senhorita Bessie e para uma terceira mulher na rua Thirty-fifth — babás que cuidavam de crianças em suas casas, sem qualquer registro. A mulher da Thirty-fifth disse para levar Christopher na segunda de manhã e concordou em receber por semana. Cem dólares. Eu não conseguiria economizar, mas não precisaria pagar tudo de uma vez. Não era o lugar perfeito, mas era melhor do que nada.

Para passarmos aquela noite, encontrei um quarto em West Oakland, no hotel The Palms, assim chamado devido a uma palmeira no pátio e outra na esquina, sessenta metros adiante. Pelo que percebi, os únicos hóspedes além de nós eram garotas de programa. Mais tarde, isso deixou de me incomodar, mas, naquele momento, entrei no quarto o mais rápido possível, tranquei a porta e liguei a televisão no volume máximo para que não ouvíssemos barulhos suspeitos.

Paguei US$25 pela diária de um quarto com TV em cores, uma escrivaninha, uma cadeira e um banheiro. Sem problemas, pois estávamos bem. A minha nova filosofia era: onde quer que estivéssemos, o importante era estarmos bem e aproveitarmos o momento.

Quando finalmente consegui relaxar e refletir, constatei que eu tinha o emprego e a oportunidade que mudariam nossas vidas para sempre. Nada abalaria minha confiança, nem mesmo os cálculos mentais do que havia sobrado após pagar o The Palms e a babá. Nem mesmo os gritos de Christopher quando chegamos à casa dela.

Fiquei arrasado. Provavelmente, ele sentiu minha relutância em deixá-lo com estranhos, mas eu não tinha escolha. Tudo o que podia fazer era prometer que eu voltaria. Quase chorando, repeti: "Vou voltar."

Quando fui buscá-lo, ele correu e pulou nos meus braços. "Viu? Eu disse que voltaria", afirmei.

Porém, na manhã seguinte, foi ainda pior. Tirá-lo do quarto e colocá-lo no carrinho foi quase impossível; ele começou a chorar assim que viramos a esquina da rua Thirty-fifth, e eu repetia: "Vou voltar. Vou voltar. Vou voltar."

Os dias começaram a passar rapidamente, as noites ficaram mais longas, e o ar tornou-se mais frio e úmido. Após buscar Christopher, eu costumava levá-lo para comer em algum lugar aconchegante e barato, onde compartilhava minhas preocupações com meu pequeno companheiro:

"Não vai dar certo. O The Palms é muito caro. Você se lembra de casa? É... Em Berkeley. Aquela casinha era nossa. Não gosto de estadias temporárias." Christopher me olhou, franzindo a testa.

Como eu poderia explicar? Não se tratava apenas das garotas de programa, dos adictos, dos alcoolistas, dos malfeitores; era a sensação de não ter um lugar fixo, um lar, um apoio. Eram os barulhos e as luzes acesas do lado de fora, pois o The Palms era um antro, com carros buzinando, música tocando e gente berrando. A TV ajudava a abafar o estardalhaço, pelo menos o suficiente para que eu conseguisse pensar no que fazer e em como fazer.

De vez em quando, um gesto de bondade surgia do nada e nos lugares mais improváveis, como aconteceu certa noite, quando voltávamos para o The Palms e uma das garotas de programa aproximou-se de nós. Ela e suas amigas me viam toda manhã e toda noite com Christopher, provavelmente percebendo a nossa situação. Um negro com um garoto no carrinho, pai solteiro — algo que nunca tinham visto.

"Ei, malandrinho", disse ao se aproximar com um chocolate para dar a Christopher. "Pode pegar, é pra você."

"Não, não", insisti, respeitando as ordens de Jackie. "Ele não come doce."

Christopher, infelizmente, ficou chateado e começou a chorar. "Não chore", afirmou ela e pegou uma nota de cinco dólares em seu decote mágico, entregando para ele.

Eu recusei? Não. Christopher ficou tão feliz que parecia preferir o dinheiro ao chocolate. Garoto esperto.

"Muito obrigado", murmurei, sem saber se ela tinha consciência de que usaríamos o dinheiro para jantar na esquina, no Mosell's, restaurante de soul food que eu e meu filho adorávamos.

A mesma garota de programa e algumas outras começaram a dar notas de cinco dólares para Christopher com regularidade. De fato, houve dias em que não teríamos jantado sem esse dinheiro. Quando estávamos famintos, desesperados por comida, eu conduzia o carrinho pela calçada onde elas ficavam, de propósito, indo bem devagar, até que uma delas aparecesse. Havia pureza na atitude dessas mulheres, que nos ajudavam sem pedir nada em troca. Bondade genuína. Nos dias de incerteza, eu imaginava que vagávamos pelo deserto, sabendo que chegaríamos à terra prometida e que Deus produziria maná para nos alimentar.

Daquele momento em diante, nunca mais permiti que alguém menosprezasse uma garota de programa. Claro que não defendo a prostituição, mas era o trabalho delas e eu não tinha nada a ver com isso.

Meu trabalho era em Wall Street, e só isso me interessava.

No trabalho, discando e sorrindo, logo me tornei o Mestre dos Telefonemas, o melhor prospectador. Era a minha vantagem. Minha saída. A cada uma das duzentas ligações, eu tentava nos tirar do buraco, devagar e sempre. O senso de urgência aumentou, afinal, eu me separava do meu filho todos os dias e não podia me dar ao luxo de ser apenas otimista e persistente. Não, eu precisava prosperar *imediatamente*. Não era como se eu tivesse tempo de sobra. De jeito nenhum! Precisava ser *imediatamente*. Ninguém estava me passando contatos, eu não era Donald Turner, cujo irmão era influente, nem um dos veteranos que já tinham clientes fixos. Tudo dependia de mim. Cada ligação era uma tentativa, uma oportunidade de conseguir nossa própria casa, de ter uma vida melhor, uma vida de felicidade para mim e para meu filho.

Sem nem avisar, em várias ocasiões, eu levava Christopher para o trabalho, o que meus colegas consideravam um indício do meu empenho. Quando todos iam embora, geralmente às 17h ou às 17h30, eu continuava as ligações e depois nós dormíamos debaixo da minha mesa. O restante do pessoal estava acostumado a me ver trabalhando até mais tarde e nunca pareceu suspeitar de nada. Alguns ficavam admirados e a maioria me incentivava: "É isso aí!"

Pela manhã, ao chegarem por volta das 7h30 ou 8h, eles reagiam da mesma forma ao me verem na minha mesa, fazendo as ligações enquanto Christopher se distraía com um livro ilustrado ou rabiscava uma folha de papel. Apesar de nem ter dois anos, ele gostava de brincar sozinho, sem me atrapalhar no trabalho.

A única pessoa que parecia intrigada era o gerente, que costumava ser o primeiro a chegar ao escritório. Ele nunca disse nada, mas eu tinha certeza de que se perguntava como eu conseguia chegar antes dele, ainda mais com uma criança.

Até onde eu sabia, ninguém fazia ideia de que eu e Christopher dormíamos debaixo da mesa nas noites em que não tínhamos para onde ir — quer eu o buscasse na babá e voltasse para o escritório, quer ele fosse comigo ao trabalho. O que as pessoas sabiam era que eu tinha fome de sucesso. Mas nem sequer imaginavam que eu passava fome.

Parte do que me motivava eram minhas circunstâncias. Como eu havia decidido construir minha própria carteira de clientes, os lucros demorariam mais. Eu estava começando aos poucos, conquistando confiança, desenvolvendo relações; era como plantar sementes, regá-las e deixá-las crescer até chegar a época da colheita. Tratava-se de um ciclo, um processo de quatro a seis meses, talvez até mais. Essa metáfora do cultivo me levou direto para o inverno; a situação seria muito difícil até chegar a primavera, então cortei gastos. Carregando todas as nossas coisas comigo, fazendo malabarismo para levar a mochila, a maleta, minha sacola, o pacote de fraldas e um guarda-chuva, nós nos mudamos do The Palms, onde um quarto com uma TV em cores custava US$25 a diária, para um motel de beira de estrada, onde o quarto com uma TV em preto e branco custava US$10 a diária. Nossos vizinhos eram caminhoneiros e garotas de programa que os atendiam, bem ali na estrada. Rotatividade alta. Toda noite, após o jantar, nos trancávamos no quarto e não saíamos nem se o clima estivesse agradável.

Nos fins de semana, quando não chovia, aproveitávamos os vários parques públicos de São Francisco e as oportunidades de entretenimento grátis. Uma de nossas paradas favoritas era o playground infantil no parque Golden Gate, onde Christopher brincava na caixa de areia e subia no trepa-trepa enquanto eu me sentava no balanço, pensando em como sobreviveríamos a mais um dia. Certa vez, eu tinha dinheiro contado para pagar a passagem de volta a Oakland e ficar no hotel dos caminhoneiros ou para comprar uma bebida e um sanduíche.

"Hoje não vamos beber nada, Christopher. Na próxima vez, compro refrigerante e pipoca", tentei acalmá-lo quando ele começou a chorar. Fiquei arrasado.

Na próxima vez tive o mesmo dilema, mas comprei o que ele queria, pois não consegui dizer não. Essa foi uma das noites de clima agradável em que dormimos, ou tentamos dormir, na grama macia da Union Square, perto do local onde o cara que me paquerou chamou São Francisco de "a Paris do Pacífico".

Dormimos no lado do parque que ficava abaixo do Hyatt, um hotel não tão luxuoso quanto os outros da região, mas bonito e moderno, um símbolo de segurança e conforto que, de alguma forma, fazia eu me sentir melhor, mesmo dormindo à sua sombra. Não tão longe de onde estávamos, ficava uma parte realmente perigosa da cidade, sobretudo à noite, que fazia fronteira com o Tenderloin, o bairro onde morei quando a vida era um pouco menos difícil.

Mas a vida difícil adquiriu um significado totalmente novo nessa época. Eu pensava que já conhecia São Francisco até começar a conhecer a cidade mais intimamente — não apenas onde havia ou não ladeiras, mas como era a inclinação de cada uma delas, quantos passos eram necessários para subi-las com o carrinho, quantos quarteirões era preciso caminhar para evitá-las e até mesmo onde estavam as rachaduras na calçada. Rachaduras na calçada. Saber onde elas estavam não era TOC, mas uma questão de sobrevivência para conduzir meu filho em um carrinho frágil enquanto eu carregava todas as nossas coisas, com um tempo curto e à mercê das mudanças climáticas.

No inverno de 1982 e no início de 1983, as chuvas foram fortes, eliminando as atividades ao ar livre e os pernoites no parque. Não havia mais como evitar as filas do sopão — não com um garotinho esfomeado — e logo começamos a ir até a Glide Memorial, no Tenderloin, onde o reverendo Cecil Williams e outros ativistas da comunidade alimentavam os moradores de rua e os famintos no porão da igreja, conhecido como Mo's Kitchen, três vezes ao dia, sete dias por semana, o ano todo.

A melhor parte para mim era que, aos domingos, após o culto religioso, em vez de ficarmos do lado de fora, esperando em uma fila que virava a esquina, podíamos entrar no prédio e descer até o porão. Independentemente de como chegávamos lá, quando eu pegava uma bandeja e me sentava no refeitório, eu enxergava apenas dignidade — por mais frágil que fosse — nos rostos ao meu redor. As pessoas ali eram todas adultas, nenhuma acompanhada de crianças; algumas pareciam ter um emprego, como eu, e outras estavam claramente desempregadas.

Era impossível se sentir inferior por estar ali. Na fila, havia homens, mulheres, negros, brancos, latinos, chineses — como nas Nações Unidas —, muitos em diferentes fases de algum tipo de problema: drogas, álcool, violência, pobreza ou transtornos psiquiátricos — medicados ou passando por crises. Mas todos estavam lá apenas para comer.

Não havia perguntas, interrogatórios ou exigência de documentos. Não parecia esmola. Era mais como a mãe de um amigo oferecendo comida: *Garoto, sente-se aí e coma alguma coisa*. E, quando pegávamos a bandeja, a porção era farta e saborosa, tipicamente norte-americana. Mais maná.

Anos depois, avisei a todos na Glide o que pode acontecer com as crianças que comem no Mo's Kitchen. De fato, Christopher se tornou um rapaz de 2m, com quase 120kg. Ele raspava o prato, até mesmo quando era bem pequeno. Ao terminar de comer, nós nos sentíamos totalmente satisfeitos. E não apenas satisfeitos, mas com uma sensação de conforto. Sentíamos conforto, pois a hospitalidade na Glide era infinita. A hospitalidade no Mo's era infinita.

Os sermões do reverendo alimentavam minha alma, lembrando-me do que eu vivia esquecendo — que passos de bebê também contam, mesmo que não sejam tão rápidos quanto desejamos. Após o culto religioso, o reverendo ficava do lado de fora, abraçando as pessoas que saíam. Quem quisesse, ganhava um abraço. A primeira vez que ganhei um abraço, senti como se Cecil Williams já me conhecesse. Com sua imponência, que o fazia parecer mais alto do que realmente era, e com o sorriso sempre presente em seu rosto sábio, encantador e eternamente jovem, ele me abraçou forte e disse: "Faça acontecer."

Eu retribuí o abraço e lhe agradeci, dizendo a ele que eu faria acontecer, que eu seguiria em frente.

Mais tarde, o reverendo admitiu que eu havia chamado sua atenção, pois era incomum ver um homem com um bebê na fila do Mo's. Eu não precisei explicar a minha situação. Ele parecia saber. Ele não apenas notou que eu era um pai solo, mas também enxergou a minha essência, meu diploma de Deus, como mamãe dizia, minha bondade, minha alma, meu potencial. Talvez esse tenha sido o motivo pelo qual ele nos deixou ficar em seu hotel para os sem-teto.

Bondade personificada. No Concord Plaza, na esquina da O'Farrell com a Powell, ficava o primeiro hotel do país para pessoas que não tinham onde morar, um projeto iniciado por Cecil com o ambicioso objetivo de dar a mulheres e crianças sem-teto um lugar provisório para recomeçar. Muitas acabavam trabalhando no hotel, no restaurante ou em um dos muitos projetos da Glide. Embora o hotel fosse gratuito, por razões de segurança, justiça e organização, havia regras de conduta.

Quando conversei com o reverendo, disse a ele que, obviamente, eu não era mulher, mas era sem-teto e tinha um filho. E, o mais importante, eu tinha um emprego. Eu só precisava de um lugar para morar até conseguir o dinheiro para alugar um apartamento.

"Tudo bem, podem se hospedar lá", afirmou o reverendo, sem hesitar. Ele já havia nos observado e resolveu me dar um voto de confiança. Tranquilizando-me, ele me disse quem procurar e o que dizer.

Quando entrei no hotel pela primeira vez, minha visão foi ofuscada pelo verde desbotado — carpete verde e papel de parede verde. Muito parecido com qualquer hotel barato do Tenderloin, o local havia sido adquirido pela igreja e só precisava ser reformado, assim como todos nos projetos da Glide precisavam de reforma, afeto e tempo. Mesmo assim, o hotel me pareceu bonito. As regras eram as seguintes: ninguém podia entrar antes das 18h; todos tinham que sair até as 8h; ninguém recebia uma chave; após entrar, não era permitido sair; era proibido deixar os pertences no quarto, do contrário, eles seriam descartados; e ninguém podia ficar no mesmo quarto por duas noites seguidas.

Era o método "quem pegar, pegou". O hotel lotava rápido, então era preciso chegar cedo. Eles não aceitavam reserva e não havia tratamento especial, ou seja, ninguém guardaria uma vaga para você.

Os quartos eram todos diferentes e a maioria deles só tinha o básico — cama e banheiro. Alguns tinham televisão. Na realidade, Christopher e eu estávamos mais preocupados em comer na Glide e conseguir chegar a tempo no hotel do que em assistir à televisão.

Eu jamais terei como agradecer a Cecil Williams e à Glide, que foram generosos comigo, com meu filho e com gerações de pessoas de São Francisco, de todos os cantos da comunidade. Todo domingo, na igreja, enquanto rezava para encontrar uma solução, eu pensava que, se prosperasse, tudo daria certo e eu nunca mais precisaria me preocupar.

Como constatei mais tarde, as coisas não funcionam assim. Quem acredita que o dinheiro é a salvação, certamente nunca teve dinheiro — assim como eu naquela época. O grande rapper Notorious B.I.G., já falecido, foi sábio ao afirmar: "Mo' Money Mo' Problems."* Apesar de ser bom ter dinheiro, eu acabaria descobrindo que ele não resolve todos os problemas; pelo contrário, ele traz novos problemas, os quais Chris Gardner do início dos anos 1980 jamais conseguiria imaginar. Meu único vislumbre correto do futuro foi que, independentemente do tipo de sucesso alcançado, eu retribuiria a Cecil e à Glide, mesmo que ainda não soubesse como.

Nem nos meus sonhos mais loucos e audaciosos imaginei que, 25 anos mais tarde, eu bancaria um projeto de US$50 milhões de dólares que Cecil Williams e a Glide empreenderiam, com o objetivo de comprar um quarteirão inteiro e construir moradias para famílias de baixa renda, bem como lojas de varejo e um complexo financeiro para gerar empregos — ali mesmo, no Tenderloin, onde eu contava as rachaduras na calçada, a um quarteirão de distância da Union Square, dos hotéis caros e das lojas mais sofisticadas, como Neiman Marcus e Gucci.

Tudo o que eu sabia era que, se o reverendo não estivesse ao meu lado, talvez meus sonhos nunca se realizassem, talvez eu seguisse outro caminho, talvez encontrasse outra pessoa bondosa. Mas seria muito difícil ter a mesma sorte de poder caminhar junto com uma pessoa extraordinária como ele. Quando, mais tarde, se casou com a famosa poetisa nipo-americana Janice Mirikitani, Cecil já era um notável líder social, alguém que

---

* "Mais dinheiro, mais problemas", em tradução livre. (N. da T.)

À Procura da Felicidade   243

parecia mais evoluído do que a maioria dos seres humanos. O importante é que ele estava ao meu lado, e ficaria até muito depois que me abençoou com sua ajuda, não apenas fazendo acontecer, com sua oratória brilhante, mas seguindo em frente — alimentando, ensinando, ajudando e operando milagres diariamente.

Um milagre instantâneo aconteceu depois que Cecil nos hospedou. Sem ter que gastar de US\$300 a US\$600 por mês com estadia, consegui rematricular Christopher na creche em Hayes Valley, que agora custava US\$500, mas era um lugar de qualidade. Todas as manhãs, bem antes das 8h, eu já tinha arrumado as nossas coisas e estava pronto para agir como se tivesse oito braços, segurando o guarda-chuva sobre minha cabeça após cobrir o carrinho de Christopher com um plástico.

Não valia a pena pegar o ônibus. Tentar dobrar o carrinho e desequilibrar a sacola, o guarda-chuva, a maleta, a mochila e o pacote de fraldas dava mais trabalho do que caminhar quinze minutos a mais. Até mesmo quando chovia. Isso se eu desviasse das ladeiras, é claro. A parte boa é que eu podia estacionar nosso carro (o carrinho de Christopher) na creche, colocar nossas coisas nele e pegar o ônibus para o escritório.

Nos fins de semana, tínhamos que sair do Concord Plaza durante o dia. As regras eram rígidas. Nada de ficar procrastinando. Ou você ia para o trabalho ou procurava trabalho. Christopher e eu já tínhamos o costume de aproveitar qualquer tipo de entretenimento grátis na cidade. Íamos ao parque, ao museu e às vezes visitávamos alguns amigos. Se tivéssemos dinheiro sobrando, pegávamos o trem para Oakland, passeávamos, comíamos algo e voltávamos a tempo de garantir um quarto.

Enquanto eu conseguisse permanecer na luz, metaforicamente falando, ao manter o foco naquilo que eu podia controlar, a preocupação e o medo ficariam sob controle. É por isso que eu me concentrava nas tarefas imediatas, evitando pensar na dificuldade de subir as ladeiras íngremes empurrando o carrinho. Em vez disso, eu analisava cada rachadura na calçada, ouvia o som das rodas do carrinho e me movia no seu ritmo compassado. Às vezes, o esforço me deixava feliz, me fazia dançar, embora parecesse que eu não tinha motivo algum para comemorar. Eu me sentia feliz de economizar dinheiro, com pequenos acréscimos de US$50 ou US$100, de fazer o depósito e esquecê-lo lá, nem sequer pensar nele, sabendo que era mais um passo em direção à nossa própria casa.

Para não usar nossas economias, às vezes eu vendia meu sangue e jurava que nunca faria de novo. O que me angustiava não era a vergonha de ter que ir até lá por precisar de dinheiro, afinal, eu era obrigado a escolher o menor dos dois males — dormir no parque ou vender sangue para pagar um quarto, caso perdêssemos a vaga no hotel. O que me angustiava eram os miseráveis que eu via na clínica; alguns haviam feito escolhas infelizes; outros não tinham culpa de terem chegado até ali.

Em uma noite de chuva, saí voando da Dean Witter, quinze minutos atrasado, peguei o ônibus, corri até a creche para buscar Christopher, arrumei as nossas coisas e me apressei até o Tenderloin para garantir nosso quarto no Concord Plaza, mas perdemos a vaga por uma questão de dez minutos.

Furioso, exausto e molhado, me dirigi à Union Square, fazendo Christopher caminhar debaixo dos toldos dos hotéis e das lojas. Com uma semana faltando para receber o salário, eu só tinha dinheiro para o jantar e o trem. Teríamos que vagar pela cidade até encontrar um lugar para dormir. Ah, cara, só mais cinco dólares e eu poderia garantir uma noite no hotel dos caminhoneiros. Tenso e cansado, senti o cheiro delicioso de cigarro. Se havia uma coisa com a qual eu não gastaria dinheiro, era com isso. Mas, sem dúvida, um cigarro mentolado era tudo o que eu precisava para relaxar.

"Papai", disse Christopher quando passamos pela entrada do Hyatt Embarcadero, "quero ir ao banheiro".

À Procura da Felicidade   245

"Sério?", afirmei, animado, pois ele estava tentando largar as fraldas. "Aguente firme que já vamos achar um banheiro." Entramos no saguão do Hyatt e seguimos as placas indicativas do banheiro masculino. Depois que Christopher fez xixi, saímos do banheiro e avistei um hóspede do hotel, de terno e gravata, na máquina de cigarros. Ele inseriu dez moedas, mas não recebeu o seu maço. Então, começou a chutar e a balançar a máquina, pensando que o maço cairia.

"Senhor", disse um funcionário que ouviu a barulheira, "a máquina deve estar quebrada. Por favor, vá até a recepção e peça o reembolso". O hóspede foi até o saguão e eu o segui, observando-o passar pelas pessoas, chegar à recepção e receber seu reembolso.

Duas notas e uma moeda. Fácil assim. Eu precisava fazer uma tentativa, mas tinha que esperar um tempo. Christopher e eu ficamos enrolando, *fingindo* que éramos hóspedes. Então, eu disse à jovem na recepção que havia perdido meu dinheiro na máquina de cigarros.

"Sinto muito", afirmou ela, abrindo uma gaveta. "Aconteceu o mesmo com outra pessoa. Precisamos colocar um aviso naquela máquina."

"Boa ideia", concordei educadamente, aceitando meu "reembolso" de US$2,50.

Esse pequeno truque funcionou tão bem que tentei aplicá-lo no St. Francis, no Hyatt Union Square e em alguns outros hotéis naquela mesma noite. Nos dias seguintes, com mais ou menos 25 hotéis nas redondezas, eu fui a dez hotéis de cada vez, ganhando US$25 extra por dia. Como já havia pegado o jeito, eu esperava a troca de turno para que ninguém me reconhecesse.

Após duas semanas, parei, pois não queria dar sorte ao azar. Mais tarde, acabei reembolsando os fabricantes, pois voltei a fumar e a comprar cigarros. Quanto aos hotéis, nos anos que se seguiram, eu quitaria minha dívida com vários deles, muitas vezes até em dobro, ainda que, no início de 1983, não muito tempo depois do segundo aniversário de Christopher, eu não conseguisse visualizar esse tipo de futuro.

Embora aquele milhão de dólares e aquela Ferrari vermelha, que um dia eu dirigiria, ainda existissem nos meus sonhos, chegou um ponto em que achei que não teria mais forças para persistir. Meus pés doíam, meu corpo doía. Uma grande escuridão começou a invadir meus dias, não apenas no clima, mas em minha mente. No escritório, porém, o sol brilhava, a luz do meu potencial me fortalecia, minhas plantações começavam a crescer. Mas, assim que ia embora, eu perdia todo o ânimo, pois sabia que, se o ônibus atrasasse, se eu não conseguisse colocar o casaco em Christopher rapidamente, se eu não tivesse tempo para comprar comida, se chegássemos atrasados no hotel, eu precisaria pensar imediatamente em um plano B.

Ter que separar e organizar todas as nossas coisas, como na Marinha, era exaustivo. Tudo tinha que ser ajeitado em pouco tempo, de uma forma prática que possibilitasse alcançar os itens quando necessário — par de meias, fralda, camisa, escova de dentes, as roupas de Christopher, pente, um livro que alguém esqueceu no trem e que eu estava lendo, um brinquedo favorito. Nossos pertences, o estresse e o medo eram pesados demais para carregar.

Até nos fins de semana, quando eu tentava fazer coisas divertidas com Christopher e proporcionar a ele uma sensação de normalidade, eu tinha que carregar tudo. Nos parques, nos museus e na igreja.

A pior situação dessa época aconteceu mais ou menos em março, quando eu estava prestes a prosperar no trabalho. Certa noite, cheguei à recepção do hotel, onde todos me conheciam, e fui informado: "Chris, sinto muito, não há mais quartos disponíveis."

O que eu poderia fazer? Peguei o caminho da estação do BART, perguntando a Christopher: "Quer ver os aviões no aeroporto de Oakland?"

À Procura da Felicidade   247

Não era nada inédito. Já havíamos pegado o transporte público em direção a um dos dois aeroportos para encontrar uma sala de espera com bancos semiconfortáveis, onde parecíamos viajantes. Quando chegamos à estação MacArthur, do BART, Christopher disse que estava apertado, então descemos do trem e fomos até um banheiro individual que eu sabia que tinha tranca. De repente, percebi que podíamos usá-lo para descansar, tomar banho e até mesmo dormir.

"Ainda está muito movimentado lá fora", expliquei a Christopher, "vamos esperar aqui. Fique bem quietinho, certo?". Inventei um jogo chamado "Shhh" — mesmo se alguém batesse bem forte na porta, o objetivo era não dizer nada. Não importava o que acontecesse.

A MacArthur, um importante ponto de baldeação em Oakland, era provavelmente a maior estação do BART, onde passavam todos os trens. Com tanta movimentação, eles mantinham os banheiros limpos. Como a procura era grande, logo as batidas na porta começaram — e, é claro, as pessoas estavam sem paciência. Mas, finalmente, ouvimos o trem chegar e aquela onda de gente foi embora, decidindo usar o banheiro em casa. Com o passar do tempo, as batidas diminuíram.

Sem janelas, sem ventilação, sem luz natural, o banheiro era pequeno, com um vaso sanitário, uma pia e um espelho de aço inoxidável. Com a luz apagada, ele ficava escuro o suficiente para dormir se eu estivesse realmente cansado. Christopher tinha o dom de adormecer em qualquer lugar. Não podíamos ficar por muito tempo, só uma ou duas noites, no período de duas semanas. O abençoado banheiro público do BART nos deu o abrigo necessário durante a pior fase de nossas vidas como sem-teto.

Talvez o motivo dessa perspectiva fosse a vida dupla que eu levava. À noite, nos fins de semana e após o trabalho, eu experienciava o lado sombrio do sonho californiano: ficar ao relento, esgueirar-me pelo saguão de hotéis luxuosos para escapar da chuva, desejar qualquer outro refúgio que não fosse um banheiro público. Durante o dia, eu alcançava a redenção ao viver o grande sonho americano, buscando oportunidades, ultrapassando limites e apreciando cada minuto desse processo. Minha intimidade com o BART tornou-se uma bênção em outros aspectos. Muitos anos mais tarde, minha empresa foi escolhida para ser a principal administradora de suas centenas de milhões de dólares em emissões de títulos. Acredito que fez toda a diferença quando fui honesto e contei ao conselho do BART: "Olha, eu conheço esse sistema de transporte melhor do que qualquer um na Merrill Lynch ou na Solomon Brothers, pois eu costumava dormir na estação."

Embora a Glide fosse a minha salvação, estabeleci um prazo para nossa estadia no hotel, sabendo que eu tinha algumas economias e que o aumento de minhas comissões estava próximo. É claro que não havia ninguém me pressionando, mas eu achava que, se conseguisse descansar um pouco no banheiro do BART ou mesmo fazer uma parada rápida após dormir no aeroporto ou no trem, com tempo para me lavar antes de ir para o trabalho, então outra pessoa conseguiria um quarto no Concord Plaza naquela noite. Pelo menos era esse o meu raciocínio.

A grande vantagem do banheiro do BART era que não havia concorrência, então eu não precisava me apressar para chegar a tempo nem tinha que seguir regras, exceto as minhas próprias. Se eu conseguisse garantir um quarto no hotel da Glide, ótimo. Se conseguisse um guarda-volume na estação do BART em São Francisco e não tivesse que carregar todas as nossas coisas por uma noite, melhor ainda.

Porém, uma questão martelava minha mente. Por que eu estava nos submetendo a essa situação? Por que não desacelerar, ter mais calma, usar as economias e voltar para o The Palms? Por que eu não usava minha nota de US$20 para pagar uma noite no hotel dos caminhoneiros? Eu seguia meu instinto, que me dizia que usar aquela nota significaria não ter dinheiro para comer. Afinal, US$20 eram, e ainda são, um valor razoável. Mas, se você divide essa nota em outras menores, elas somem rápido. Ter uma nota intacta de US$20 na carteira me trazia tranquilidade e segurança.

Entretanto, o que me esgotava não era apenas a luta interna contra os gastos, mas uma luta muito maior, uma batalha real entre mim e as forças que controlariam meu destino. Eram as mesmas forças que destruíram todos os sonhos de mamãe — seu pai e sua madrasta recusando-se a dar apoio financeiro para que ela cursasse a faculdade; meu próprio pai abandonando-a com um filho; Freddie agredindo-a física e psicologicamente; e um sistema judiciário que a trancafiou na prisão devido à sua tentativa de se libertar. No período de seis, sete, oito meses que ficamos sem casa, uma voz insultuosa, que estava à espreita, de repente ganhou força — bem no momento em que eu vislumbrava a linha de chegada. A voz, que parecia a de Freddie, me humilhava: *Seu espertinho de merda, você se acha muito inteligente por saber ler e ter passado naquele exame, mas isso não quer dizer nada, seu maldito orelhudo, QUEM VOCÊ PENSA QUE É?* Às vezes, a voz parecia a de um sociólogo citando estatísticas: *Infelizmente, sua situação socioeconômica predeterminou que romper o ciclo da pobreza e da monoparentalidade é altamente improvável, dado o fato de que você está entre os 12% a 15% dos sem-teto que, apesar de terem um emprego, não recebem um salário digno.*

A voz me deixava furioso e me fazia resistir ainda mais. Quem eu pensava que era? Chris Gardner, pai de um filho que merecia mais do que o meu pai pôde fazer por mim, filho de Bettye Jean Gardner, que afirmou que, se quisesse, eu venceria. Eu precisava vencer, eu conseguiria vencer. Independentemente do que tivesse que fazer, do fardo que tivesse que carregar, eu prosperaria. Porém, quanto mais eu acelerava o ritmo, quanto mais eu me esforçava, mais alta a voz se tornava: *Você está louco? Você está apenas se iludindo!* Quando realmente pensei em desistir, jogar a toalha, gastar todo o dinheiro que havia economizado e ir para qualquer outro lugar, recuperei minhas forças e fui dominado por uma onda de confiança, por um sentimento de esperança. *Aguente firme*, minha intuição dizia, *aguente firme*. E eu aguentei.

A primavera chegou trazendo mais chuva, mas o clima se tornou agradável. Meu salário começou a aumentar e o saldo da minha poupança indicava que já tínhamos o suficiente para um aluguel barato. Como os apartamentos em São Francisco eram muito caros, passei a aproveitar os fins de semana para procurar uma casa em Oakland. As perguntas pareciam infinitas: "Há quanto tempo você está empregado? Você não é casado? Tem um filho? Como assim? O que é um pai solo?"

Algumas dessas perguntas eram explícitas, outras não. Mas o processo se tornava desanimador conforme eu descia o nível, tanto dos bairros quanto das minhas expectativas. Como último recurso, em um sábado, quando a chuva deu uma trégua e havia raios de sol atravessando a neblina, decidi procurar na região do The Palms.

Quando passei por um lugar na Twenty-third com a West, vi um senhor varrendo o jardim — na verdade, era mais um piso de concreto com trechos de grama emergindo das rachaduras. Não foi a grama que me surpreendeu, mas, sim, o que havia na frente da casa — uma roseira. Embora fosse provável que eu já tivesse passado por ali, nunca havia reparado naquela casa e muito menos naquela roseira. Na verdade, eu nunca havia visto uma roseira nessa parte da cidade. Fiquei fascinado. Como era possível ter rosas no gueto?

Puxei papo com o senhor, que se chamava Jackson. Pela quantidade de rugas em seu rosto, inferi que ele era bem velho ou que teve uma vida difícil. Quando eu estava prestes a continuar minha busca, após uma conversa amigável sobre o tempo e sobre meu lindo filho, notei que as janelas da frente da casa estavam tampadas com jornal.

"Tem alguém morando aqui?", perguntei ao Sr. Jackson, apontando para a casa.

"Não, não tem ninguém morando", respondeu, explicando que ele e sua família eram os proprietários e usavam a casa como depósito há quase três anos.

"Está para alugar?"

"Talvez", deu de ombros e se ofereceu para me mostrar a casa e os reparos necessários.

Assim que entramos, senti um forte cheiro de mofo, pois o lugar não via a luz do dia há muito tempo. Mas, quando percebi que o espaço era amplo, o cheiro pareceu insignificante. Mesmo no escuro, a casa era tão linda que fiquei sem palavras. Ela era dividida em uma sala, um quarto bem grande, que seria perfeito para Christopher, um banheiro, uma cozinha, uma sala de jantar e um outro quarto, que poderia ser o meu.

Havia chegado a hora da verdade. "O senhor alugaria para mim?", perguntei e, antes que ele pudesse recusar ou começar um interrogatório, resolvi ser direto: "Veja, faz pouco tempo que estou no meu emprego, meu filho mora comigo e eu não tenho esposa, mas..."

"Rapaz", interrompeu-me ele, "não precisa explicar. Já ouvi tudo o que precisava saber. Vou alugar a casa para você".

Por um instante, eu não consegui acreditar que era o fim da minha longa jornada como sem-teto; não consegui acreditar que havia vencido. Mas o Sr. Jackson confirmou que era verdade ao dizer que eu só precisava adiantar o primeiro mês de aluguel e pagar os US$100 da limpeza.

"E se eu mesmo limpar a casa para economizar os US$100?", sugeri. Enquanto ele me analisava, meu coração disparou devido ao medo de que mudasse de ideia. Então ele disse: "Pode ser."

Simples assim. A meu ver, aquele era o lugar mais lindo do mundo, um lugar que eu e meu filho podíamos chamar de lar. Em todos os níveis de felicidade, não havia como descrever o que senti naquele lindo dia de primavera e nos outros dias que se seguiram. Esse mesmo sentimento ressurgia sempre que eu relembrava aquela roseira no gueto, que nos levou à nossa primeira casa e nos tirou da vida de sem-teto.

Convenientemente, isso tudo aconteceu pouco antes da Páscoa, a celebração do renascimento e da ressurreição, uma época de recomeços, de novos caminhos. Desde então, para marcar essa reviravolta, tentei retornar à Glide em todo domingo de Páscoa — independentemente da distância ou do quão ocupado eu estivesse. Meu objetivo não era reviver as memórias dolorosas do passado, mas celebrar os milagres do futuro.

Parte Três

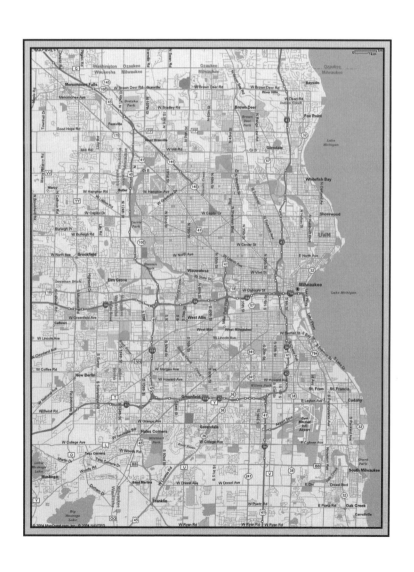

CAPÍTULO 11

Rosas no Gueto

Todos queriam ajudar quando nos mudamos para a nova casa em Oakland, Califórnia, nossa versão urbana do Kansas. Assim que telefonei para alguns amigos que não via há algum tempo, as ofertas começaram a surgir. Um amigo tinha uma mesa em seu porão que podia nos ceder; outro ofereceu uma cama e um colchão; e ganhamos jogos de toalhas e pratos que não estavam sendo usados. Contanto que eu fosse buscar, era tudo nosso.

Minha grande amiga Latrell Hammond insistiu para que eu fosse pegar os dois quilos de carne de porco que ela havia acabado de comprar. Eu não estava muito acostumado a cozinhar, mas fui lá e peguei, imaginando que poderia fazer um pouco de treinamento prático na cozinha. Por isso, decidi comprar um freezer de segunda mão. Na mercearia, a atendente do açougue, Srta. Tookie, que tinha uma quedinha por mim, me deu algumas dicas básicas. E, quando precisava fazer outra tarefa doméstica, eu afastava o desânimo ao me inspirar em uma mãe solo carregando sacolas de mercado, duas crianças e uma maleta. Eu também conseguiria.

Amigos de bairros diferentes, que conheci na minha jornada pela Região da Baía, foram me ajudar a limpar a casa, que imediatamente

256   Chris Gardner

perdeu o cheiro de mofo depois de uma arejada e um pouco de sol. O lugar era maravilhoso. Comparado com os lugares onde havíamos ficado, era o Taj Mahal.

Christopher era meu principal assistente, não apenas na difícil tarefa da limpeza, mas também na organização, sempre me lembrando do que precisávamos fazer. "Papai", perguntou ele antes de nos mudarmos, "vamos arrumar o quintal?".

Verifiquei o matagal de três anos que havia lá e disse a ele: "Ainda não, filho. Antes precisamos arranjar um facão." Entretanto, o ambiente interno da casa, pouco a pouco, ficou organizado.

Depois de nossa primeira noite, enquanto nos preparávamos para seguir a rotina de creche e trabalho, ele ficou muito preocupado quando viu que não carregaríamos todas as nossas coisas.

"Está tudo bem", expliquei, mostrando a chave da casa para que ele compreendesse por que não carregaríamos tudo. "Agora temos uma chave, Christopher. Veja."

Ele olhou para aquela única chave em minha mão e não entendeu. "Papai", disse ele apontando para a mochila e para a sacola com o meu terno, "temos que levar isso".

"Não, filho", afirmei, "não precisamos levar nada. Agora temos uma chave. Podemos deixar tudo aqui e sair".

Com um sorriso confuso, ele quis se certificar de que havia entendido: "Podemos deixar tudo aqui?"

Abaixando-me para ficar na mesma altura que ele, sorri com admiração e alívio, repetindo: "Sim, podemos deixar tudo aqui."

Rindo sem parar, trancamos a porta juntos e fomos para a estação do BART, praticamente saltitando de alegria durante todo o caminho.

Para mim, ainda era curioso o fato de termos voltado ao ponto de partida desde a primeira vez em que achei um quarto no The Palms. Por que eu nunca tinha visto aquela casa? Agora, o mundo era diferente para nós e, mesmo assim, no trajeto de ida e volta, que durava quatro horas, encontrávamos as garotas de programa que nos ajudaram.

Elas ainda chamavam Christopher de "malandrinho", mesmo que ele já estivesse grande demais para o carrinho azul. Agora, ele andava de mãos dadas comigo ou propunha um jogo que nos distraía pelo caminho — chutar uma garrafa vazia de suco de laranja. "Ei, malandrinho!", chamavam e, às vezes, davam a ele uma nota de cinco dólares.

Ainda era maná para nós. Como voltávamos da cidade por volta das 21h, cozinhar não era algo que eu queria fazer, mesmo porque estava aprendendo. E, embora o aluguel fosse justo, o dinheiro ainda era contado. Então cinco dólares garantiam um jantar no Mossel's, onde a jukebox tocava a canção favorita de Christopher, "Rocket Love", de Stevie Wonder. Sempre que entrávamos lá, era essa a trilha sonora, e meu filho dizia: "Papai, é Stevie. Stevie!" Ele já tinha bom gosto para música e comida.

Quando nosso pedido chegava, eu deixava Christopher comer primeiro e ficava com o restante. Conforme ele e seu apetite cresciam, passei a pedir pratos mais generosos, como arroz com feijão vermelho e pão de milho. Éramos clientes tão assíduos que, depois de um tempo, os proprietários permitiram que eu pagasse a cada duas semanas, quando recebesse o salário. Mesmo assim, pedíamos sempre os mesmos pratos. Certos hábitos de sobrevivência permaneciam, e eu não perdia nenhuma oportunidade de economizar.

Porém, enquanto o pequeno Chris comia, eu tinha que gastar uns trocados na jukebox, pois ele fazia questão de ouvir "Rocket Love" novamente. Que cena alegre — meu filho comendo ao som de Stevie Wonder, cantando junto e balançando a cabeça. A minha fome, entretanto, não era nada alegre. Certa noite, Christopher estava se empanturrando e, ao perceber que eu o observava, largou o garfo e questionou: "Por que você não está comendo?"

"Não se preocupe, filho, pode comer", afirmei, mas, sinceramente, eu estava pensando: *Caramba, não vai sobrar nada pra mim?* Com quase dois anos e meio, ele comia como um boizinho, levando a sério a expressão "tirar a barriga da miséria".

Esse era o caso nos treinamentos da Dean Witter, com pizza à vontade e supervisionados por um consultor chamado Bill Goode, cuja expertise era qualificar indivíduos para prospectar investidores ao telefone. Eu já era muito bom nessa tarefa, mas estava sempre aberto para aprender com os especialistas. Depois do trabalho, um grupo de mais ou menos seis funcionários ficava no escritório e ligava para cada contato da carteira de clientes, informando, por exemplo, que havia uma nova oferta de ações de empresas como a Pacific Gas & Electric. E, entre os telefonemas, podíamos comer pizza. Eu buscava Christopher na creche e o levava para o escritório, sabendo que, enquanto pudesse se empanturrar, ele ficaria tranquilo.

"Filho", disse a ele no primeiro treinamento, "sente-se aqui e coma sua pizza. Papai vai fazer um telefonema, certo?".

"Papai, você vai fazer outro telefonema?"

"Sim, vou fazer outro telefonema."

"Papai, você vai ficar conversando?"

"Sim, vou ficar conversando."

"Papai, você gosta de conversar?"

"Sim, filho, gosto de conversar. Coma mais um pedaço de pizza."

Então eu começava a sorrir e a discar, assim como o restante do escritório.

Já que Christopher gostava de me ajudar em qualquer tarefa, tive a ideia de solicitar sua colaboração para conseguir matriculá-lo na creche da "felissidade". Se desse certo, não precisaríamos mais sair às 5h e retornar depois das 21h. O único problema era o uso do troninho. Na maioria das vezes, ele não pedia para ir ao banheiro.

No trem de volta para casa, após a pizza, fiz minha proposta: "Filho, quer ajudar o papai?"

"Quero!"

"Para ajudar o papai", expliquei, "você precisa levantar a mão uma vez quando quiser fazer o número um e duas vezes quando quiser fazer o número dois, combinado?".

"Combinado", respondeu ele, feliz por receber uma tarefa.

Transformamos essa tarefa em um jogo. Em duas semanas, ele largou de vez as fraldas e pude matriculá-lo na creche ao lado da estação do BART. Nossa nova rotina até parecia férias. De manhã, eu o deixava na creche às 7h, pegava o trem e chegava cedo ao trabalho. À noite, eu o buscava às 18h e, como de costume, íamos ao restaurante de soul food. Depois, visitávamos o Joe TV, o dono de uma loja de mesmo nome, que vendia e consertava televisões.

Um cara simpático e esperto, Joe não se importava se fôssemos lá conversar ou assistir a um pouco de TV. Provavelmente, ele sabia que não tínhamos televisão em casa, mas nunca falou nada. Na verdade, quando era o dia de um grande evento esportivo, como a luta de Muhammad Ali que assisti lá certa vez, eu me organizava para chegar a tempo.

Depois de jantarmos e visitarmos o Joe TV, passávamos pelo The Palms, onde as garotas de programa nos cumprimentavam: "Ei, Chris!

Ei, malandrinho!" Christopher as considerava da família. "Ei!", acenava ele, sabendo que poderia ganhar uma daquelas notas de cinco dólares.

Então, continuávamos pelo caminho até chegarmos em casa. Um quarteirão antes, eu já colocava a mão no bolso, certificando-me de que a chave ainda estava lá. Isso me fazia lembrar da ansiedade que senti ao viajar de avião com o solitário de Sherry. Para mim, aquela chave valia dez vezes mais do que o Diamante Hope. Ela não tinha nenhum chaveiro ou adereço especial, era apenas uma pequena chave. Mas era nossa.

E a alegria indescritível que eu sentia ao ver as rosas no gueto, desabrochando em frente à nossa casa, e ao subir os degraus da nossa entrada nunca diminuiu. É impossível explicar o que significava subir aqueles degraus com a chave na mão, abrir a porta e entrar em casa. Era o oposto da sensação de impotência; era o antídoto do medo de não saber o que aconteceria, para onde iríamos ou como sobreviveríamos. Era como a chave do reino, um símbolo da perseverança de sair do fundo do poço e conseguir prosperar — uma transição inacreditável.

A situação ainda era difícil? Claro, mas nada insuportável. Agora que tínhamos um teto e eu podia pagar a creche, o transporte e a alimentação, senti que conseguiria arejar a cabeça, tal como havia feito com a casa, e acelerar meu desempenho no trabalho. Mas não era como se nossas preocupações tivessem desaparecido; logo no começo, atrasei o pagamento de algumas contas de energia e a luz foi cortada.

Acendi umas velas e disse a Christopher: "Hoje você vai tomar um banho à luz de velas", tentando não transparecer minha tristeza e frustração com o que era, na verdade, apenas um pequeno contratempo.

Mesmo assim, enquanto dava banho no meu filho, fiquei pensando que não conseguiria concretizar meu sonho com todas essas atribulações diárias. Sim, claro, eu sabia que estava progredindo, mas a linha de chegada parecia distante. Eu só pensava: *Não sou o super-homem!*

Nesse exato momento, meu filho ficou de pé na banheira e, com um olhar sério à luz das velas, disse: "Papai, sabe de uma coisa? Você é um bom papai!"

Cara, meu coração derreteu. Esqueci as preocupações, as atribulações, e senti que tudo daria certo. Essas palavras eram exatamente o que eu precisava. Christopher sempre me incentivava, dando-me a força necessária para superar qualquer obstáculo.

Uma foto de nós dois, tirada pouco tempo depois que ele fez esse comentário, retratava todos os aspectos desse período. Eu a chamava de "Foto dos Dois Leões". Nela, estamos sentados em frente à nossa casa, no degrau mais alto, e eu, o rei da floresta, pareço contemplar o horizonte, com uma expressão orgulhosa, determinada, que diz: *Onde conseguirei a próxima refeição?* E o olhar de Christopher, o filhote, parece revelar: *Estou com fome.*

A "Foto dos Dois Leões" dissipou minhas dúvidas, pois representava o mais importante. Não olhávamos para trás. Nunca. Meu foco estava no horizonte. O que aconteceria a seguir? Como alcançar meu sonho? Como fazer acontecer?

———

Minha curva de aprendizagem foi ativada novamente quando a Dean Witter trouxe para o escritório um dos melhores vendedores da empresa, um cara esperto e influente chamado Gary Abraham, de Las Vegas, Nevada. Encarregado de visitar diferentes filiais e ajudar os novatos a construir suas carteiras, ele e eu nos demos bem logo de cara.

Pessoalmente ou por telefone, sempre que eu pedia conselhos ou puxava conversava, ele se mostrava acessível e objetivo: "Como vai? O que está acontecendo?"

Apesar de seu jeito tranquilo, Gary era muito perspicaz, um gênio com bastante conhecimento e experiência. Ele me ensinou uma abordagem bem mais estratégica e produtiva, a qual eu só dominaria mais tarde: em vez de dizer ao cliente o que ele deveria comprar e por que deveria comprar, era melhor descobrir o que ele queria comprar. No meu entendimento sobre oferta e procura, essa abordagem fazia sentido, embora sua aplicação prática levasse tempo.

Quando iniciou sua carreira em Vegas, onde sempre há influxo de dinheiro, em vez de fazer telefonemas, Gary saía em busca de novos negócios, visitando casas milionárias.

"Você as visitava pessoalmente?", perguntei, imaginando-me em algo parecido.

Gary recordou: "É claro. Eu vestia meu melhor terno e, sem qualquer agendamento, tocava a campainha e me apresentava."

Eu queria descobrir seu roteiro, sua fórmula: o que ele havia feito e como havia feito. Segundo ele, não havia segredo. "Eu apenas dizia: 'Olá, sou Gary Abraham, funcionário da Dean Witter aqui em Las Vegas, e gostaria de saber se podemos ajudá-lo de alguma forma. A propósito, o senhor já investe no mercado de ações?'"

Esse tipo de abordagem ousada foi o que me fez optar pelo caminho mais longo, construindo minha própria carteira de clientes, em vez de aderir ao programa da empresa, como fazia a maioria dos meus colegas. Eu observava Gary e sabia que era aquilo que eu desejava fazer, o modo como queria prosperar.

Com 29 anos, constatei que eu era muito sortudo por ter sido orientado — direta ou indiretamente — por indivíduos extraordinários, verdadeiros exemplos, pessoas incríveis que me motivaram a seguir em frente, incluindo Miles Davis, que me fez desejar a grandiosidade; Dr. Robert Ellis, que me fez buscar a excelência; Bob Russell, que me fez ansiar por resultados assim que comecei na área de negócios; Bob Bridges e sua Ferrari vermelha, que me inspiraram a ter fé e dedicação para me destacar em Wall Street; e os corretores ilustres da Dean Witter, como Andy Cooper, Dave Terrace e Gary Abraham, que me ensinaram diferentes métodos.

Em nenhum momento, cogitei a possibilidade de que eles me ajudavam ou esperavam algo de mim por eu ser negro. Se foi essa a motivação, nunca percebi. Mais tarde, li uma frase de Berry Gordy acerca de seu sucesso na Motown e do motivo de suas produções conquistarem tanto brancos quanto negros. Eu me identificava com o argumento de que seu sucesso musical não tinha nada a ver com a cor da pele. No cenário financeiro, meus mentores poderiam ter qualquer tipo de origem. Apesar de quase todos serem brancos, eles eram italianos, judeus, estrangeiros, WASPs*, de diferentes níveis socioeconômicos. Nessa área, o sucesso não dependia de uma questão racial, mas, sim, dos seus resultados.

Talvez, sem ter consciência, Gary Abraham tenha me ajudado a identificar meus pontos fortes para subir de nível. O principal deles era a capacidade de lidar com a inconstância, algo adquirido ao longo da minha vida. Essa descoberta me ocorreu no trabalho, quando o índice Dow Jones teve uma alta impressionante, impactando todo o mercado. Um corretor mais velho ficou transtornado e disse para um dos novatos: "Você viu isso? É o fim. Venda tudo."

Observávamos as ações subirem e, quando elas atingiram o pico de alta, ele pensou que era o fim do mundo — o que, para um corretor, significa: "Venda tudo."

Inconstância e mudança haviam sido as palavras de ordem da minha vida. Eu aprendi que nunca é o fim do mundo, não importa o quão desoladora a situação possa ser. Também aprendi que pouquís-

---

* Acrônimo em inglês para Brancos, Anglo-saxões e Protestantes. (N. da T.)

simos profissionais ao meu redor tinham uma sabedoria incontestável. Impressionante. Eles falavam como se soubessem de tudo, mas ninguém fazia a menor ideia do que aconteceria com o mercado. Na verdade, poucos corretores tinham esse dom. Eu não era um deles, mas fazia questão de acatar os conselhos dos melhores analistas. Prever as oscilações do mercado, porém, não era a minha preocupação.

O que eu sabia era que o mercado subiria ou desceria. Era só apostar. Ter essa consciência me permitia passar segurança aos meus clientes. Afinal, eu trabalhava com fatos, e não com achismos. Nessa fase inicial em Wall Street, onde tudo se resumia a fechar negócios, defini o meu princípio mais importante: o comprometimento de sempre ser honesto.

Gary Abraham dizia assim: "Feche um negócio que possa garantir o próximo. Não coloque alguém em risco apenas para conseguir resultados, pois, se fizer isso, você perderá o cliente."

Gary era um especialista sábio, cujos conselhos não apenas acatei, mas também nunca esqueci. Sempre que eu o procurava, ele tinha uma resposta. Com o tempo, eu perceberia que aprendi a vender em São Francisco, enquanto conheci o negócio em Nova York. Bem mais tarde, compreendi que conhecer o negócio era diferente de vender. Gary Abraham vendia com facilidade, pois tinha um talento natural. As pessoas queriam trabalhar com ele. Sem nem precisar instigá-las, ele apenas deixava que elas o convencessem.

Gary me mostrou a eficácia de descobrir o que o cliente queria comprar ou o que estava disposto a comprar. Resumindo, a questão era: *O que eu posso oferecer ao cliente que seja semelhante ao que ele já tem, mas atenda a seus atuais objetivos?*

Essa era a direção que eu desejava seguir, uma ruptura com o método convencional *tenho esse produto que preciso vender, e não me interessa o que o cliente quer ou o que ele já tem*. Infelizmente, a Dean Witter era uma corretora tradicional, com objetivos que nem sempre coincidiam com os dos clientes.

Não obstante, mesmo que meu salário tivesse aumentado e que eu e Christopher saíssemos mais aos fins de semana, comecei a me perguntar se deveria analisar outras opções.

Era essa a minha intenção quando fomos a um clube de blues do bairro, onde a banda liderada por Troyce Key, um rapaz branco bem baixinho, acompanhado da negra mais linda do mundo, era incrível. A comida feita por Shep, vendida a cinco dólares, era mais incrível ainda. Christopher teve a sorte de receber educação musical e culinária durante a noite toda, enquanto ouvíamos blues e experimentávamos todo o cardápio. Shep serviu bagre com arroz, feijão, verduras e batata-doce; costelinha ao molho barbecue; e costeleta e filés de porco defumados, servidos com molho e pão de milho. Também havia frango de todo tipo: frito, assado, recheado, grelhado. E tive que abrir uma exceção quanto aos doces para que o pequeno Chris e eu pudéssemos tomar chá gelado com açúcar. O melhor.

Depois, fizemos nosso costumeiro caminho, trocando acenos com as garotas de programa, até chegar em casa.

Nos fins de semana durante o verão, eu me sentava na varanda e dizia ao pequeno Chris que ele podia brincar com as crianças da vizinhança, contanto que ficasse perto de casa e não fosse para a rua. As ruas de mão dupla eram movimentadas, com cruzamentos e locais para estacionar. Observar as idas e vindas fazia os dias passarem rápido.

Uma parte da minha mente questionava como eu poderia seguir o método de venda de Gary Abraham; a outra parte se concentrava no momento, no dia de verão, nas diferentes músicas que ecoavam de carros, rádios e caixas de som. Um autêntico gueto, com uma palmeira na esquina e uma roseira que, por acaso, ficava no meu jardim.

Uma das coisas que eu mais gostava de fazer quando saíamos era levar Christopher no carrinho de compras que substituiu seu velho carrinho azul. Como eu ainda estava longe de comprar um carro e jamais recuperaria o que estava com Jackie, o carrinho de compras tornou-se nosso veículo particular. Christopher o chamava carinhosamente de "nosso carro". Sempre que entrávamos em algum lugar, ele perguntava: "Papai, onde você estacionou o carro?"

Quando o tempo estava bom, passeávamos pelo bairro, descendo a Telegraph até chegar a Berkeley — uma caminhada bem longa. Nesses momentos, eu me esquecia de tudo e apenas relaxava, sentindo as vibrações e os solavancos das rodas do carrinho. Com ruídos totalmente diferentes dos barulhos do carrinho azul, o carrinho de compras fazia a própria música do gueto conforme percorria a calçada. Em Berkeley, às vezes parávamos na casa da mãe de Latrell, comíamos algo e pegávamos o longo caminho de volta.

Certo dia, voltando de um desses passeios, o clima ensolarado deu lugar à chuva e ao frio.

"Papai", disse Chris, olhando-me por entre os pingos de chuva, "quando vamos ter um carro com teto?".

Quase morri de tanto rir. De tudo o que poderia ter pedido — portas, motor, bancos de couro —, ele pensou no teto.

Em um outro dia de verão, quando estava empurrando o carrinho em direção a um parque em West Oakland, vi um casal de idosos negros carregando umas sacolas para levar a um piquenique de família. Com todo aquele espaço em nosso carrinho, eu lhes ofereci ajuda.

Imediatamente, o pequeno Chris começou a conferir o que havia nas sacolas. "Christopher!", tentei repreendê-lo, mas os velhinhos acharam tão fofo e engraçado que deixaram ele olhar.

À Procura da Felicidade   267

Quando chegamos ao piquenique, comecei a tirar as sacolas do carrinho e alguém gritou: "É o filho do Willie!" Virei-me devagar e percebi que todos estavam me encarando.

O que eu deveria fazer? Explicar que não era o filho do Willie ou fingir e aproveitar para comer com meus "parentes"? O cheiro de churrasco era irresistível. Tentando arriscar, me dirigi ao sujeito que gritou: "E aí, o que você me conta de bom?"

Instantes depois, estávamos sentados com o prato transbordando de comida. Muito bem tratados, comemos como verdadeiros reis enquanto eu era bombardeado de perguntas: "E como vai o Willie?"; "Ele ainda está na prisão?"; "Quando ele sai?".

Claro, eu não sabia quem era Willie, o que ele havia feito e há quanto tempo estava na prisão. Então, apenas respondi: "Sabe como é... Willie está bem."

"Sabemos sim, querido", afirmou uma senhora. "Comam mais" e nos serviu o terceiro prato, acrescentando: "Pegue um pouco daquela salada de batata."

Caramba! Não era maná; era leite e mel com fartura. E ficou ainda melhor quando a festa acabou e eles começaram a repartir a comida, dizendo: "Leve um pouco disso, leve um pouco daquilo, leve aquele bolo." Quase chorei de felicidade. Teríamos comida para uma semana!

Quando começamos a nos despedir, todos mandando lembranças a Willie, dei de cara com uma belíssima irmã.

Na maior parte do tempo, a última coisa em que eu pensava era na falta de sexo e romantismo em minha vida. Não que tivesse me tornado celibatário ou deixado de paquerar colegas e amigas de amigas, mas, devido às circunstâncias, eu ficava apenas na vontade.

Depois que nos mudamos para a nova casa, Jackie apareceu para visitar Christopher. Curiosamente, embora às vezes perguntasse sobre ela, ele não era muito apegado e não reagia da mesma forma que eu reagia ao ficar longe da minha mãe. Talvez ele não conhecesse Jackie tão bem. Ou talvez o vínculo deles fosse assim. De qualquer forma, meus sentimentos eram muito mais complexos, em parte devido aos sinais confusos que ela me dava, em parte devido ao rancor que eu guardava. Durante sua visita, Jackie ouviu poucas e boas. E depois transamos. Não foi uma transa comum, apenas para relaxar; na minha opinião, levamos o "foda-se" ao pé da letra. Se ela tinha qualquer intenção de reatar agora que eu estava progredindo — muito além de suas expectativas —, deixei claro que não era uma possibilidade. Então Jackie voltou para Los Angeles tão repentinamente quanto apareceu em nossa casa.

O pequeno Chris perguntou para onde sua mãe havia ido e expliquei: "Ela está se mudando para Los Angeles. Logo você a verá novamente." Era tudo o que ele precisava saber.

Mas isso era passado e lá estava eu, investindo naquela bela mulher em um parque em Oakland, onde me arranjaram um novo "parente" chamado Willie.

Quando eu estava prestes a pedir seu número de telefone, um dos senhores mais idosos se aproximou e disse: "Sabia que ela é sua prima?"

Quase fui descoberto. Pensando rápido, respondi: "Nossa! Fazia tanto tempo que não nos víamos que nem a reconheci."

Com a mão em meu ombro, ele me olhou e disse: "Entendo. De fato, ela ficou muito bonita. Você não queria que fosse sua parente, né?"

"É, ela realmente ficou muito linda!"

Ele olhou para a jovem, que virou as costas e foi embora, e declarou: "Sim, ela se tornou uma bela garota."

Foi por um triz. Era tarde demais para revelar minha verdadeira identidade e provar que não éramos parentes. Apenas afirmei: "Obrigado por me avisar."

"Não há de quê", disse ele, despedindo-se de mim e de Christopher. Fomos embora o mais rápido possível.

Sentindo-me feliz por nosso carrinho estar cheio de sobras do piquenique e pela identidade equivocada ter dado certo, aquele dia marcou outra reviravolta em minha vida. Havíamos sobrevivido às tempestades e encontrado um lar no gueto, o que me dava a oportunidade de focar o trabalho. Eu estava quase ganhando alguns milhares de dólares por mês. Meu próximo passo seria duplicar esse valor. Assim, teríamos condições de voltar para São Francisco, que era, sem dúvida, a "Paris do Pacífico".

Pela primeira vez depois de muito tempo, não senti que estava sozinho, que carregava um fardo, que nadava contra a corrente. Ainda um sonhador, embora mais realista do que nunca, eu sabia que era a minha hora de velejar. No horizonte, eu vislumbrava um futuro brilhante, tal como costumava fazer. A diferença era que, agora, eu sentia o vento soprando a meu favor. Eu estava pronto para seguir em frente.

CAPÍTULO 12

Esfera de Influência

Todo dia, perto da hora do almoço, um sujeito de meia-idade, baixinho e magro, aparecia e se sentava ao lado da minha mesa na Dean Witter. Ocupado com meus telefonemas em meio a outros cinquenta corretores, eu mal o notava ou percebia o fato de que ele estava ali para conversar com Suzy, a linda corretora loira.

Ao reparar, pensei que ele fosse um cliente fiel, visitando sua corretora. Na casa dos trinta anos, Suzy era brilhante, dinâmica e atraente em suas minissaias e sapatos de salto alto, com seios que havia comprado ou se orgulhava de ter. Uma excelente profissional, ela sempre prosperava no trabalho.

Se ele era cliente ou não, eu não tinha nada a ver com isso, então jamais imaginei que, enquanto esperava, ele me ouvia ao telefone. Fiquei surpreso quando, um dia, sem mais nem menos, ele disse: "Você não combina com este lugar. Aqui está meu cartão. Vamos marcar um café."

Acabei descobrindo que ele não estava visitando sua corretora, mas sua namorada. Aquele judeu magro que parecia um Sammy Davis Jr. branco era Gary Shemano, o sócio-gerente da Bear Stearns em São Francisco.

Eu não conhecia a Bear Stearns. Ao olhar o cartão, perguntei para meus colegas, que me explicaram. Nessa época, a Bear Stearns era o banco de investimento mais lucrativo de Wall Street. Eu só conhecia as grandes corretoras como Dean Witter, Merrill Lynch, E. F. Hutton e Paine Webber, que tinham 10, 12, 15 mil corretores, com todas as operações e comunicações feitas por telefone. A Bear Stearns tinha apenas 600 ou 700 corretores e, em vez de operar no mercado de massa, para pequenos investidores que buscavam contas de previdência e ações com bons dividendos, esse banco de investimento lidava com peixes grandes, como bancos, fundos de pensões, seguradoras, gestores financeiros, negócios maiores.

Ao vender diretamente para investidores individuais, era possível falar sobre um novo produto e avisar sobre uma nova oferta de ações. Pelo menos naquela época, como não eram experientes, eles aguardavam informações do corretor. Mas as grandes instituições conheciam o mercado, e seus corretores tinham uma função diferente. Elas investiam enormes quantias e queriam resultados à altura, então seus corretores precisavam obter os maiores lucros possíveis. No mercado de massa, o importante era a equação de telefonemas, potenciais clientes, vendas e comissões. Isso não se aplicava a grandes negócios. Em vez de fazer duzentas ligações para duzentos clientes, talvez o corretor fizesse cem ligações para um cliente, antes mesmo de conhecê-lo.

Tratava-se — e ainda se trata — de construir relações. No estilo de negócios da Bear Stearns, tratava-se da esfera de influência, algo que compreendi com muito mais clareza nos meses e anos que se seguiram.

Ainda sem saber muito sobre a Bear Stearns, pouco depois que Gary Shemano me entregou seu cartão, pedi um aumento ao meu gerente. Era uma decisão simples. Antes, quando eu tentava aumentar minhas comissões, sua resposta era: "Não se preocupe, você terá lucros maiores quando abrir contas."

À Procura da Felicidade   273

Agora, eu merecia aquele aumento, afinal estava abrindo contas e seguindo o planejamento da Dean Witter, ou seja, vendendo o que a empresa mandava e obtendo excelentes resultados. Enquanto conversávamos, acabei perguntando se meu gerente conhecia a Bear Stearns.

Franzindo o cenho, ele retorquiu: "Por que você está me fazendo essa pergunta?"

"Um tal de Gary Shemano me entregou seu cartão. Podemos fazer negócios com eles?" Talvez tenha sido ingênuo ao pensar que era um novo contato de negócios. Para mim, não havia conflito, mas para o meu gerente havia.

Ele conhecia a Bear Stearns muito melhor do que eu. Aparentemente, a empresa não tinha programa de treinamento e buscava talentos em outras companhias, contratando corretores já treinados e autorizados a operar. Era isso o que ele sabia.

Mas eu não sabia de nada. Só estava pedindo um aumento.

"Não", respondeu meu gerente, sem qualquer margem para discussão. "Você não fez o suficiente para merecer um aumento."

Foi como se tivessem batido a porta na minha cara. Fiquei ressentido da mesma forma que fiquei quando me nomearam Corretor do Dia apenas para fechar negócios que eram passados para um corretor branco, pois o cliente queria "alguém mais experiente".

Mas a maré mudou assim que entrei no escritório da Bear Stearns para tomar um café com Gary Shemano. Fui tomado por uma sensação ainda mais eletrizante do que a euforia que senti quando pus os pés pela primeira vez em uma corretora. Tal como antes, imediatamente pensei: *É aqui que eu deveria estar.*

Na Dean Witter, eu era o único que fazia duzentos telefonemas por dia. Na Bear Stearns, todos pareciam estar na mesma sintonia que eu, fazendo várias ligações em busca de clientes do alto escalão — empresas importantes, pessoas influentes, gerentes de carteiras, consultores, banqueiros, executivos de seguradoras, o diretor de investimentos do estado da Califórnia, da cidade de São Francisco, da cidade de Los Angeles. Eles não precisavam atender os telefonemas de ninguém. Então, para que retornassem sua ligação, era preciso fazer acontecer.

E os caras da Bear Stearns faziam acontecer. Na primeira vez, fiquei surpreso com o ritmo de trabalho. Eu pensava que era o único com tamanha capacidade de concentração. Mais uma vez, eu me senti como se estivesse em casa, como se fosse um local familiar e, ao mesmo tempo, extraordinariamente diferente. Dava para sentir a energia, como se o pessoal da Bear Stearns estivesse acelerado ou algo parecido. Na Dean Witter, o ambiente parecia tranquilo, metódico, quase formal. Sentados em suas mesas, os caras usavam paletó, sobretudo ao receber um cliente. Na Bear Stearns, eles arregaçavam as mangas, afrouxavam a gravata, alguns seguravam charutos na boca ou entre os dedos, todos em sintonia, ao telefone, negociando um acordo, tentando conseguir um preço melhor para o cliente, buscando informações acerca de um produto que ninguém mais tinha. A adrenalina corria solta. Era impossível não senti-la. O ambiente era eletrizante!

O timing não poderia ter sido mais perfeito. A Bear Stearns queria fortalecer seu crescimento na área institucional, fechando negócios com indivíduos de alta renda que começavam a aparecer conforme o Vale do Silício se desenvolvia. Mesmo que o grande boom dos anos 1990 ainda estivesse para acontecer, já havia alguns gênios encontrando oportunidades rentáveis no mundo high tech, e a Bear Stearns almejava uma parte considerável dessa lucratividade. Esse foi o começo dos dias tranquilos da venda de ações restritas, que prometiam ofertas públicas iniciais, e da chegada de novos clientes que, antes, eram engenheiros com um salário de US$50 mil, mas que, agora, tinham alguns milhões.

À Procura da Felicidade   275

A Bear Stearns queria se manter à frente, fazendo questionamentos relevantes a esses novos milionários: "O senhor gostaria de fazer um investimento ou vários? Gostaria de guardar uma parte para a faculdade dos seus filhos? Gostaria de comprar alguns títulos isentos de impostos?"

Gary Shemano, um cara nada tímido e nada relaxado, convidou-me para tomar um café e revelou que me achava o sujeito perfeito para ajudar a Bear Stearns a se estabelecer nessa área dos negócios — com base no que ele havia percebido ao me observar na Dean Witters.

Descendente da família Shemano, de São Francisco, Gary tinha conexões por toda a cidade, além de ser um excelente jogador de golfe. Impetuoso e temperamental, ele costumava bater na mesa, e foi o que fez ao dizer: "Você está perdendo o seu tempo lá. Você precisa trabalhar com a gente. O seu lugar é aqui. Aqui!"

Batendo na mesa também, afirmei: "Sim! Quero trabalhar aqui!"

"Ok", Gary concordou, sem hesitar. "Do que você precisa para começar? De quanto?"

Sendo honesto, pedi apenas o valor necessário para ter uma moradia bacana em São Francisco. US$5 mil. Cinco vezes o que estava recebendo na Dean Witter.

"Ótimo", disse ele, novamente sem hesitar. "E vou adicionar um bônus de 50%. Volte em duas semanas e mãos à obra."

Nossa! Por um instante, me perguntei se deveria ter pedido um valor maior. Mas era o planejamento perfeito — uma garantia de US$5 mil por seis meses, com a exigência de obter o dobro para a empresa no semestre seguinte, a fim de manter esse valor, e mais uma comissão de 50% sobre cada dólar ganho. Era segurança, pressão e incentivo. Uau!

Deixar a Dean Witter não foi difícil para nenhuma das partes. Se eu achava que devia algo a eles por terem me dado uma chance, minha dívida foi paga quando me informaram que ficariam com todas as minhas contas e todas as minhas anotações detalhadas — ações que meus clientes possuíam, onde trabalhavam, seu histórico familiar, nomes dos animais de estimação e das secretárias. Todas aquelas contas e as valiosas informações que eu havia cultivado durante meses, entregues a contragosto para os imbecis que nunca haviam pegado em um telefone.

No meu primeiro dia na Bear, precisei criar coragem para admitir que havia perdido minhas contas anteriores. Quando contei a Gary, ele desdenhou: "Não se preocupe. Não queremos esses clientes."

A filosofia na Bear era: "Nenhum negócio é grande demais. Nenhum negócio é pequeno demais. Queremos todos", mas acabei percebendo que eles realmente preferiam os negócios grandes. Uma boa notícia para mim. Eu também preferia.

No primeiro dia, tive a chance de conhecer alguns dos colegas que trabalhariam comigo na sala de operações que a Bear estava começando. Um deles era um cara chamado Jerry Donnelly, que tinha o próprio especialista de prospecção, John Asher, carinhosamente conhecido como "Asher, o Destruidor". Também conheci Bob Edgar, um jogador de pôquer que não telefonava para ninguém, mas cujo telefone tocava sem parar. Em um grupo de oito caras escolhidos para liderar esse novo negócio, eu estava entre os melhores. Mais uma vez, eu era o único corretor negro da empresa, o que, até onde sabia, não era um problema para ninguém.

Com um misto de ansiedade e animação, eu estava arrumando minha nova mesa de trabalho quando ouvi a recepcionista me avisar: "Chris, há uma ligação para você. Atenda."

Sem a menor ideia de quem poderia ser, já que ninguém sabia que eu estava ali, questionei: "Quem é?"

A recepcionista disse: "É Ace Greenberg."

Perguntando-me *Ace Greenberg?*, também afirmei em voz alta: "Ace Greenberg?"

Não conhecia ninguém com aquele nome. Em uníssono, todos na sala disseram: "Atenda!"

A recepcionista transferiu a ligação. "Alô?", afirmei, sem imaginar que Ace Greenberg era sócio principal e CEO da Bear Stearns, o responsável por fazer a empresa chegar até aquele ponto.

Após me dar as boas-vindas, ele acrescentou: "E saiba de uma coisa, Chris Gardner. A Bear Stearns não foi construída por pessoas com MBA, mas, sim, por indivíduos PID!"

Antes que eu pudesse perguntar o que significava PID, Ace Greenberg explicou: "PID — Pobre, Inteligente e com um profundo Desejo de ficar rico. Nós os chamamos de PID. Bem-vindo à empresa, Chris."

Eu só podia estar no céu! Pobre, Inteligente e com um profundo Desejo de ficar rico. Sem dúvida, eu era um PID.

O telefonema foi a cereja do bolo. Era hora de fazer acontecer.

———

Ao longo do ano seguinte, conforme me destacava na Bear Stearns, me vi retornando a outro ponto de partida quando nos mudamos para um lindo prédio vitoriano em Hays Valley. Estávamos de volta ao bairro, bem perto da creche, aproveitando o estilo de vida de São Francisco, sem luxos, mas com segurança e estabilidade.

Com móveis alugados, o apartamento tinha piso de madeira, dois quartos, uma ampla sala de estar e uma lareira. Uma de suas peculiares vantagens era o ponto de ônibus bem em frente: sempre que o ônibus parava e as pessoas desciam, se nossas cortinas estivessem abertas, era como se elas fossem entrar em nossa sala.

Esse era o sonho americano, o estilo de São Francisco na década de 1980. Podíamos fazer escolhas. Se precisássemos de algo, tínhamos dinheiro para comprar. Podíamos ficar em casa e cozinhar, preparar um sanduíche ou uma sopa, ou sair para comer. Não ter que fazer aquele longo trajeto era incrível. Minha maior satisfação era pegar um táxi para ir ao trabalho todo dia. Isso, sim, era um luxo. Com o custo de US$6 da corrida e de US$1,50 da gorjeta, eu me sentava no banco traseiro e curtia cada segundo, como se estivesse em uma limusine, o que realmente aconteceu um tempo depois.

Ao perceber que eu sempre usava os mesmos ternos — o azul ou o cinza, com minha camisa branca e uma das duas gravatas que tinha —, Gary Shemano me deu um adiantamento para que eu comprasse um terno novo.

Gary sempre estava bem vestido. Ele gostava de ternos Brioni, sapatos de couro de crocodilo, mocassins, abotoaduras, gravatas bonitas e lenços de bolso. O dinheiro não me mudou por dentro, mas definitivamente mudou as minhas roupas. Conforme os meses passavam e meu poder aquisitivo melhorava, eu não podia apenas comprar os ternos de que sempre gostei, mas também acrescentar toques sutis de cor e estilo, algo que a maioria dos caras não conseguia fazer. Com seu acessório característico, Dave "Meias" Cranston, um dos veteranos na Bear Stearns, ficou impressionado quando comecei a usar meias vermelho-vivo com qualquer roupa que vestisse. Um elegante terno azul, uma camisa branca e meias vermelho-vivo. Sutil, mas marcante. Mal pude acreditar quando acabei esbanjando na Neiman Marcus e comprei meu primeiro cinto de couro de cobra. Quatrocentos dólares por um cinto? Demorei meses para me sentir bem com todo aquele luxo.

Porém, para o pequeno Chris, não havia extravagância suficiente. Com três anos e meio, até ele entendia o que significava ter coisas novas. Uma cama nova, roupas novas, brinquedos novos. Ele ficava entusiasmado. E éramos tão ligados emocionalmente que ele conseguia sentir a minha tranquilidade. Passeávamos e nos divertíamos em São Francisco, não porque não tínhamos onde morar, mas porque queríamos ir ao parque Golden Gate, empinar pipa ou tentar andar no skate que eu havia feito, pois sabia como fazer. Agora, em vez de procurar abrigo para dormir ou fugir da chuva, passávamos os fins de semana chuvosos indo ao cinema, às vezes assistindo a três ou quatro filmes por dia, às vezes vendo o mesmo filme.

Quando assistimos a *Os Caça-fantasmas*, Christopher ficou apavorado quando viu o monstro de marshmallow descendo a rua. "Papai", cochichou ele, "estou com medo".

Em uma de nossas muitas saídas para ver *Purple Rain*, com Prince, Christopher fez xixi nas calças, provavelmente porque ficou muito tempo sentado no cinema, mas eu o repreendi: "Você só precisa dizer 'Quero fazer xixi!'."

Fomos ao banheiro para que eu pudesse limpá-lo, e ele percebeu minha irritação. Bem sério, afirmou: "Papai, não quero deixar você bravo. Quero deixar você feliz."

Depois disso, sempre fazia questão de dizer a ele: "Você me deixa muito feliz, filho. Sou o pai mais feliz do mundo!"

Aquela era uma das lições mais importantes sobre o que significava ser pai: os filhos não querem nos deixar bravos. Eles querem nos fazer felizes.

Era inacreditável o número de vezes que fomos ver *Purple Rain* — não apenas porque era divertido, mas porque nos protegíamos da chuva. Assistimos ao filme tantas vezes que acabamos encontrando pessoas conhecidas no cinema. Não muito tempo depois que comecei na Bear Stearns, me vi sentado perto de um novo colega em uma das sessões.

Seu nome era Mike Connors, um dos caras mais inteligentes da empresa, destinado a ser um dos meus melhores amigos, com quem eu abriria um negócio. Nos termos de Wall Street, mesmo que ele fosse branco, eu fosse negro e tivéssemos origens diferentes, nos tornamos amigos.

Antes da avalanche de megafusões dos anos 1980, o ambiente na Bear Stearns era favorável para encontrar um nicho — aquele produto ou segmento de mercado que você realmente conhecia, seu próprio grupo especial de instituições. Um cara cuidava apenas de poupanças; outro lidava com fundos fiduciários; e outro só falava com seguradoras. Enquanto tentava descobrir minha especialidade, eu queria aprender com o melhor, o mais rápido possível, tal como havia feito na área médica com Rip Jackson e Gary Campagna.

Não demorou muito e era isso o que eu estava fazendo. Aprendi não apenas a conseguir o retorno dos meus telefonemas, mas também a cultivar relações, com base no domínio de informações que eu tinha e que meus concorrentes talvez não tivessem. Por exemplo, se Bill Anderson ligasse, eu poderia dizer: "Eu sei que o senhor já tem um corretor e não quero interferir nessa relação. Mas gostaria de complementá-la, mostrando-lhe uma ou duas oportunidades que temos aqui."

Um investidor esperto estava sempre disposto a ouvir.

"Ótimo. Na próxima vez que os sócios da Bear Stearns indicarem algo, gostaríamos de entrar em contato com o senhor, pode ser?"

A resposta costumava ser sim, pois ninguém queria perder a chance de saber qual seria a oferta especial. Eu quase sempre conseguia outro sim ao perguntar se poderia enviar alguns materiais junto com meu cartão. Desse modo, eu estabelecia uma relação e, quando contatasse Bill Anderson de novo, não seria para desperdiçar seu tempo, mas para construir um vínculo e descobrir o que ele queria comprar, o que costumava comprar ou se gostava ou entendia de ações de tecnologia. Ele estaria procurando uma oportunidade de valorização de capital? Se fosse mais velho, gostaria de complementar a renda quando se aposentasse? E, se estivesse perto da aposentadoria, que tal um fundo de pensão?

Usando minha experiência na área médica, eu fazia essas abordagens da mesma forma que discutiria um assunto tão importante quanto saúde pessoal — a saúde financeira. A meu modo, eu estava me tornando o Dr. Chris Gardner.

Felizmente, desde o começo, o pessoal da Bear Stearns gostou do meu trabalho. Gary logo virou meu fã, mas Marshall Geller era *o cara*, e eu ainda não sabia o que ele achava de mim. Gary administrava o escritório. Marshall administrava Gary. Na verdade, Marshall administrava vários escritórios da Bear Stearns em São Francisco, Los Angeles e Hong Kong. Marshall — ou a "Caveira Gritante", como era chamado pelas costas — media 1,80m, usava óculos, tinha cabelos brancos e ralos, que ele usava em um estilo que eu chamava de afro-judaico, e seus dentes eram levemente projetados para a frente, o que lhe dava certo charme. Na maior parte do tempo, ele era um cara simpático e gentil. Mas, de repente, em um piscar de olhos, ele começava a gritar: "Vocês são burros?! Vocês não pensam?"

Quando ele dava uma bronca, mesmo com a porta da sala fechada, todo mundo no andar conseguia ouvir. É claro que eu tentava agradá-lo ou simplesmente evitá-lo.

Certo dia, porém, quando me viu organizando a lista das duzentas ligações e separando meus cartões de visita, Marshall me chamou para conversar.

"Ei, Gardnerberg", afirmou, usando o apelido que me tornou membro do grupo quase inteiramente judeu da empresa, "quero falar com você". Eu o segui até a sala de reunião, onde ele apontou para a pilha de cartões ainda na minha mão. "Não é assim que os grandes corretores fazem", disse, revelando que o método para o qual eu tinha sido treinado não o impressionava.

Pensei *Então como os grandes corretores fazem?*, mas não disse nada.

"Vou te mostrar como fazemos aqui na Bear Stearns. Os grandes corretores trabalham por meio da esfera de influência." Percebendo que eu não havia entendido, ele fez sinal: "Venha comigo."

No fim do corredor, paramos para observar Phil Schaeffer, um cara que, aparentemente, não sabia amarrar cadarços, pois só usava mocassins. Sua esfera de influência incluía Walter Mondale, o futuro candidato democrata à presidência. O principal cliente de Phil era o fundo de pensão do estado de Minnesota. Ah, bem simples, não? Ótimo, mas como eu poderia chegar a esse nível?

"Esfera de influência", repetiu Marshall, indicando que eu devia voltar para minha mesa, sem me dar qualquer informação. Inferi que eu saberia quando a encontrasse.

Ainda demoraria vinte anos. Mas, nesse ínterim, para construir relações, eu precisava obter resultados. Precisava fazer meus truques para passar pelas "guardiãs" — as secretárias que gostavam da minha voz estilo Barry White — e pelos "jacarés" — que me arrancariam a cabeça caso suspeitassem que eu estava oferecendo uma oportunidade de investimento para o chefe deles. De vez em quando, eu encontrava ouro e o cliente potencial atendia a ligação. Foi exatamente isso que aconteceu quando telefonei para alguns milionários texanos do ramo petrolífero.

Um desses caubóis, cujo apelido era J. R., não apenas atendeu o telefonema, mas também me deu atenção.

"J. R.", comecei, "aqui é Chris Gardner, da Bear Stearns em São Francisco".

"Sim, conheço vocês. O que você quer?"

"Bem, eu só queria falar sobre..."

"Escuta, antes de você falar, deixe eu dizer uma coisa." Então, ele me contou as piores piadas de negros, de judeus e de latinos. Sem saber se devia desligar ou pegar um avião para chutar seu traseiro racista, fiquei estático, apenas ouvindo. Respirando fundo, retomei o motivo da ligação e fiz algumas propostas.

Não precisei falar muito. "Ok", afirmou ele, "vou comprar 50 mil dessas ações e vamos ver o que acontece".

Cinquenta mil ações a US$0,50 cada dariam uma comissão de US$25 mil! Por essa grana, eu aguentaria ouvir uma piada racista. E foi o que aconteceu. Sempre que eu ligava para ele, fechávamos negócios ainda maiores, mas eu precisava ouvir piadas cada vez mais racistas e ofensivas. Para expandir minha esfera de influência, eu forçava umas risadas — "Hilário!" —, achando uma piada ou outra engraçada. De vez em quando, eu pensava: *Se ele soubesse que sou negro...* Claro, ele nem imaginava.

Para meu desgosto, ele me ligou e disse: "Ei, aqui é J. R. Minha esposa está indo para a China. Vou com minha namorada para Lake Tahoe e vamos passar em São Francisco para eu conhecer esse tal de Chris Gardner, que tem me ajudado a ganhar tanto dinheiro."

Meu Deus. Em pânico, ao relembrar os tempos de Corretor do Dia, quando todos os clientes queriam "alguém mais experiente", pensei que perderia todo o negócio assim que ele descobrisse que contava todas aquelas piadas racistas para um negro. Tentando manter a calma, concluí que havia duas possibilidades: ele fecharia a conta e seria o fim de nossa relação ou, se eu soubesse como agir, ele fecharia as contas em todos os outros lugares e faria negócios apenas comigo. Como eu deveria agir?

Por acaso, Marshall "Caveira Gritante" Geller não estava no escritório no dia da visita. Ninguém poderia me impedir de mudar temporariamente para a enorme sala de Marshall. Também não faria mal substituir seu nome pelo meu na porta. Pensando rápido, também tirei as fotos de sua linda família de brancos da mesa e as guardei na gaveta.

Minha secretária e meus colegas não se opuseram. Quando J. R. e sua namorada chegaram, minha secretária os levou até a sala. Eu estava sentado na enorme cadeira de Marshall, olhando pela janela, apreciando a vista espetacular de São Francisco e fingindo esbravejar com alguém ao telefone. Como se tivesse acabado de notar meus visitantes texanos, desliguei, girei minha cadeira e disse: "Olá, J. R., como vai? Sentem-se, por favor. Aceitam um café?"

O rosto de J.R ficou pálido. Ele estava em choque. Não eram apenas as piadas racistas e a cor da minha pele, embora isso fosse suficiente para que ele quase infartasse. Era também o fato de ele ser um caubói atarracado — barba feita, sessenta e poucos anos, cabelo curto, óculos aviador, jeans, botas de couro feitas de alguma espécie em extinção e uma enorme fivela, como se tivesse acabado de ganhar um campeonato de rodeio — e precisar ficar na ponta dos pés para apertar minha mão. Sua namorada tinha cabelos longos e seios fartos e, apesar de não ser muito jovem, era mais nova e mais alta que J. R. Ela apenas observava, sem entender nada, mas parecia feliz por estar em um lugar diferente do que estava acostumada.

Então, mostrei o relatório completo de um investimento de meio milhão que ele havia feito com a Bear Stearns: cada posição, cada recomendação, cada ação que foi colocada em seu portfólio, onde a compramos, onde a vendemos e o percentual obtido. Os lucros que eu havia conseguido para ele eram ótimos: um retorno de 34% a 35%. Era a minha chance. Curto e grosso, eu disse a ele: "Com base nesses números e no que você me contou a respeito de suas outras contas, precisamos fazer mais negócios, J. R. O que acha?"

Ele concordou. Parecia até que havia tido uma epifania e visto a luz: o sucesso não dependia de uma questão racial, mas, sim, dos resultados. Ele fechou as contas que tinha no Goldman, no Lehman, no Morgan e em qualquer outro banco de investimento para que a Bear Stearns cuidasse de todos os seus negócios. A partir daí, só com a conta dele, eu conseguia ganhar US$200 mil por ano. Curiosamente, após a sua visita, ele parou de contar piadas racistas e nunca mais usou o termo "crioulo". Apesar de não ter abandonado as piadas de judeus e latinos, tudo indicava que deixaria os irmãos negros em paz.

Como sua conta era a minha maior e eu cuidava de *todos* os seus negócios, J. R. era a primeira pessoa para quem eu telefonava todos os dias, algo que me compensava financeiramente por todas aquelas piadas racistas que aguentei no início.

Toda manhã, nossa conversava começava com meu relatório e minhas recomendações sobre as perspectivas do mercado. Devido às enormes quantias de dinheiro que eu ganhava para ele, a resposta era sempre: "Faça o que achar melhor, Chris."

Essa foi a nossa rotina por mais de dois anos, tanto em São Francisco quanto em Nova York, quando fiz a inevitável mudança para trabalhar no outro escritório da Bear Stearns, na verdadeira Wall Street, a nave-mãe.

Mesmo que nem todos os corretores precisassem morar em Nova York para chegar ao auge, essa mudança sempre integrou a minha ambição de trabalhar na área. Estava no meu DNA, era parte de ser PID, assim como o desejo de ter uma Ferrari — o que, a propósito, aconteceu depois que mudei para Chicago no final dos anos 1980 a fim de abrir minha própria empresa. Mas os sonhos mudam. A minha primeira Ferrari foi vermelha, a segunda foi preta. Na verdade, comprei a Ferrari preta de Michael Jordan e, como um gesto simbólico que somente mamãe e eu entendíamos, minha placa personalizada era NOT MJ.

Quando eu tinha dezessete anos, minha mãe me orientou, dizendo que eu não precisava ser um jogador de basquete para ganhar US$1 milhão. Dezessete anos mais tarde, constatei que ela estava certa quando ganhei meu primeiro milhão. Após ter começado como corretor em São

Francisco, coloquei na cabeça que precisava ir para Nova York. Lá seria a prova final, pois como diz a canção: "If I can make it there, I'll make it anywhere."*

O pessoal do escritório de São Francisco ficou triste com a minha decisão. Meu amigo Dave "Meias" Cranston me alertou assim que soube da minha partida: "Está maluco? Para ter uma vida de cão em Nova York, você precisa ganhar uns US$300 mil no primeiro ano."

"Eu sei", menti, esperando que ele não tivesse razão.

O que ele não sabia era que, além de bancar minha vida de cão, agora eu precisaria sustentar não uma, mas duas crianças.

Sim, por mais surpreendente que possa parecer, em 1985, tornei-me o orgulhoso pai de Jacintha Gardner, uma garotinha linda e esperta. Sua mãe era Jackie, minha ex. Concebida durante uma visita que Jackie fez ao pequeno Chris, Jacintha, tal como o irmão, sempre teria a minha presença e o meu apoio, independentemente dos conflitos que eu poderia ter com sua mãe. Naquela noite, ao ceder à tentação sempre irresistível de Jackie, eu me convenci de que devíamos voltar. Mesmo com tudo o que tinha acontecido, havia uma parte de mim que pensava: *É para o bem de Christopher.* Talvez com o dinheiro menos apertado e com a minha estabilidade profissional, ela teria a chance de perseguir seus sonhos. Só Deus sabe o que eu estava pensando. Às vezes parecia que eu gostava de brincar com fogo. Recobrei meu bom senso em menos de 24 horas.

Quando decidi me mudar para Nova York, Jackie, já grávida, insistia para voltar comigo. Embora eu deixasse claro que isso estava fora de cogitação, sugeri que, com minha ajuda financeira, ela levasse Christopher e nossa nova filhinha para Los Angeles. Era uma escolha prática, considerando que, muito provavelmente, eu teria que trabalhar mais e o pequeno Christopher precisaria se adaptar a uma nova creche. Jackie concordou e,

---

* "Se eu tiver sucesso lá, terei sucesso em qualquer lugar", em tradução livre. (N. da T.)

apesar da saudade insuportável que senti nas primeiras semanas, acabou sendo ótimo para ele passar um tempo com a mãe.

De fato, Nova York era tão intimidadora quanto haviam me dito. Felizmente, consegui uma conta nova que me ajudou a ganhar destaque no escritório. Mais uma vez, assim como aconteceu com J. R., a conta foi resultado de um telefonema para um cliente potencial.

Após ouvir minha proposta, Ed Doumani, o cara com quem entrei em contato, afirmou: "Não, não quero comprar ações, mas talvez eu queira vender algumas."

Sem saber que rumo a conversa tomaria, perguntei educadamente: "Quais ações são essas?"

Ed respondeu: "Sou sócio de uma empresa aqui em Las Vegas e estou pensando em vender algumas ações."

"Qual é a empresa, Sr. Doumani?"

"Golden Nugget", disse ele.

"Ótimo. Qual é a sua participação na empresa?", questionei.

"Aproximadamente 6 milhões de ações."

Sem hesitar, expliquei a Ed que a Bear Stearns era especializada em vendas de ações restritas: "Ficaremos felizes em ajudá-lo a vendê-las e a reduzir os impostos."

"Sim, tenho interesse."

Após desligar, um pouco atordoado, precisei pensar em como agir. Demorei um tempo para perceber que, além de Ed e seu irmão Fred serem os produtores de *Cotton Club*, um filme cercado de escândalos, junto com Bob Evans e alguns outros caras, eles estavam enfrentando problemas com a Comissão de Jogos de Nova Jersey.

Em vez de lidar sozinho com as 6 milhões de ações, apresentei os irmãos Doumani às pessoas certas na Bear Stearns em Nova York — o que me tornou uma estrela da noite para o dia. Conseguir 6 milhões de ações, ou aproximadamente 6% da participação na Golden Nugget, me deu credibilidade instantânea com o alto escalão do escritório, acarretando alguns burburinhos: "Quem é esse cara de São Francisco? Como ele fechou esse negócio? Quem ele conhece?"

Não se tratava apenas do acordo de milhões que eu havia obtido, mas também do fato de que Ed Doumani só falava comigo, pois eu era o seu conselheiro de confiança.

Ainda que tivesse muito o que aprender para competir com aqueles caras, eu havia chegado com algumas cartas na manga. Imediatamente percebi que a Bear Stearns, tanto da Costa Leste quanto da Costa Oeste, era como um Oakland Raiders de Wall Street. Todo mundo era obstinado e talentoso. A maioria era PID e muitos não tinham estudado em Harvard. Eram pessoas interessantes que, apesar da competitividade, apoiavam umas às outras. A diferença entre os escritórios da Bear em São Francisco e em Nova York lembrava a diferença entre as duas cidades. O escritório de São Francisco tinha ânimo, ímpeto, criatividade, oportunidade e pessoas muito inteligentes. O escritório de Nova York tinha tudo isso, mas com ainda mais intensidade! Tudo era levado ao grau máximo, e essa intensidade combinava comigo. Além disso, havia um novo nível de desafio. Em São Francisco, recebíamos comissão por negócio que fechávamos. Em Nova York, muitos dos caras tinham uma fonte de renda fixa — digamos, US$3 milhões por ano.

Era esse tipo de negócio que eu queria. Mas como me inteirar? Da mesma forma de sempre: fazendo perguntas. O segredo era conseguir a gestão de ativos dos clientes. Um dos caras me explicou e fiquei boquiaberto.

"Deixe-me ver se entendi. Ao fazer a gestão de US$100 milhões, você recebe 0,5% desse valor? Ou seja, US$5 milhões por ano?"

Essa era a esfera de influência mencionada por Marshall Geller. Nesse ínterim, com J. R., os irmãos Doumani e algumas outras contas rentáveis, eu não estava de mãos vazias. Porém, no início de 1986, a secretária de J. R. me ligou para dizer: "Chris, tenho uma péssima notícia. J. R. faleceu ontem à noite."

Era realmente uma péssima notícia. Eu havia perdido minha conta mais importante! Mas o desespero foi apenas temporário. Quando o titular da conta morria, as operações eram suspensas, pois o espólio precisava ser dividido entre um bando de abutres e os beneficiários. Ironicamente, em seus últimos dias, J. R. estava preocupado com o mercado e me disse que deveríamos vender tudo. Para honrar seu último pedido, vendi todas as ações de seu portfólio, pegando minha comissão de US$60 mil como um ressarcimento por suas piadas racistas. Ninguém poderia reclamar, não depois de todo o dinheiro que eu havia ganhado para J. R. e seus herdeiros.

Mas agora que o bom e velho J. R. havia falecido, eu não estava à procura de uma conta que substituísse a dele. Minha ideia era conseguir uma gestão de ativos. Certa vez, telefonei para Bob, um executivo encarregado de um portfólio de renda fixa para a Great American Insurance Company, uma empresa de Ohio. Nós nos demos bem e ele se interessou em trabalhar comigo, mas havia um problema: a empresa já era atendida pela Bear Stearns. Por precaução, liguei para Ace Greenberg, CEO e sócio principal, o primeiro a me dizer o que significava PID, e pedi seu consentimento para assumir a conta da Great American Insurance. Após analisar a situação, ele disse: "Chris, você pode assumir a conta, desde que me mantenha informado. Quero notícias uma vez por semana." E desligou.

Duas semanas se passaram enquanto eu trabalhava com Bob, mostrando-lhe ideias, títulos etc. Ele gostou das sugestões e fez sua primeira solicitação de investimento, com um lucro de US$25 mil para a empresa. Nada mal. Entusiasmado, liguei para Ace: "Acabamos de ganhar US$25 mil."

Silêncio absoluto. Após alguns instantes, ele disse: "Gardner, você está demitido." Simples assim. O motivo? "Você está conversando com esse cara há duas semanas e só ganhou US$25 mil?"

Senti um desespero inexplicável. Ser demitido por Ace Greenberg significaria o fim da minha carreira. Não haveria como reverter a situação.

Antes que eu pudesse me explicar, Ace deu a maior gargalhada que já ouvi e afirmou: "Bom trabalho, Chris. Tenha um excelente dia."

Esse episódio foi um rito de passagem para o mundo do investimento institucional, além de ser um exemplo do humor perverso de Ace Greenberg. A experiência também abriu meus olhos para a concorrência acirrada. Para ganhar vantagem e oferecer algo exclusivo, nos meses seguintes, desenvolvi uma estratégia inovadora para conseguir a gestão de ativos sobre a qual meus colegas de Nova York tanto falavam. Porém, minha abordagem era bem característica. Consistia em um processo de muitas fases: primeiro, eu contatava a segunda pessoa mais importante na hierarquia de gestão e oferecia algumas oportunidades de investimento; depois, caso não houvesse interesse, eu acompanhava o rendimento da proposta rejeitada. Três meses mais tarde, eu telefonava para o líder da empresa e dizia: "Eu poderia estar lhe enviando um cheque de US$100 mil, mas, na época, você não se interessou pela proposta. Agora, estou ligando para oferecer..." Geralmente, o resultado era um interesse imediato, seguido de negociações.

Conforme dominava essa estratégia, descobri em que tipo de negócio eu queria estar — o mercado ignorado por Wall Street, o nicho que eu desenvolveria em Nova York e que se tornaria uma parte essencial do meu próprio negócio, quando eu abrisse um escritório em Chicago.

Minha ideia era ir atrás desse mercado inexplorado e oferecer aos clientes potenciais a gama de produtos e serviços da Bear Stearns — uma das empresas mais rentáveis na história de Wall Street. Que mercado inexplorado era esse? Bem... Eu queria prospectar os afro-americanos. Eu queria gerenciar o dinheiro das pessoas na esfera de influência compartilhada por Quincy Jones, Stevie Wonder, Oprah, Michael Jordan. Eu queria fazer investimentos não apenas para artistas e atletas famosos, mas também para executivos e empresários negros, para fundações, instituições, seguradoras e bancos fundados por negros. Era isso o que eu queria fazer. Além do fato de que ninguém mais perseguia esse mercado, eu gostava da ideia de promover a prosperidade e o senso de pertencimento da minoria.

Com a anuência de Ace Greenberg e de meus outros chefes na Bear, mergulhei de cabeça, às vezes acertando, às vezes errando. No início de 1987, quando os negócios estavam a todo vapor, eu obtinha tanto sucesso que ninguém questionou minha decisão de dar o passo seguinte e abrir meu próprio escritório.

Era um risco enorme, talvez o maior da minha vida, e exigiria que eu começasse praticamente do zero. Também exigiria apoio financeiro e alguém que acreditasse na minha visão ambiciosa. A pessoa que se propôs a investir em meu sonho foi um cavalheiro chamado W. J. Kennedy III, presidente da North Carolina Mutual Life Insurance Company, a maior seguradora do país fundada por negros.

Eu estava seguindo em frente. A minha visão continuou a se expandir. Além de fazer negócios com as minorias, eu queria honrar meus esforçados tios e gerir dinheiro para o mercado de trabalho. Eu queria fazer investimentos para professores e defensores da educação pública e da alfabetização. Para criar a minha própria Coalizão Arco-íris, eu queria contratar pessoas PID, talvez não exatamente como eu, mas com a mesma capacidade de sonhar alto; assim como a Dean Witter e a Bear Stearns, eu queria ter a chance de cultivar talentos. Para desenvolver meu negócio, eu queria explorar algumas ideias do que acabei chamando de "capitalismo consciente" — tanto como um interesse filantrópico em restituir parte dos lucros ao setor público, para as áreas nas quais ganhei dinheiro, quanto como uma forma de incentivar potencial e oportunidade a nível global. Algumas dessas ideias vieram do reverendo Cecil Williams e da Glide Memorial; outras me ocorreram graças a alguns livros de economia avançada — eu parava em bibliotecas públicas sempre que podia, só para garantir à mamãe que eu não havia me esquecido de seu conselho.

Ao escolher Chicago como a sede da Gardner Rich & Company, nome com que batizei minha empresa, eu havia retornado a outro ponto de partida, um lugar onde eu tinha muitos parentes e que não era distante de Milwaukee e de mamãe. A decisão parecia sensata, pois Chicago era uma cidade onde Christopher, de seis anos, e Jacintha, de dois, poderiam crescer, era um local que eles poderiam chamar de lar. De certa forma, eu havia dado uma volta de 360°, mas também estava percorrendo novos caminhos. Ao criar meus filhos, quebrei um ciclo que meu próprio pai havia iniciado.

À medida que minha empresa crescia e meus sonhos se concretizavam, dando-me a oportunidade de trabalhar para fundos de pensão institucionais, gerir ativos de bilhões de dólares e fomentar o crescimento e a saúde financeira de organizações como a Associação Nacional de Educação, minha maior cliente, com milhões de afiliados, eu realizava aquele grande sonho: conhecer o mundo. As mulheres eram ainda mais incríveis do que tio Henry havia descrito.

Viajar, apesar de cansativo, nunca perde a graça. Chegar a uma nova cidade e ter uma nova oportunidade é sempre emocionante. Não importa onde ou o quão ocupado eu esteja, tento andar pelas ruas, analisar as rachaduras na calçada, relembrar o caminho percorrido e apreciar cada passo de bebê, sentindo-me maravilhado e satisfeito por estar sempre à procura da felicidade.

POSFÁCIO

Mais Abençoado do que os Sonhos de Mil Homens

Abril, 2004

Nada pode prepará-lo para a beleza singular de Joanesburgo à medida que o avião desce através das nuvens e, lá embaixo, os contornos da parte sul da África se difundem. É uma visão incrível.

Não importa quantas vezes eu tenha visitado a África do Sul, sempre que retorno, sinto emoções únicas. Esses sentimentos ficaram ainda mais intensos quando meu avião pousou em abril de 2004, após um convite do COSATU para ser um dos duzentos observadores internacionais das eleições — um evento monumental que coincidiu com a celebração dos dez anos de democracia e liberdade para o povo sul-africano.

Embora tenha aceitado essa honra com muito orgulho, fiz uma ressalva: "Não sairei da África do Sul sem me encontrar com Nelson Mandela." Se eu tivesse paciência, disseram, meu pedido seria atendido.

Ao chegar, eu estava tão entusiasmado que fiz algo até então inédito para mim — comprei uma câmera fotográfica. Meu objetivo era registrar a realidade do que eu testemunharia, o ápice de dez anos de democracia e liberdade. Assim como tantos milhões de sul-africanos e pessoas ao redor do mundo, eu me sentia extasiado. Ninguém imaginava que esse dia chegaria.

Em minha primeira visita à África do Sul, fui acompanhado de um homem que passei a considerar um pai, Bill Lucy, da AFSCME e da CBTU. Foi ele quem me apresentou ao Sr. Mandela. O Sr. Mandela apertou minha mão com firmeza e disse palavras que eu jamais tinha ouvido de um homem: "Seja bem-vindo à sua casa, filho."

Fiquei tão emocionado que comecei a chorar. Nessa época, eu tinha 46 anos e o fato de Nelson Mandela ser o primeiro homem a me dizer tais palavras compensou cada dia do blues de um filho sem pai.

Agora, quatro anos depois, eu estava de volta. No dia 14 de abril, dia das eleições, todos os observadores internacionais foram divididos em pequenos grupos após receberem credenciais e instruções. Fui colocado com duas sul-africanas negras, ambas observadoras experientes e veteranas de luta contra o apartheid, que existiu no decorrer de toda a sua vida. Com minha câmera preparada, começamos nossas inspeções em East Rand, Alexandra, Orlando e, finalmente, Soweto. Ao ver as filas incrivelmente longas de sul-africanos negros — todos com elegância, dignidade, humildade e paciência —, não tive coragem de usar a câmera. Seria tão desrespeitoso quanto tirar fotos em uma igreja.

Os rostos me davam uma sensação de familiaridade, como se já os tivesse visto em Chicago, Nova York, Oakland, Milwaukee ou Louisiana. Entretanto, aquelas pessoas pareciam perceber que eu não era da África do Sul. Mais tarde, mencionei essa impressão para Jan Mahlangu, do COSATU, e perguntei como as pessoas sabiam que eu não era sul-africano. Sorrindo, ele disse: "É o seu jeito de andar. Você anda com confiança. Deve passar muito tempo em Wall Street."

Caí na risada.

À Procura da Felicidade 295

Na noite da eleição, fui para um local de votação transformado em uma fortaleza. Nossa tenda ficava em um estacionamento no centro de Joanesburgo, perto da ponte Nelson Mandela. As instruções eram simples: "Ninguém entra, ninguém sai" até a contagem final de votos. Meu primeiro pensamento foi *Nada de café, nada de líquidos*. Não havia banheiro. Finalmente, após algumas horas bem longas, tensas e, às vezes, angustiantes, terminamos nossa contagem. Conforme esperado, o ANC obteve 86% dos votos.

Para mim, era interessante observar não apenas a contagem, mas também a interação entre negros, não brancos e indianos. As correntes do apartheid, embora fisicamente rompidas, ainda existiam psicologicamente.

Assimilando tudo o que havia acontecido desde a minha chegada, minha espera pelo encontro com o Sr. Mandela começou oficialmente em 15 de abril de 2004. Conforme fui informado, o aniversário da democracia e da liberdade na África do Sul estava sendo celebrado ao redor do mundo, com os países enviando representantes, embaixadores e chefes de Estado. A minha vez, embora garantida, parecia distante. Sem problema, eu aguardaria.

Durante o período de espera, a posse de Thabo Mbeki para seu segundo mandato de cinco anos foi outra experiência extraordinária. Os negros nunca pareceram tão bem, tão lindos, tão majestosos. Era quase a vida imitando a arte — em uma cena que parecia ter sido extraída do filme *Um Príncipe em Nova York*, ocorreu uma procissão e uma cerimônia na Union Building, a Casa Branca sul-africana, e em seu gramado interno, equivalente ao Rose Garden. O povo aplaudia a chegada de cada líder. Os telões mostravam a multidão: mais de 100 mil pessoas aguardando a posse e a festa. Por fim, ouvi um alvoroço sem precedentes. Só poderia significar uma coisa: Mandela havia chegado!

Nessa fase da minha vida, eu já havia tido o prazer de assistir a jogos da NBA na lateral da quadra, de ver lutas de boxe ao lado do ringue, de apreciar um concerto na primeira fila, mas jamais havia tido o privilégio de ouvir o clamor de 100 mil almas: "Mandela!" Comecei a chorar e as pessoas à minha volta queriam saber o porquê. Elas não entendiam. Em meus quase cinquenta anos de vida, era a primeira vez que eu via um presidente negro!

Meu choro foi abafado pelo som de três aeronaves 747 da South African Airlines, que voaram sobre nossas cabeças, saudando o presidente.

Nos dias que se seguiram, decidi me preparar enquanto esperava pelo meu encontro com o Sr. Mandela. Nelson Mandela, o primeiro advogado negro da África do Sul, fundou o escritório Mandela e Tambo com o líder do ANC, Oliver Tambo, seu querido amigo. Mantive isso em mente ao preparar meu caso — eu teria que ser claro, conciso e convincente.

Também encontrei a empresa que fabricava as bonitas camisas de seda que Nelson Mandela sempre usava. "Tenho um encontro com o Sr. Mandela", anunciei ao entrar na fábrica. "Quero que me façam uma camisa, pois preciso estar vestido adequadamente."

Enquanto esperava pelo encontro, explorei Joanesburgo, o Soweto e a Cidade do Cabo, e adquiri uma perspectiva totalmente diferente. Eu costumava pensar que sabia algo sobre a pobreza, mas só sabemos o que é pobreza ao visitar a África. Senti uma dor no coração ao ver as precárias condições de sobrevivência. Mas, apesar da miséria, havia um sentimento de esperança por toda a parte. A despeito da situação difícil, da ausência de empregos, da falta de moradia e da necessidade de lidar com a AIDS, pela primeira vez em suas vidas, os sul-africanos podiam sonhar. O impossível havia se tornado possível.

A espera não foi nada cansativa. A sensação de possibilidade fazia os dias passarem rápido. Acabei encontrando o lugar onde eu viveria um dia. A propriedade não estava à venda, mas, sim, era possível.

A preparação voltou a me consumir. Eu tinha duas folhas de anotações que gostaria de debater, mas acabei reduzindo-as a uma página. Finalmente, o telefone tocou: "O Sr. Mandela vai recebê-lo amanhã às 11h."

Eu estava pronto. Precisei esperar por 27 dias, mas me lembrei de que o Sr. Mandela esperou 27 anos na prisão, e eu aguardei em um lugar muito mais bonito do que ele. Pela manhã, a única decisão que me restava tomar era qual das fabulosas camisas de seda eu vestiria. Hazel, minha funcionária favorita do hotel Park Hyatt, analisou todas elas e escolheu a mais deslumbrante: "Esta! O senhor vai ficar parecendo Madiba!" Ela usou o nome do clã de Mandela, que também era seu apelido, para descrever a camisa e me motivar a usá-la.

Fui acompanhado ao encontro por Eric Molobi, um dos principais empresários da África do Sul, que também ficou preso em Robben Island com o Sr. Mandela.

Eu nunca havia sentido aquele tipo de expectativa. Apesar de já ter me reunido com pessoas importantes, aquele encontro seria lendário, algo absolutamente inédito para mim. Eu tinha poucos heróis — minha mãe, Miles Davis, Muhammad Ali. O fato de que eu encontraria Nelson Mandela, um herói personificado, me fez compreender o que era uma experiência transcendental.

Finalmente, Zelda, a assistente pessoal do Sr. Mandela, me levou até a sala dele, informando que eu teria quinze minutos para conversar com Madiba.

Entrei pela porta e lá estava ele, elegante e aprumado, parecendo um rei com sua bela camisa "Madiba". Ao perceber que eu estava tenso, ele perguntou com sua voz majestosa: "Chris, por que você está usando a minha camisa?"

Consegui relaxar e me sentei diante dele, conforme as orientações. Aos 86 anos, seus movimentos eram cautelosos, mas seus olhos me esquadrinhavam. Eram os olhos de um guerreiro da liberdade, que, na maioria das vezes, precisou analisar alguém e decidir rapidamente: *Posso confiar nessa pessoa? Essa informação é plausível? Será que vale o meu tempo?*

Comecei a apresentar o meu caso. Os fundos públicos norte-americanos haviam aumentado sua alocação de recursos para mercados emergentes ao redor do mundo, mas não para a África do Sul. Muitos dos que lutaram no movimento operário dos EUA, desencorajando as empresas norte-americanas a fazerem investimentos sul-africanos, se tornaram presidentes, tesoureiros e administradores de seus fundos de pensão. Ou seja, passaram a ter condições de influenciar, controlar ou gerir um capital de bilhões de dólares. A África do Sul estava celebrando dez anos de democracia e liberdade e, em termos comparativos, superava todos os outros mercados emergentes. Como o capital já havia promovido mudanças no país, ele poderia ser utilizado novamente para sustentar o crescimento e o desenvolvimento sul-africanos.

Zelda entrou na sala e, após sinalizar que meu tempo havia acabado, disse: "Sr. Mandela, o embaixador já chegou para a reunião." Madiba respondeu com sua voz majestosa: "O embaixador terá que aguardar."

Fiquei lisonjeado. Concluí meus argumentos com um comentário que pareceu sensibilizar o Sr. Mandela: "Às vezes, as estrelas se alinham. Este é o nosso momento. Este é o meu momento. Esta é a minha chance de usar tudo o que aprendi em 25 anos de trabalho em Wall Street e no mercado de capitais para fazer a diferença na vida de pessoas semelhantes a mim. Esta é uma oportunidade de tornar a liberdade econômica tão acessível quanto a liberdade política." Após tirar algumas dúvidas, o Sr. Mandela perguntou como poderia me ajudar. Listei alguns pormenores e concordamos em testar a minha ideia.

Finalmente, pude usar a câmera que havia comprado, pedindo a Zelda que tirasse uma foto de Madiba e eu, sentados lado a lado. Até hoje, essa foto é o meu bem mais valioso.

Demos um aperto de mãos, e me inclinei para beijar-lhe a testa. O Sr. Mandela sorriu. Ele sabia o que nosso encontro significou para mim. Eu estava preparado para seguir em frente, para fazer acontecer.

Ironicamente, quando saí da sala e passei pelo embaixador, que foi obrigado a esperar 45 minutos, ele e sua comitiva me encararam, como se indagassem: *Quem é esse cara?*

Dando continuidade ao meu conceito de capitalismo consciente, voltei da África do Sul para São Francisco, onde encontrei o Rev. Cecil Williams a fim de discutir o desenvolvimento econômico do Tenderloin (meu antigo bairro). Sua ideia era comprar um quarteirão inteiro e transformá-lo em um complexo grande o bastante para incluir um pequeno centro de convenções, lojas de varejo, restaurantes, estacionamentos e, o mais importante, moradias acessíveis para os trabalhadores do centro de São Francisco. Na reunião, decidimos reformular o plano original — em vez de adquirir o quarteirão por uns US$250 milhões, escolheríamos terrenos e imóveis a um custo aproximado de US$50 milhões. Minha motivação não era o tamanho do empreendimento, mas, sim, a ideia de completar um ciclo. Não se tratava de negócios; era uma questão pessoal.

O que era o sonho americano senão a possibilidade de sair das ruas do Tenderloin e ajudar os trabalhadores a ter moradia acessível e segura naquele mesmo bairro? Afinal, estudos comprovavam que aproximadamente 12% dos sem-teto nos EUA tinham um emprego. Cada vez mais pessoas viam seu sonho americano ser despedaçado e isso era injusto. Além disso, a riqueza almejada não deveria ser reduzida a dinheiro. De fato, sempre que me perguntam se dinheiro significa riqueza, eu respondo que, a meu ver, ele é a parte menos importante. Meu patrimônio não está na lista da Forbes 400, e essa nem é a minha ambição. Para mim, o que interessa é o fato de que tenho saúde, de que criei dois filhos que se tornaram jovens incríveis e de que tenho um trabalho que reflete meus valores. Essa é a minha definição de riqueza.

Riqueza também pode ser a atitude de gratidão perante as bênçãos recebidas. Para mim, foi uma bênção conseguir romper o ciclo que me mantinha distante de meu pai — uma das razões pelas quais sempre fiz questão de ser presente na vida dos meus filhos. E eles também são presentes na minha. Sem dúvida, Christopher e Jacintha estão entre as minhas pessoas favoritas — tanto que os contratei para trabalhar em minha empresa —, não apenas porque os amo, mas também porque são esforçados e competentes. Eles sempre me trazem felicidade e tenho orgulho de ser pai deles.

Para um viciado em trabalho como eu, ser feliz também pode significar tirar uma folga e se divertir. O dia 26 de junho de 2005 me deu essa oportunidade. Nossa empresa promoveu uma festa em Los Angeles para a Associação Nacional de Educação (NEA). Ndaba Nstele, meu sócio, veio diretamente da África do Sul. Sydney Kai Inis, nossa coordenadora de eventos especiais, mais uma vez se superou ao convidar artistas como Dave Koz, Jonathan Butler e Wayman Tisdale. A fim de levantar fundos para a NEA Black Caucus, organizamos uma rifa. O prêmio era uma viagem de ida e volta para a África do Sul, incluindo um pacote turístico. O valor total da viagem passava dos US$30 mil, mas a rifa custava apenas US$10, e vendemos muitas delas.

O clima de celebração e união com amigos e clientes maravilhosos foi inesquecível, mas, para mim, o auge foi a oportunidade de agradecer às pessoas que fizeram parte da minha jornada, sobretudo à família da NEA e ao meu antigo chefe, Marshall Geller.

Foi ele quem aprovou minha contratação na Bear Stearns e quem me ensinou o valor da esfera de influência. Marshall não sabia que eu havia usado seu escritório quando J.R., o cliente que contava piadas racistas, decidiu me visitar pela primeira vez. Mas ele sabia qual era a minha verdadeira essência. Todos os dias, Marshall me observava durante os meus duzentos telefonemas e, frequentemente, ficava ao lado da minha mesa, comentando: "Não é assim que os grandes corretores fazem. Os grandes corretores trabalham por meio da esfera de influência." Demorei vinte anos para desenvolver essa esfera e acho que agora peguei o jeito. Sério, é impressionante a atenção que você recebe das pessoas ao telefone quando diz que foi o Sr. Mandela quem sugeriu o contato.

Além de levantar fundos para a NEA Black Caucus, nossa festa em Los Angeles tinha o objetivo de homenagear amigos queridos e duas autoridades da área de educação — Anne Davis, da Associação de Educação de Illinois; e Linda Poindexter-Chesterfield, da Associação de Educação do Kansas —, pois ambas estavam se aposentando após décadas representando professores e funcionários de escolas públicas. O evento, que atraiu cerca de oitocentos representantes da NEA, era o cenário perfeito para meus agradecimentos a Marshall. Mamãe sempre me ensinou que as palavras mais importantes são *por favor* e *obrigado*.

Em meu discurso, enfatizei que, para muitos jovens, há apenas uma pessoa, geralmente um professor ou um empregador, disposta a lhes oferecer uma chance, um voto de confiança, a tão necessária oportunidade. Marshall Geller, expliquei, foi essa pessoa para um jovem corretor chamado Chris Gardner.

Quando finalizei, Marshall disse à plateia que, em sua área, havia decisões boas e ruins. "Chris Gardner acabou sendo uma boa decisão", afirmou com falsa modéstia, não conseguindo esconder seu orgulho quase paternal.

A única pessoa que faltava nessa noite inesquecível era mamãe. Seria uma grande mágoa não ter compartilhado meu sucesso com ela. Felizmente, antes de sua morte, ela me viu prosperar. Por um tempo, mamãe não conseguia entender qual era o meu trabalho. Após várias tentativas, expliquei da seguinte forma: "Imagine que todas essas empresas estão jogando e eu sou o cassino." Pronto, ela entendeu.

No fim de sua vida, Bettye Jean não estava bem. O sofrimento que seu corpo e sua mente suportaram ao longo dos anos cobrou seu preço. Se o dinheiro pudesse lhe trazer a saúde de volta, eu teria gastado até o último centavo. Mas isso era impossível. Quando recebemos a notícia de seu falecimento, eu e minhas irmãs tivemos certeza de que mamãe, aquela linda mulher que fazia caramelo puxa-puxa para mim, havia apressado a morte ao continuar bebendo mesmo com a proibição dos médicos.

Perder mamãe partiu meu coração, deixando um vazio no lugar de seu sorriso, que sempre me fará falta. Eu gostaria de compartilhar muitos outros acontecimentos com ela. Fazê-la feliz.

Foi o que eu disse à minha tia Dicey Bell quando nos reencontramos em Chicago e contei as novidades, não apenas sobre a festa da NEA, mas também sobre o andamento dos projetos com a Glide e sobre a minha parceria com a Pamodzi Investment Holdings, da África do Sul. Eu havia me tornado um ser humano decente, um cidadão do mundo, graças às pessoas que acreditaram em mim, sobretudo mamãe. Era essencial ela saber que, se não fosse seu apoio, eu jamais conseguiria.

Tia Dicey Bell garantiu que mamãe ficava exultante com cada passo do meu caminho. "Chris", disse ela, "sua mãe está no céu, dançando com suas asas de anjo". Era tudo o que eu precisava saber.

Era a imagem perfeita. Só podia ser verdade. Mamãe dançava com suas asas de anjo, certificando-se de que eu continuaria a ser mais abençoado do que os sonhos de mil homens. Sem dúvida alguma.

CHRIS GARDNER é o CEO da Gardner Rich & Company, uma corretora multimilionária com escritórios em Nova York, Chicago e São Francisco. Ávido filantropo e palestrante motivacional, ele apoia várias organizações, particularmente aquelas relacionadas à educação, e já foi agraciado com o prêmio de Pai do Ano pela National Fatherhood Initiative. Natural de Milwaukee, Gardner tem dois filhos e mora em Chicago e Nova York.

QUINCY TROUPE colaborou com Miles Davis em *Miles Davis: A Autobiografia* e também escreveu *Miles and Me* e *Little Stevie Wonder*. Um poeta renomado, ele é autor de *Transcircularities* e *The Architecture of Language*.

MIM EICHLER RIVAS já trabalhou como coautora e colaboradora em mais de quatorze livros, incluindo *Permissão para Sonhar,* junto com Chris Gardner, e *Finding Fish*. O aclamado *Beautiful Jim Key* marcou sua estreia como autora.

Projetos corporativos e edições personalizadas
dentro da sua estratégia de negócio. Já pensou nisso?

Coordenação de Eventos
Viviane Paiva
viviane@altabooks.com.br

Assistente Comercial
Fillipe Amorim
vendas.corporativas@altabooks.com.br

A Alta Books tem criado experiências incríveis no meio corporativo. Com a crescente implementação da educação corporativa nas empresas, o livro entra como uma importante fonte de conhecimento. Com atendimento personalizado, conseguimos identificar as principais necessidades, e criar uma seleção de livros que podem ser utilizados de diversas maneiras, como por exemplo, para fortalecer relacionamento com suas equipes/ seus clientes. Você já utilizou o livro para alguma ação estratégica na sua empresa?

Entre em contato com nosso time para entender melhor as possibilidades de personalização e incentivo ao desenvolvimento pessoal e profissional.

PUBLIQUE
SEU LIVRO

Publique seu livro com a Alta Books. Para mais informações envie um e-mail para: autoria@altabooks.com.br

CONHEÇA OUTROS LIVROS DA **ALTA LIFE**

Todas as imagens são meramente ilustrativas.

 /altabooks   /alta-books   /altabooks   /altabooks

Este livro foi impresso nas oficinas gráficas da Editora Vozes Ltda.,
Rua Frei Luís, 100 – Petrópolis, RJ.